SANÇÕES DISCIPLINARES
O ALCANCE DO CONTROLE JURISDICIONAL

FLÁVIO HENRIQUE UNES PEREIRA

SANÇÕES DISCIPLINARES
O ALCANCE DO CONTROLE JURISDICIONAL

2ª edição revista, ampliada e atualizada

1ª reimpressão

Belo Horizonte

2025

© 2007 Editora Fórum Ltda.
2020 2ª edição
2025 1ª reimpressão

É proibida a reprodução total ou parcial desta obra, por qualquer meio eletrônico, inclusive por processos xerográficos, sem autorização expressa do Editor.

Conselho Editorial

Adilson Abreu Dallari
Alécia Paolucci Nogueira Bicalho
Alexandre Coutinho Pagliarini
André Ramos Tavares
Carlos Ayres Britto
Carlos Mário da Silva Velloso
Cármen Lúcia Antunes Rocha
Cesar Augusto Guimarães Pereira
Clovis Beznos
Cristiana Fortini
Dinorá Adelaide Musetti Grotti
Diogo de Figueiredo Moreira Neto (in memoriam)
Egon Bockmann Moreira
Emerson Gabardo
Fabrício Motta
Fernando Rossi
Flávio Henrique Unes Pereira

Floriano de Azevedo Marques Neto
Gustavo Justino de Oliveira
Inês Virgínia Prado Soares
Jorge Ulisses Jacoby Fernandes
Juarez Freitas
Luciano Ferraz
Lúcio Delfino
Marcia Carla Pereira Ribeiro
Márcio Cammarosano
Marcos Ehrhardt Jr.
Maria Sylvia Zanella Di Pietro
Ney José de Freitas
Oswaldo Othon de Pontes Saraiva Filho
Paulo Modesto
Romeu Felipe Bacellar Filho
Sérgio Guerra
Walber de Moura Agra

CONHECIMENTO JURÍDICO

Luís Cláudio Rodrigues Ferreira
Presidente e Editor

Coordenação editorial: Leonardo Eustáquio Siqueira Araújo
Aline Sobreira de Oliveira

Rua Paulo Ribeiro Bastos, 211 – Jardim Atlântico – CEP 31710-430
Belo Horizonte – Minas Gerais – Tel.: (31) 99412.0131
www.editoraforum.com.br – editoraforum@editoraforum.com.br

Técnica. Empenho. Zelo. Esses foram alguns dos cuidados aplicados na edição desta obra. No entanto, podem ocorrer erros de impressão, digitação ou mesmo restar alguma dúvida conceitual. Caso se constate algo assim, solicitamos a gentileza de nos comunicar através do *e-mail* editorial@editoraforum.com.br para que possamos esclarecer, no que couber. A sua contribuição é muito importante para mantermos a excelência editorial. A Editora Fórum agradece a sua contribuição.

Dados Internacionais de Catalogação na Publicação (CIP) de acordo com a AACR2

P436s	Pereira, Flávio Henrique Unes Sanções disciplinares: o alcance do controle jurisdicional / Flávio Henrique Unes Pereira. 2. ed. 1. reimpressão. Belo Horizonte: Fórum, 2020. 231p. ISBN 978-65-5518-042-8 1. Direito disciplinar – Brasil. 2. Sanção – Brasil. 3. Controle jurisdicional. I. Título. CDD: 341.3 CDU: 342.9

Elaborado por Daniela Lopes Duarte - CRB-6/3500

Informação bibliográfica deste livro, conforme a NBR 6023:2018 da Associação Brasileira de Normas Técnicas (ABNT):

PEREIRA, Flávio Henrique Unes. *Sanções disciplinares*: o alcance do controle jurisdicional. 2. ed. 1. reimp. Belo Horizonte: Fórum, 2020. 231p. ISBN 978-65-5518-042-8.

É para você, Silas, pai amado, que permitiu que o amor pudesse te levar a novos olhares, expressão do mais puro respeito ao ser humano.

AGRADECIMENTOS

A experiência de realizar este trabalho mostrou-me, mais uma vez, o quanto o outro — *alter* — é fundamental para a vida. Nas linhas que vêm a seguir, expresso minha admiração e gratidão pelos que me permitiram uma convivência afetuosa e enriquecedora.

Ao querido amigo e professor Plínio Salgado. Foi com ele que descobri o Direito Administrativo. Foi com ele que iniciei o magistério. Foi por meio dele que vivi as mais importantes experiências profissionais de minha vida.

Aos professores Antonio Augusto Junho Anastasia e Osmar Brina Corrêa Lima: exemplos de generosidade e humanidade que levo comigo.

À professora Miracy Barbosa de Sousa Gustin, que, em razão das inúmeras atividades e projetos que realiza e coordena, seguramente não faz ideia do quanto é referência para minha vida acadêmica.

À professora Maria Tereza Fonseca Dias, que, pacientemente, orientou-me na elaboração de meu projeto de pesquisa.

À professora Maria Coeli Simões Pires, cujas observações, tanto acerca do projeto de pesquisa quanto do texto final, confirmam a cuidadosa atenção que sempre dispensa ao próximo.

Ao professor Florivaldo Dutra de Araújo, que, invariavelmente, esteve à disposição para discutir comigo sobre as inquietações que o Direito Administrativo desperta.

À colega Heloísa Helena Nascimento Rocha, com quem descobri o marco teórico deste trabalho.

Ao professor Luciano Ferraz, que, generosamente, aceitou a orientação desta pesquisa.

Ao professor Romeu Felipe Bacellar Filho, que me honrou com sua presença e ponderações ao compor a banca examinadora de minha dissertação.

Ao Ministro Felix Fischer, pela motivação constante e indicações bibliográficas fundamentais para o desenvolvimento deste trabalho.

À amiga Raquel Dias da Silveira Motta, pela ajuda e estímulo determinantes para minha vinda a Brasília.

Aos colegas de trabalho, Elisângela Aparecida Mendes, André Luiz Salge Pereira, Joaquim Alves Figueiredo e Carla Vanessa Abreu do Lago, cuja preciosa convivência faz-me cada vez mais consciente de que é preciso partilhar e ouvir para que o aprimoramento profissional e o crescimento humano aconteçam.

Aos novos amigos Christiano Vasconcellos Salum Vieira, Luciana Krissak Pinheiro Salum, Fabrício Dornas Carata, Antônio de Almeida Ribas Neto e Beatriz Vargas Ramos Gonçalves de Rezende, sem os quais Brasília seria muito mais difícil.

Aos meus pais, Silas e Euza, pelo amor que sinto e que preenche minha alma.

A Raquel Vilela Ribeiro, amiga de uma vida, pela torcida apaixonada e cumplicidade incondicional.

Ao meu querido irmão, Paulo Alfredo, que leu e discutiu comigo página por página deste trabalho, motivando-me e orientando-me a cada encontro.

A minha irmã Marcela, ao meu cunhado Fernando, e aos sobrinhos Felipe e Rafael, os quais, sem saber, já me confortam pelo simples fato de existirem.

Ao querido Marcelo e à adorável Sílvia, pela torcida e convivência amiga.

Lembro, com emoção, dos primeiros passos que me levaram ao curso de mestrado da Faculdade de Direito da UFMG: estudos mensais, semanais e, depois, diários. Aqui também firmei parceria. Sem o estímulo e a orientação da amiga Maria, Maria Elisa Braz Barbosa, não teria realizado um trabalho do qual me orgulhasse tanto. Não existe pessoa melhor por meio da qual eu possa agradecer aos amigos que torcem por mim.

Antes de finalizar este momento, cabe um testemunho: não sou o mesmo de nove ou dez anos atrás. Constatação aparentemente óbvia, porém, há quem viva uma vida inteira sem grandes transformações. A minha constante mudança, que se edifica em tudo que faço, devo ao trabalho realizado com uma profissional de sensibilidade e competência singulares, Gisèle de Mattos Brito.

O que ela quer da gente é coragem.

(Guimarães Rosa)

SUMÁRIO

PREFÁCIO DA PRIMEIRA EDIÇÃO
Luciano Ferraz 15

APRESENTAÇÃO
Carolina Zancaner Zockun, Fernanda Ghiuro Valentini Fritoli 19

CAPÍTULO 1
INTRODUÇÃO 23

CAPÍTULO 2
MARCO TEÓRICO: TEORIA DA ADEQUABILIDADE NORMATIVA 27
2.1 Paradigmas de Estado 27
2.1.1 Pré-modernidade 28
2.1.2 Estado Liberal 30
2.1.3 Estado Social 31
2.1.4 Estado Democrático de Direito 32
2.2 Klaus Günther e a Teoria da Adequabilidade Normativa 34
2.3 A decisão correta ou adequada 39
2.4 O devido processo legal 42

CAPÍTULO 3
REGIME JURÍDICO DAS SANÇÕES DISCIPLINARES 47
3.1 Sanção disciplinar 47
3.1.1 Conceito 47
3.1.2 Finalidade 49
3.2 A relação de especial sujeição 52
3.2.1 Relações de especial sujeição: casos específicos 55
3.3 Princípios fundamentais do regime jurídico disciplinar 60

3.3.1 Considerações iniciais 60
3.3.2 O princípio da legalidade administrativa............................... 62
3.3.3 A reserva legal na relação de especial sujeição estabelecida entre o servidor público e o Estado.. 64
3.3.4 O princípio da tipicidade na relação de especial sujeição estabelecida entre o servidor público e o Estado 72
3.3.5 Princípio da culpabilidade.. 79
3.3.5.1 A jurisprudência acerca da culpabilidade em improbidade administrativa... 85
3.3.6 Adequabilidade da sanção disciplinar................................... 91
3.4 Estabilidade no serviço público 99

CAPÍTULO 4
DISCRICIONARIEDADE ADMINISTRATIVA E CONCEITOS JURÍDICOS INDETERMINADOS 101

4.1 Considerações gerais 102
4.2 Conceitos jurídicos indeterminados: conceitos de valor e conceitos de experiência... 107
4.3 Conceito jurídico indeterminado e a Teoria da Adequabilidade Normativa.. 110

CAPÍTULO 5
CONTROLE JURISDICIONAL DAS SANÇÕES DISCIPLINARES 121

5.1 A unicidade da jurisdição e o controle do ato sancionador... 121
5.1.1 Precedente do Supremo Tribunal Federal: lições que merecem ser revisitadas 125
5.2 Exame de decisões judiciais recentes 133
5.2.1 Precedentes sobre discricionariedade administrativa e regime jurídico disciplinar.. 133
5.2.2 Precedentes sobre conceitos jurídicos indeterminados e regime jurídico disciplinar.. 144
5.2.3 Precedentes sobre devido processo legal 146
5.3 O controle das sanções disciplinares pela Justiça do Trabalho: análise comparativa 152
5.4 A especificação da sanção adequada pelo Poder Judiciário 156

5.5   O controle jurisdicional das sanções disciplinares no mandado de segurança 163

CAPÍTULO 6
O POSICIONAMENTO DO STJ A PARTIR DO MS Nº 12.927/DF 171
6.1   Justificativa 171
6.2   A reviravolta provocada pelo MS nº 12.927: controle jurisdicional amplo sobre o ato que impõe sanção disciplinar 172
6.3   As decisões que retomaram a tese da limitação do controle jurisdicional sem qualquer discussão ou consideração sobre o MS nº 12.927/2007 174
6.4   Reflexão crítica a partir da teoria da "adequabilidade normativa" 177
6.5   Considerações finais 183

CAPÍTULO 7
CONCLUSÕES 185

REFERÊNCIAS 191

ANEXO A - ARTIGOS DA LEI Nº 8.112/90 RELATIVOS AO REGIME JURÍDICO DISCIPLINAR 199

ANEXO B - ÍNTEGRA DO ACÓRDÃO RELATIVO AOS EMBARGOS À APELAÇÃO Nº 7.307 – RELATÓRIO 217

PREFÁCIO DA PRIMEIRA EDIÇÃO

A obra que tenho o prazer de apresentar à comunidade jurídica nacional, mercê da generosidade de seu autor, versa temática geralmente relegada ao segundo plano no estudo do Direito Administrativo, a das sanções disciplinares aplicáveis aos servidores públicos pelo cometimento de ilícitos administrativos no exercício da respectiva função.

Basta pesquisa breve, para que se constate a existência de pouquíssimos livros, artigos e referências ao processo administrativo disciplinar em todos os níveis, quanto mais numa abordagem crítica, coerentemente desenvolvida a partir do marco teórico proposto, preocupada, sobretudo, com as repercussões práticas do processo e das sanções disciplinares no âmbito da Administração Pública e do Poder Judiciário.

Com efeito, a preocupação em analisar-se o entendimento graçado nos tribunais superiores, fundamentalmente no tocante à esquiva quanto à revisibilidade integral dos atos administrativos que imputam sanções disciplinares, deixa ver o quão importante se afiguram a temática escolhida e o trabalho apresentado.

É nesse sítio que o autor, ao demonstrar o gosto pessoal pela pesquisa, aliado à experiência adquirida primeiramente como advogado, depois como servidor destacado do Superior Tribunal de Justiça, apresenta suas convicções e sabe expô-las como convém.

A começar pela escolha do marco teórico — a teoria da adequabilidade normativa de Klaus Günther (*Teoria da Argumentação no Direito e na Moral: justificação e aplicação*). Consoante seus termos, é necessário divisar-se o conteúdo das normas *prima facie*, produzidas no âmbito do discurso de justificação, das normas individualizadas caso a caso, produzidas no âmbito do discurso de aplicação daquelas, precedido da dialética típica do devido processo legal.

Essa dicotomia discursiva permite o achegamento entre as normas validamente produzidas — no plano da validade — e as peculiaridades de cada caso concreto, em ordem a possibilitar que a aplicação do direito quadre da mera subsunção do fato à norma para o construtivismo racionalizado e argumentativo da decisão administrativa adequada, mediante processo de interpretação.

O reflexo dessa maneira de perceber a relação entre normas jurídicas e fatos sociais no âmbito jusadministrativo é o reconhecimento da inexistência de discricionariedade do administrador, cabendo-lhe buscar nos atos decisórios do processo administrativo a unidade de solução justa.

Obviamente — e num *insight* —, não se advoga a generalização desse modo de conceber o Direito, para utilizá-lo amiúde e indistintamente em todos os domínios da atividade de Administração Pública, afinal, esta se orienta a fins e como tal, inolvidável se lhe reconhecer espectro de liberdade na conformação dos meios necessários à sua consecução.

Todavia, quando o ato administrativo é necessariamente precedido do devido processo legal e, a bem dizer, define contenda ou litígio no âmbito administrativo — e este é o caso do processo administrativo disciplinar —, reconhece-lhe direção unívoca, ainda quando a norma *prima facie* aplicável contenha "conceitos jurídicos indeterminados".

Nada de cheque em branco nas mãos do administrador público, *checklist*: o roteiro de aplicação concreta de tais conceitos jurídicos — disse-o bem o autor — em nada revelam possibilidade de agir discricionário do administrador público.

Em outras palavras, o juízo de apreciação da falta cometida pelo servidor, portanto, não autoriza que o administrador dê à conduta enquadramento talantemente escolhido. Bem ao contrário, reconhece-se-lhe o dever de adotar a decisão correta — a única —, cujo apontamento foi produzido mediante o exercício do contraditório e da ampla defesa, no processo administrativo precedente.

Eis o porquê defende o autor a ampla revisibilidade dos atos administrativos que imputam sanções disciplinares, mesmo quando buscam fundamento em normas que estampam conceitos como os de, a modo de exemplo, "incontinência pública e conduta escandalosa, na repartição" ou "insubordinação grave em serviço" (art. 132, V e VI da Lei nº 8.112/90), afinal, inexistindo discricionariedade, imperioso admitir a sindicabilidade integral daqueles atos.

Com efeito, ao não se admitir que os comumente intitulados "conceitos jurídicos indeterminados" encerram discricionariedade administrativa, reconhece-se ao Poder Judiciário a prerrogativa de se imiscuir por completo no ato administrativo sancionador, para: a) mantê-lo, quando praticado adequadamente, à vista do que restou apurado no devido processo legal administrativo; b) anulá-lo, determinando-se a absolvição do servidor, se for o caso; c) anulá-lo, por inadequação, e ditar à Administração a pena adequada para o caso concreto.

Não me causou espécie, desta feita, a aprovação unânime do trabalho base deste livro na defesa do grau de mestre do autor na Universidade Federal de Minas Gerais, perante banca formada por mim (orientador) e pelos Professores Doutores Florivaldo Dutra de Araújo (UFMG) e Romeu Felipe Bacellar Filho (UFPR).

Não me causará espécie, de igual modo, se num futuro próximo as idéias lançadas no livro de Flávio Unes Pereira deitarem raízes e vicejarem influência sobre as orientações doutrinárias e jurisprudenciais acerca do processo administrativo e das sanções disciplinares.

Belo Horizonte, 03 de julho de 2007.

Luciano Ferraz
Professor Adjunto de Direito Administrativo da UFMG

APRESENTAÇÃO

A presente obra, fruto da dissertação de mestrado do Prof. Dr. Flávio Unes, agora em sua segunda edição, revista e atualizada, trata, com invulgar competência, do tema "sanções administrativas".

A atualização fez-se necessária diante do advento de alterações legislativas e jurisprudenciais de suma importância, dentre elas, as introduzidas pela Lei nº 13.655, de 25 de abril de 2018, que incluiu os artigos 20 a 30 à Lei de Introdução às Normas do Direito Brasileiro (Decreto-Lei nº 4.657, de 04 de setembro de 1942).

As inclusões levadas a efeito pela Lei nº 13.655/2018 à LINDB trouxeram não apenas novas matizes à matéria, mas modificações substanciais no direito sancionatório, sobretudo no que diz respeito à necessidade de o julgador considerar, quando da aplicação das normas, "as circunstâncias do caso concreto", o que vai exatamente ao encontro do posicionamento sustentado pelo autor na presente obra, que adota, como marco teórico, a Teoria da Adequabilidade Normativa, de Klaus Günther, aplicando-a à atividade sancionadora da Administração Pública de modo a eliminar a discricionariedade do julgador no âmbito do juízo de aplicação da norma [que não se confunde com o juízo de justificação da norma].

O autor trata, em novo tópico, a questão da culpabilidade em matéria de improbidade administrativa, trazendo inúmeros precedentes que demonstram como o tema vem sendo enfrentado pelo Superior Tribunal de Justiça, tecendo, ainda, críticas fundadas quanto à (má) utilização da ação de responsabilização por ato de improbidade, especialmente as propostas com fundamento no artigo 11 da Lei nº 8.429/1992.

Esta segunda edição traz, ainda, a reviravolta no posicionamento do Superior Tribunal de Justiça acerca do tema (um "retrocesso da jurisprudência do STJ", nas palavras do autor) que havia acolhido, anteriormente, o entendimento defendido nesta obra, pelo amplo controle jurisdicional das sanções disciplinares.

Agora resta-nos saber como o Superior Tribunal de Justiça se posicionará com as alterações feitas pela LINDB: acatando as abalizadas lições do Prof. Dr. Flávio Unes ou distanciando-se do adequado enfrentamento da temática.

Portanto, o tema do brilhante trabalho, de elevado rigor científico, não poderia permanecer mais atual. Trata-se de obra de supina importância para os profissionais do Direito e estudiosos da matéria. Discordar ou concordar com a tese e conclusões esposadas nesta obra é irrelevante diante da profundidade dos fundamentos jurídicos trazidos pelo autor.

Além de o autor fazer uma ampla abordagem sobre o tema, a linguagem por ele utilizada é extremamente clara e prazerosa. E nem poderia ser diferente: só quem tem o privilégio de conhecê-lo de perto pode compreender as razões pelas quais a leitura de seu trabalho não poderia proporcionar outro tipo de experiência; para os que não o conhecem, terão uma ótima oportunidade de apreciar o seu pensamento e aprofundar os seus conhecimentos na instigante temática do Direito Administrativo Sancionador.

Poderíamos finalizar aqui a apresentação dessa admirável obra, mas a distinção que nos foi concedida possibilita irmos além e discorrermos algumas palavras sobre o autor.

O jurista respeitado, o professor brilhante e o advogado, cujo sucesso profissional atingiu muito rapidamente o ápice, todos conhecem, mas o amigo, a excepcional figura humana, o homem generoso detentor de um coração ímpar e de um humor refinado, divertido e inteligente, este Flávio é reservado para poucos. Conhecer Flávio intimamente nos fez perceber que existem pessoas que reúnem um conjunto de qualidades tão vasto que não parecem ser reais. Flávio é assim: uma dessas pessoas que simplesmente não existem...

Desta forma, a honra em apresentar uma obra deste porte, escrita por um jurista pinacular, só não é maior do que a felicidade de apresentar a obra deste amigo para toda a vida, que nos ensina a vivê-la da forma mais intensa possível.

São Paulo, abril de 2020.

Carolina Zancaner Zockun
Professora de Direito Administrativo dos cursos de graduação e especialização da PUC-SP. Mestre e Doutora em Direito Administrativo pela PUC-SP. Pós-Doutora em Democracia e Direitos Humanos pela Universidade de Coimbra (IGC/CDH). Procuradora da Fazenda Nacional.

Fernanda Ghiuro Valentini Fritoli
Professora de Direito Administrativo do curso de especialização da PUC-SP. Mestre em Direito Constitucional e Doutoranda em Direito Administrativo pela PUC-SP. Advogada.

CAPÍTULO 1

INTRODUÇÃO

O Direito Administrativo desenvolveu-se em torno de concepções que ressaltam a unilateralidade no agir da Administração em relação aos administrados e, por conseguinte, na ideia de que a definição do que seja ordem pública ou interesse público fica a cargo dela própria. Daí a tese de que as decisões emanadas no interior da organização administrativa estariam imunes ao controle jurisdicional, especialmente sob a alegação da presença de discricionariedade do administrador público. O Direito Administrativo Disciplinar, evidentemente, não ficou isento dos reflexos dessa concepção.

A literatura jurídica nacional, por sua vez, não apresenta estudo aprofundado sobre a relação de especial sujeição entre o servidor público e o Estado e, a reboque, acerca da suposta discricionariedade administrativa na aplicação de sanções disciplinares. Esse dado reflete-se na jurisprudência pátria que, frequentemente, limita-se a examinar aspectos meramente formais do processo disciplinar, eximindo-se de analisar materialmente o caso concreto em oposição ao devido processo legal em sua perspectiva substancial.

Interessante observar que após a primeira edição deste livro, a jurisprudência do STJ avançou, oportunidade em que a 3ª Seção acolheu a tese deste estudo. Entretanto, como será demonstrado, alterada a competência das turmas do STJ sobre a matéria, a 1ª Seção retomou o anterior entendimento, restabelecendo a premissa da suposta discricionariedade administrativa na atividade disciplinar que limitaria o controle jurisdicional, sem qualquer referência ao julgamento proferido pela 3ª Seção, que havia revisitado o tema.

Ocorre, dessa forma, que sanções disciplinares graves, como, *v.g.*, a demissão, são "endossadas" pelo Poder Judiciário sob a alegação de que tal matéria foge a sua competência, em razão da "discricionariedade administrativa" que estaria presente nessa atividade sancionadora. As garantias asseguradas constitucionalmente ao servidor, como meio de proteção da independência funcional e da imparcialidade na prestação do serviço público, acabam, dessa maneira, fragilizadas. E não é só. Ignoram-se, também, entre outras normas constitucionais, os princípios da dignidade da pessoa humana, da culpabilidade, da tipicidade e da adequabilidade da sanção disciplinar.

O tema desenvolvido neste trabalho gira em torno dessa problemática. Para examiná-la, formula-se a indagação: qual a extensão do controle jurisdicional das sanções disciplinares aplicadas pela Administração Pública, tendo em vista a discricionariedade administrativa? Pretende-se delimitar o campo de revisibilidade do controle jurisdicional sobre os atos que impõem essas penalidades no Estado Democrático de Direito. O marco teórico adotado é a Teoria da Adequabilidade Normativa, desenvolvida pelo alemão Klaus Günther na obra *Teoria da Argumentação no Direito e na Moral: justificação e aplicação*.

Essa teoria permeará o estudo com vistas a demonstrar que inexiste, nos processos disciplinares contra servidores públicos, discricionariedade administrativa. Ter-se-á como norte o fato de que, em tais situações, há uma decisão adequada a ser construída argumentativamente pelo administrador público e pelas partes envolvidas, no curso do devido processo legal administrativo. Não remanescem, nessa seara, escolhas que possam ser legitimadas por um suposto juízo de conveniência e oportunidade que não seria, *a posteriori*, passível de reexame pelo Poder Judiciário.

A investigação tem um enfoque específico: o regime jurídico disciplinar da relação entre o servidor público estatutário e o Estado. A Lei nº 8.112/90 será utilizada como exemplo no estudo do tema. O objetivo geral, portanto, é analisar os limites do reexame judicial das sanções disciplinares impostas aos servidores públicos pela Administração Pública.

O desafio exige, ainda, que alguns objetivos específicos sejam traçados: a) examinar os princípios que norteiam o regime jurídico disciplinar, considerando a relação de especial sujeição travada entre o servidor público e o Estado; b) compreender a discricionariedade administrativa e os "conceitos jurídicos indeterminados" no âmbito da atividade sancionadora do Estado; e c) analisar julgados recentes acerca da extensão do controle jurisdicional das sanções disciplinares.

Nesse contexto, formula-se a hipótese: considerando que a atividade administrativa sancionadora é vinculada ao princípio do devido processo legal substancial, à unicidade de jurisdição e ao regime jurídico disciplinar, afirma-se, à luz da Teoria da Adequabilidade Normativa, ser descabida a presença da discricionariedade administrativa no processo disciplinar, impondo-se, consequentemente, ao Poder Judiciário, no Estado Democrático de Direito, reexaminar as sanções disciplinares aplicadas pela Administração Pública tanto do ponto de vista formal quanto do ponto de vista substancial.

No decorrer da pesquisa, além das considerações constitucionais pertinentes, são apresentados aspectos análogos e díspares entre o regime jurídico administrativo sancionador e os regimes do Direito Penal e do Direito do Trabalho. Procura-se, dessa maneira, não só constitucionalizar o Direito Administrativo, como também demonstrar que esse ramo do Direito, sem perder a autonomia, requer estudo sistêmico para se inserir, verdadeiramente, no Estado Democrático de Direito preconizado na Constituição da República de 1988.

A pesquisa é expressa por meio da seguinte estrutura: no Capítulo 2, depois de discorrer sobre os paradigmas de Estado e ressaltar a importância de seu estudo, apresenta-se o marco teórico: a Teoria da Adequabilidade Normativa. Não se pretende, aqui, confrontar essa teoria com outras linhas de estudo, porque esse não é o foco do trabalho. Da mesma forma, a aplicabilidade do marco teórico ao objeto da investigação prescinde de tal confronto.

No Capítulo 3, são examinados os princípios fundamentais do regime jurídico disciplinar e sua autonomia diante do regime jurídico penal, sem olvidar as interações entre ambos os regimes.

No Capítulo 4, demonstra-se que inexiste discricionariedade administrativa na aplicação de conceitos jurídicos indeterminados, quando está em pauta a função administrativa disciplinar.

No Capítulo 5, o controle jurisdicional das sanções disciplinares é analisado, especialmente, mediante o exame de decisões judiciais dos principais tribunais pátrios.

No Capítulo 6, crítica sobe a jurisprudência do STJ que, num primeiro momento, acolheu a tese desta pesquisa, mas, depois, sem qualquer fundamentação, retornou ao entendimento anterior, isto é, reconhecendo discricionariedade na atividade sancionatória disciplinar do Estado.

Na conclusão, Capítulo 7, resume-se o essencial da argumentação apresentada no decorrer do trabalho, indicando-se os principais resultados da investigação.

MARCO TEÓRICO: TEORIA DA ADEQUABILIDADE NORMATIVA

O objetivo deste capítulo é apresentar o marco teórico adotado na pesquisa: a Teoria da Adequabilidade Normativa. Para tanto, a obra de Klaus Günther será analisada com maior destaque. Diversos outros autores serão citados, especialmente os que analisam a doutrina desse autor, bem como a de Ronald Dworkin e a de Jürgen Habermas. Antes, porém, necessário abordar os paradigmas de Estado, uma vez que o marco teórico adotado reflete os aspectos elementares do paradigma no qual se insere, o do Estado Democrático de Direito.

Ao final, pretende-se demonstrar que a Teoria da Adequabilidade Normativa está intrinsecamente relacionada com o devido processo legal, especialmente no âmbito de processos administrativos disciplinares.

2.1 Paradigmas de Estado

Carvalho Netto (2004, p. 29) recorda que o conceito de paradigma vem da filosofia da ciência de Thomas Kuhn. Para este autor, paradigmas são "realizações científicas universalmente reconhecidas que, durante algum tempo, fornecem problemas e soluções modelares para uma comunidade de praticantes de uma ciência" (KUHN, 2003, p. 13).

A percepção das pré-compreensões das visões de mundo, alcançada por meio de uma noção paradigmática, é indispensável para tornar efetivas as decisões jurídicas coerentes. Como ensina Marcelo Oliveira (2004, p. 54), tal percepção refere-se a um conhecimento de fundo que atribui às práticas de fazer e de aplicar o Direito uma perspectiva, orientando o projeto de realização de uma comunidade jurídica.

Habermas (2003, v. 2, p. 181) afirma que os paradigmas do Direito permitem diagnosticar um conjunto de circunstâncias que servem de guia para a ação. Eles iluminam o horizonte de determinada sociedade, tendo em vista a realização do sistema de direitos. Paradigmas, segundo o autor, abrem perspectivas de interpretação nas quais é possível referir os princípios do Estado de Direito ao contexto da sociedade como um todo.

Dworkin (2003) também ressalta a importância dos paradigmas em cada etapa histórica. Para ele o papel que é desempenhado pelo paradigma na argumentação é mais crucial do que qualquer acordo abstrato a propósito de um conceito:

> [...] os paradigmas serão tratados como exemplos concretos aos quais qualquer interpretação plausível deve ajustar-se, e os argumentos contra uma interpretação consistirão, sempre que possível, em demonstrar que ela é incapaz de incluir ou explicar um caso paradigmático. (DWORKIN, 2003, p. 88)

Por tais razões, a análise de teorias sobre hermenêutica jurídica deve partir da compreensão do paradigma vigente em dada sociedade. Em uma breve retrospectiva, pode-se apontar quatro paradigmas, o que será feito a partir das lições de Menelick de Carvalho Netto.

2.1.1 Pré-modernidade

O paradigma pré-moderno pode ser descrito como um "amálgama normativo indiferenciado de religião, direito, moral, tradição e costumes transcendentalmente justificados e que essencialmente não se discerniam" (CARVALHO NETTO, 2004, p. 30).

O Direito, nesse momento, expressa-se casuisticamente em conformidade com a hierarquia social tida como absoluta e divinizada nas sociedades de castas. Segundo Carvalho Netto (2004, p. 30), o Direito, como um único ordenamento de normas gerais e abstratas válido para toda a sociedade, não existia. O que havia eram apenas ordenamentos sucessivos e excludentes entre si, que consagravam privilégios de cada casta e facção de casta, os quais refletiam o conteúdo de normas oriundas de uma mistura legislativa desordenada. Aplicava-se o Direito segundo tradições, usos e costumes locais, como normas concretas e individuais, e não como um único ordenamento jurídico integrado por normas gerais e abstratas válidas para todos.

Ao longo de três séculos, esse paradigma foi se desfazendo. Diversos fatores são apontados, entre os quais se destaca a ação dissolvente do capital, a diluir os laços e entraves feudais e a fazer com que cada vez mais indivíduos livres participassem do crescente mercado como proprietários, no mínimo do próprio corpo, ou seja, da força de trabalho que lhes possibilitaria o comparecimento cotidiano ao mercado na condição de proprietários de uma mercadoria a ser vendida (CARVALHO NETTO, 2004, p. 31).

Pires (2005, p. 281) sintetiza que o declínio do paradigma pré-moderno se deu em razão do descompasso entre o que se espera do Poder e a sua personificação, bem como em razão das lutas por liberdade de confissão religiosa e, também, da separação das esferas normativas antes indistintas da religião, da moral, da ética social e do Direito.[1]

---

[1] Bauman (2001) também retrata a mudança paradigmática do período histórico em apreço: "Ao ler o Ancien Régime de Tocqueville, podemos nos perguntar até que ponto os 'sólidos encontrados' não teriam sido desprezados, condenados e destinados à liquefação por já estarem enferrujados, esfarelados, com as costuras abrindo; por não se poder confiar neles. Os tempos modernos encontraram os sólidos pré-modernos em estado avançado de desintegração; e um dos motivos mais fortes por trás da urgência em derretê-los era o desejo de, por uma vez, descobrir ou inventar sólidos de solidez duradoura, solidez em que se pudesse confiar e que tornaria o mundo previsível e, portanto, administrável. Os primeiros sólidos a derreter e os primeiros sagrados a profanar eram as lealdades tradicionais, os direitos costumeiros e as obrigações que atavam pés e mãos, impediam os movimentos e restringiam as iniciativas. Para poder construir seriamente uma nova ordem (verdadeiramente sólida!) era necessário primeiro livrar-se do entulho com que a velha ordem sobrecarregava os construtores" (BAUMAN, 2001, p. 9-10).

2.1.2 Estado Liberal

Os processos de mudança que resultaram na dissolução do paradigma pré-moderno provocaram, consequentemente, o surgimento de novo paradigma, o do Estado Liberal.

A Revolução Francesa, marco deste momento histórico, é inspirada pelo destaque à burguesia, mediante a extinção de privilégios da nobreza e do clero. Sustenta-se a neutralidade do Estado em relação ao capital e aos indivíduos, "ambos livres para o desenvolvimento de suas potencialidades, enquanto o Direito, orientado pelos mesmos signos, estrutura-se como núcleo formal burguês de proteção da individualidade" (PIRES, 2005, p. 32).

Regras gerais e abstratas passam a constituir a essencialidade do sistema normativo, em contraposição à "casuística" do paradigma pré-moderno. A repulsa a esse modelo é expressa pela configuração do Direito Público, que objetiva o não retorno ao absolutismo. A legalidade como limitação ao Estado, somada à separação dos poderes, instrumentalizaria essa meta.

O desafio do Estado Liberal, salienta Pires (2005), é

> [...] garantir ao indivíduo o pleno desenvolvimento de suas potencialidades como proprietário, ou seja, fornecer ao indivíduo a segurança do Direito na visão mais egoística, para a proteção da liberdade burguesa. (PIRES, 2005, p. 28)

A preocupação é assegurar a existência de uma lei universal, geral e abstrata, a fim de garantir a liberdade e igualdade dos indivíduos. Nesse contexto, o juiz limita-se apenas a expressar o que a lei diz, mediante uma leitura direta dos textos normativos: reflexo da postura de intervenção mínima ou neutra do Estado. A interpretação não é bem-vinda, devendo ser privilegiada a "consulta ao legislador" na hipótese de incompreensão dos dispositivos legais.[2]

---

[2] Marcelo Oliveira (2002, p. 57), a propósito do papel do Poder Judiciário nesse paradigma, salienta que a aplicação do Direito é feita de modo estrito, "através de processos lógico-dedutivos de subsunção do caso concreto às hipóteses normativas, sob os ditames da igualdade formal, estando sempre vinculados ao sentido literal, no máximo lógico, da lei, enfim, sendo a 'boca da lei' (Montesquieu)".

2.1.3 Estado Social

A exploração do homem pelo homem no curso do paradigma do Estado Liberal resultou em enorme desigualdade material. A Revolução Industrial refletiu esse processo indicando que nova ruptura paradigmática emergia: o Estado Social. Carvalho Netto (2004, p. 35) analisa essa mudança de paradigma, demonstrando a nova visão de sociedade, de Estado e de Direito.

As formas de organização política, nesse paradigma, pressupunham a materialização dos direitos anteriormente formais, que não se limitou aos chamados direitos de segunda geração (os direitos coletivos e sociais), mas inclusive cuidou de redefinir os de primeira (os individuais). Houve, assim, maior preocupação com a elaboração de leis sociais e coletivas que possibilitassem, minimamente, o reconhecimento das diferenças materiais e o tratamento privilegiado do lado social ou economicamente mais fraco da relação, ou seja, a internalização na legislação de uma igualdade não apenas formal, mas tendencialmente material, equitativa (CARVALHO NETTO, 2004).

Não mais se acreditava na verdade absoluta de cunho matemático dos direitos individuais. O Estado não se apresentava à sociedade como elemento neutro, cuja função concentrava-se em assegurar a paz e a segurança públicas. Tornou-se imperiosa a intervenção estatal em setores antes timidamente regulados, como a economia. O indivíduo passou a ser tratado como cliente e não mais como mero proprietário.

Ao Poder Judiciário cabia aplicar o Direito material então vigente aos casos concretos submetidos à sua apreciação, tendo em vista o sentido teleológico do ordenamento jurídico (OLIVEIRA, M., 2002, p. 61). Carvalho Netto (2004, p. 36) observa que o juiz, no paradigma do Estado Social, não podia ter a sua atividade reduzida a uma mera tarefa mecânica de aplicação silogística da lei tomada como a premissa maior sob a qual se subsume automaticamente o fato. A hermenêutica jurídica reclamava métodos mais sofisticados de interpretação dos textos legais, como o teleológico, sistêmico e histórico, capazes de emancipar o sentido da lei da vontade objetiva dessa própria lei, profundamente inserida nas diretrizes de materialização do Direito que ela prefigura, mergulhada na dinâmica das necessidades dos programas e tarefas sociais.

O trabalho do juiz era visto como algo mais complexo, a garantir as dinâmicas e amplas finalidades sociais que recaíam sobre os ombros do Estado. Explicava-se assim, por exemplo, a tentativa de Hans Kelsen de limitar a interpretação da lei mediante uma ciência do Direito encarregada de delinear o quadro das leituras possíveis para a escolha discricionária da autoridade aplicadora (CARVALHO NETTO, 2004, p. 36).

Todavia, o discurso da materialização do direito por meio de um Estado interventor, que se apresentava acima de uma sociedade carente e desigual, não se sustentou. O declínio do modelo de Estado Social foi inevitável após a Segunda Grande Guerra. A complexidade da sociedade, na qual não é possível identificar, de *per se*, o interesse público que a defina, estabelece uma nova relação entre o público e o privado, anunciando um novo pano de fundo compartilhado, ou melhor, um novo paradigma.

2.1.4 Estado Democrático de Direito

Carvalho Netto (2000, p 481) destaca que, após a Segunda Guerra Mundial, inicia-se processo de mudanças profundas na relação entre a sociedade civil e o Estado: associações da sociedade civil passam a representar o interesse público em face de um Estado privatizado ou omisso.

O autor afirma que os direitos ditos de primeira e segunda geração ganham novo significado: os de primeira são retomados como direitos (agora revestidos de uma conotação sobretudo processual) de participação no debate público que informa e conforma a soberania democrática de um novo paradigma, o do Estado Democrático de Direito e seu direito participativo, pluralista e aberto (CARVALHO NETTO, 2000, p. 481). Na lição de Cruz (2005, p. 11), "a noção de igualdade deixa de se centrar no conteúdo (igualdade material), ao voltar-se para o exame dos pressupostos procedimentais que devem ser cumpridos no discurso de produção do Direito".

Tornou-se necessária a consideração das diferenças entre indivíduos e grupos sociais. Não é mais possível definir, *a priori*, qual o interesse prevalente. Existem, nesse cenário complexo, interesses diversos que devem ser considerados como tais.

O Poder Judiciário, agora, deve trabalhar com princípios e não apenas com regras, uma vez que o mecanismo do tudo ou nada, característico da interpretação de regras jurídicas, não atende a um contexto diversificado, cujas situações e interesses precisam ser detectados e analisados a partir de uma perspectiva democrática.

Desse modo, salienta Carvalho Netto (2004, p. 38), é de se esperar do Judiciário, no paradigma do Estado Democrático de Direito, a realização de decisões que, ao elaborarem construtivamente os princípios e regras constitutivos do Direito vigente,

> [...] satisfaçam, a um só tempo, a exigência de dar curso e reforçar a crença tanto na legalidade, entendida como segurança jurídica, como certeza do Direito, quanto ao sentimento de justiça realizada, *que deflui da adequabilidade da decisão às particularidades do caso concreto.* (CARVALHO NETTO, 2004, p. 38, grifo nosso)

A indispensável consideração das peculiaridades do caso concreto é reflexo da diversidade de interesses presentes na sociedade atual, os quais não podem ser previstos e definidos "de cima para baixo" por um Estado que se intitule o guardião exclusivo do interesse público.

Para Marcelo Oliveira (2002):

> O Direito, justificado no princípio democrático, assume, então, o lugar deixado pela eticidade, pelas tradições imemoriais e pelas 'leis divinas': além de corresponder às exigências funcionais de uma sociedade complexa, ao Direito também cumpre satisfazer as precárias condições de uma integração social que, em última análise, se dá através de aquisições de entendimento mútuo entre sujeitos comunicativamente atuantes. (OLIVEIRA, M., 2002, p. 66)

A pluralidade de estilos de vida e de pensamento constitui distintos grupos sociais, presentes no paradigma do Estado Democrático de Direito, os quais eram, no Estado Social de Direito, alijados das discussões.

A Constituição da República de 1988 consagra, exatamente, o paradigma do Estado Democrático de Direito, razão pela qual não é possível admitir uma leitura do Direito desconectada da realidade. A Teoria da Adequabilidade Normativa, norte deste trabalho, emerge nesse paradigma, refletindo, portanto, suas características, como a que revela a indispensável consideração dos diversos interesses presentes em cada caso.

2.2 Klaus Günther e a Teoria da Adequabilidade Normativa

Günther (2004), na obra *Teoria da Argumentação no Direito e na Moral: justificação e aplicação*, defende a tese de que o discurso de validade de uma norma não contém, de *per se*, sua aplicabilidade em todos os casos. Distingue, portanto, a fase de fundamentação ou validade da fase de aplicação das normas.

Às normas morais cabe a tarefa de fundamentação, alcançada por meio de generalizações das pretensões reveladas pela sociedade, ao passo que às normas jurídicas cabe a função de concreção dessas pretensões. A qualidade típica do Direito em face da Moral expressa-se, exatamente, nessa diferenciação. Luiz Moreira, na introdução à edição brasileira da obra de Günther (2004), esclarece esse ponto:

> À moralidade, por meio da generalização da pretensão de aceitabilidade de suas premissas, cabe a tarefa de fundamentar as normas de conduta. Ao Direito, por meio da aplicação, a tarefa de efetividade dos padrões de conduta. (GÜNTHER, 2004, p. 11)

Para a fundamentação das normas, afirma Günther (2004, p. 70), importa se é do interesse de todos que cada um a observe, visto que uma norma representa o interesse comum e não depende de sua aplicação, mas sim dos motivos apresentados para que ela tenha de ser observada por todos como uma regra.

Tal constatação não exclui, quando da justificação ou fundamentação de uma norma, a possibilidade de se antever situação alguma, tampouco de que não é lícito fazer mais qualquer ponderação a respeito das consequências dessa conjectura no contexto de discursos de fundamentação. Aliás, esse exercício mental é capaz de produzir rico material, a partir do qual se pode relacionar consequências com interesses (GÜNTHER, 2004, p. 65-66). *Ocorre que isso, por si só, não resolve o problema da aplicação da norma, já que cada caso é capaz de surpreender, dada a limitação do saber humano.* A esse propósito afirma Günther (2004):

> Se pudéssemos ter uma previsão de todos os interesses possivelmente afetados, em todas as situações de aplicação, pelos efeitos da aplicação de uma norma, não disporíamos apenas de um saber infinito a respeito do mundo objetivo e social, mas também seríamos transparentes conosco mesmos. Por isso, só poderemos fazer valer os nossos interesses, tanto na forma quanto na extensão, conforme os interpretarmos no momento atual. (GÜNTHER, 2004, p. 66-67)

O autor demonstra, ainda, como se procede o juízo *acerca da validade de uma norma* a partir do seguinte exemplo:

> Todos nós sabemos (e poderíamos prever num discurso sobre validade) que a norma 'Não quebre a promessa' irá colidir com a norma 'Ajude o próximo num caso de emergência', ao menos nos casos em que podemos observar apenas um deles. Os interesses representados pela última norma são, sem dúvida, universalizáveis. Apesar disso, não admitiríamos que a norma 'Não quebre uma promessa' não é válida. Ficaríamos surpreendidos se um discurso conduzisse ao resultado oposto. Mas seria diferente se nos perguntássemos sobre a validade de uma norma como 'Sempre que você puder levar vantagem, você está autorizado a quebrar uma promessa'. Neste caso, podemos prever novamente, sem dificuldades, que a observância geral da norma violaria um interesse que é universalizável – por exemplo, o interesse daqueles que contam com uma promessa feita. (GÜNTHER, 2000, p. 88)

A hipótese acima demonstra que a noção de validade das normas está restrita à reciprocidade de interesses em circunstâncias constantes e, dessa forma, normas válidas são aplicáveis somente *prima facie*. Destarte, se um interesse comum é violado, em situações que são iguais em qualquer hipótese, a norma não pode ser aceita como válida (GÜNTHER, 2000, p. 88-89).

Essa concepção fica clara no que diz respeito à "norma sempre que você puder levar vantagem, você está autorizado a quebrar uma promessa" (GÜNTHER, 2000, p. 88-89). Aqui, em toda situação na qual se quebra uma promessa, os interesses das pessoas que contam com o seu cumprimento serão violados. Portanto, conclui Günther

(2000, p. 88-89), o interesse violado pode ser identificado sem levar em consideração as peculiaridades fáticas (caso concreto) em que se encontram os participantes.

A generalização da pretensão de aceitabilidade das premissas da moralidade significa que a validade de uma norma resulta do assentimento de todos os envolvidos. A norma jurídica é válida porque é resultado de um processo que revelou a adesão da sociedade. Apresenta-se, assim, o discurso de validade das normas.

Ocorre que essa adesão não significa que se esteja diante de uma norma perfeita. Condição para essa norma ideal, assevera Günther (2000, p. 87), é a de que os participantes possam dispor de conhecimento ilimitado e tempo infinito, com o que poderiam prever e levar em consideração todas as consequências e efeitos que a observância de uma regra geral pode ter para o seu interesse em cada um dos possíveis casos de aplicação. Tal perfeição levaria a norma a regular sua própria aplicação,

> [...] porque cada uma das situações nas quais um interesse poderia ser violado teria sido anteriormente levada em consideração. Os participantes estariam certos de que não haveria situação na qual a observância de uma norma violasse um interesse universal. (GÜNTHER, 2000, p. 87)

Todavia, o conhecimento dos participantes do discurso é limitado; e o tempo, finito. Por essa razão, faz-se necessária a dimensão de aplicação.

Ao falar da aplicação de uma norma, está-se referindo à adequabilidade, que só acontece por meio de um processo de concreção em que se descobrem todas as características da situação, bem como se analisam todas as normas que eventualmente podem ser aplicadas ao caso concreto. Não está em pauta a validade da norma, mas a adequação em relação a todas as características de uma única situação.

Esse desiderato, ressalta Luiz Moreira,[3]

> [...] *é alcançado mediante o conceito de coerência e tem por finalidade a constituição de um sentido de imparcialidade à aplicação. A aplicação será imparcial quando coerentemente realizar a adequação entre todas as*

---

[3] Na introdução à edição brasileira da obra: Günther (2004).

características e todas as normas envolvidas em cada caso. (MOREIRA apud GÜNTHER, 2004, p. 17, grifo nosso)

A validade e a adequação de uma norma, como momentos distintos, representam, para Günther (2004), um determinado aspecto da ideia de imparcialidade:

> [...] a exigência das conseqüências e dos efeitos colaterais, previsivelmente resultantes da observância geral de uma norma, para que os interesses de cada um individualmente possam ser aceitos por todos em conjunto, operacionaliza o sentido universal-recíproco da imparcialidade, enquanto que, complementarmente a isto, a necessidade de que, em cada uma das situações de aplicação, considerarem-se todas as características, operacionaliza o sentido aplicativo. Ao combinar ambos os aspectos entre si, aproximamo-nos do sentido completo de imparcialidade, como se fosse por caminhos bifurcados. (GÜNTHER, 2004, p. 70-71)

Se, todavia, o julgador levar em conta seus próprios princípios, intuitivamente arraigados e costumeiramente adotados, as diferenças específicas das situações serão ignoradas. Por essa razão, alerta Günther (2004, p. 326), torna-se indispensável o distanciamento das intuições a fim de que se encontre a solução de acordo com a especificidade da situação.

Por meio do seguinte exemplo, Günther (2000, p. 89-90) ilustra a indispensável consideração da diferença entre fundamentação e aplicação de normas.

X promete a seu amigo S que irá a sua festa e ficou sabendo que J, um de seus melhores amigos, ficou doente e precisava de sua ajuda. Caso X justifique a impossibilidade de ajudar a J por haver prometido ir à festa de S, estar-se-ia restringindo o discurso àquelas características da situação que poderia prever no discurso de validade: o fato de que foi feita uma promessa a S, que agora conta com ela.

O interesse de J somente se tornaria relevante se existisse a obrigação de levar em consideração todas as características da situação – discurso de aplicação. Assim, a ideia de imparcialidade requer a exigência dessa obrigação, ou seja, tão logo os participantes entrem no discurso de aplicação, eles têm que abandonar a perspectiva de as circunstâncias serem iguais em toda situação, pressuposta no discurso de validade da norma.

No exemplo dado, a objeção de que J está numa emergência, e, portanto, de que X deva ajudá-lo, ganha agora o *status* de argumento. Como ressalta Klaus Günther, esse argumento não é dirigido contra a validade da norma em colisão (dever de cumprir uma promessa *versus* dever de ajudar um amigo em uma emergência), *mas contra sua adequação, levadas em consideração todas* as circunstâncias da situação. Günther (2000) observa que

> Se o conceito de validade é restrito àquelas circunstâncias pressupostas como constantes, *agora compreendemos porque os casos interessantes de colisão não têm nada a ver com validade, mas com a adequação de uma norma que é prima facie aplicável. O erro que fizemos com o ideal de uma norma perfeita foi ter subsumido o conceito de adequação ao conceito de validade*. Esta diferença tem um efeito colateral que pretendíamos alcançar: estamos agora prontos a dispensar as condições de conhecimento ilimitado e tempo infinito como requisitos necessários dos discursos de validade. (GÜNTHER, 2000, p. 91, grifo nosso)

Retornando ao exemplo, pode-se constatar, com Günther (2000, p. 97), que a colisão da norma "devemos cumprir uma promessa feita" com a norma "devemos ajudar um amigo em caso de emergência" não implica invalidação de uma delas. É por meio do discurso de aplicação que se identifica a norma correta dentre as válidas. Assim,

> [...] se toda norma válida requer um complemento coerente com todas as outras normas que podem ser aplicadas *prima facie* à situação, então o significado da norma está se alterando em cada uma das situações. Desta maneira, dependemos da história, cada momento que encaramos uma situação que não poderíamos prever e que nos força a alterar nossa interpretação de todas as normas que aceitamos como válidas. (GÜNTHER, 2000, p. 97)[4]

---

[4] Interessante precedente do STJ vale-se do mesmo trecho para dar solução a um caso intrigante: servidor público foi demitido porque teria havido acumulação "ilegal de cargos no período compreendido entre o exercício do cargo de Auditor Fiscal do Estado do Rio Grande do Norte e o ato que formalizou a aposentadoria perante o Município, vez que, nesse período, o recorrente não detinha a condição de servidor inativo." Além de considerar todas as nuances do caso concreto, tal como o fato de que o Judiciário reconheceu o direito do servidor a ter se aposentado relativamente ao cargo municipal quando do seu pedido, isto é, antes de tomar posse no cargo de Auditor, o julgado reportou-se a doutrina de Celso Antonio Bandeira de Mello a propósito da resistência aos atos inválidos. Para o Ministro Relator, Felix Fisher, estão "em pauta princípios como o da boa-fé, segurança jurídica,

A norma adequada, como resultado do processo de aplicação, foi também demonstrada por outros autores, como Ronald Dworkin. Para esse doutrinador, há uma única decisão correta para cada caso. Interessante notar que a Lei de Introdução às Normas do Direito Brasileiro, alterada pela Lei nº 13.655/2018, no seu art. 20, reconhece que, no momento de aplicação das normas, a motivação será insuficiente se baseada apenas em valores jurídicos abstratos, sem considerar as consequências práticas da decisão. Ora, considerar as consequências implica análise das nuances do caso concreto para que se possa alcançar os desdobramentos práticos num determinado contexto. Em matéria sancionatória, ganha relevo o art. 22 da mesma lei, ao determinar que "serão considerados os obstáculos e as dificuldades reais do gestor e as exigências das políticas públicas que houverem imposto, limitado ou condicionado a ação do agente".

Percebe-se muito mais do que uma discussão sobre pragmatismo decisório, imposição de motivação comprometida com a realidade e com o devido processo legal, quando o intérprete está no momento de aplicação normativa.

2.3 A decisão correta ou adequada

Para Dworkin (apud CARVALHO NETTO, 1997, p. 29), a afirmação de existência de uma única decisão correta resulta da irrepetibilidade que marca cada caso.

Kelsen (1997, p. 34-35), por sua vez, pensou diferente. Para ele, a indeterminação do ato legal prescrito pode resultar do fato de que duas normas que pretendem ser simultaneamente válidas se contradizem no todo ou em parte. Em todos esses casos, ensina o autor,

> oferecem-se várias possibilidades para a implementação da norma superior. O ato jurídico que implementa a norma legal pode ser feito para corresponder *a uma ou outra das possíveis leituras da norma*. (KELSEN, 1997, p. 34-35, grifo nosso)

---

legalidade, entre outros, os quais podem colidir no plano abstrato das normas mas que, diante da concretude dos fatos, conduzem a uma decisão adequada para a solução do conflito." (STJ. RMS nº 19433-RN. Rel. Min. Felix Fischer. *DJ* 20.03.2006)

Vê-se, aí, nitidamente, a tese da discricionariedade do julgador. Eis a conclusão de Kelsen (1997):

> [...] interpretar uma lei não conduz necessariamente a uma solução como sendo a única correta, mas, possivelmente, leva a várias soluções, aferidas somente em confronto com a norma a ser aplicada, mesmo se considerando que apenas uma única delas se torna, no ato da decisão judicial, Direito positivo. Dizer que uma decisão judicial é baseada numa lei apenas significa, na verdade, que a decisão *é uma das normas individuais possíveis dentro da moldura da norma geral, e não que aquela seja a única norma individual possível*. (KELSEN, 1997, p. 35, grifo nosso)

Fica claro que, para o autor, a interpretação não conduz a uma única decisão correta, mas às várias possibilidades de aplicação que as normas deixam abertas. A solução kelseniana reconhece ao órgão julgador o poder discricionário na escolha das hipóteses que se encaixam na moldura legal.

Todavia, para Chamon Júnior (2004, p. 87-88), a falha de Hans Kelsen é desconsiderar o caso concreto, vez que é hermeneuticamente impossível alcançar todos os sentidos de uma certa norma em confronto com todas as outras do ordenamento jurídico.

Por conseguinte, o juiz não deve se satisfazer apresentando às partes qualquer resposta jurisdicional, dentro das possíveis leituras abarcadas na moldura legal. O magistrado deve alcançar a única solução para o caso, levando em consideração as peculiaridades apresentadas no decorrer do processo (CHAMON JUNIOR, 2004, p. 99), o que pressupõe a participação das partes envolvidas. Esse aspecto afasta a crítica de que o juiz, sozinho, deveria descobrir qual a decisão adequada ao caso. Ommati (2004, p. 162-163), ao dissertar sobre a doutrina de Ronald Dworkin, destaca que *a única decisão correta, para este autor, não significa uma única decisão verdadeira, como se a verdade existisse de uma vez por todas, mas sim, aquela que pode convencer todas as partes envolvidas na decisão tomada. Isso se deve ao fato de a verdade só poder ser entendida discursivamente.*

Heloisa Rocha (2004, p. 249), por sua vez, observa que Ronald Dworkin acredita que a decisão deve partir do caso concreto e, por meio de um processo de reconstrução, atingir um alto grau de abstração para aplicar o princípio adequado ao caso. "E mais, regras podem ser afastadas se não atenderem ao princípio referente à situação, sem contudo perder a validade" (ROCHA, H., 2004, p. 249).

Para Cruz (2004, p. 236), no Estado Democrático de Direito, a única decisão não é algo irreal ou se confunde com um conceito metafísico de justiça, já que o procedimentalismo fornece indicativos concretos para o balizamento da decisão. E conclui:

> Ou seja, essa resposta pode ser encontrada nas condições procedimentais de institucionalização jurídica das formas de comunicação necessárias aos discursos de fundamentação e aplicação. Nesse sentido, o emprego de princípios não pode ser desconectado do restante do ordenamento jurídico (regras) e especialmente das circunstâncias fáticas do caso concreto que permitirão ao julgador encontrar a resposta adequada ao problema. (CRUZ, 2004, p. 236, grifo nosso)

O processo de reconstrução com vistas a descobrir a decisão adequada, no qual as partes interagem discursivamente, salva o juiz da missão solitária de resolver o conflito. Heloisa Rocha (2004, p. 249), reportando-se às lições de Habermas, observa que a interpretação construtiva do julgador deve ser concebida como um empreendimento comum, sustentado pela comunicação pública dos cidadãos. A decisão correta pressupõe, portanto, a consideração dos argumentos trazidos pelos participantes do discurso. Assim, ressalta a autora,

> [...] a necessidade apontada por Dworkin de um reconhecimento mútuo de igual respeito por cada um pode ser aplicado através do agir comunicativo, isto é, da prática da argumentação, o que requer que cada participante adote as perspectivas de todos os demais. (ROCHA, H., 2004, p. 249)

Marcelo Oliveira (2004, p. 221) reforça esse entendimento ao afirmar que a determinação da norma adequada depende do entrelaçamento de argumentos e de perspectivas de interpretação acerca do caso concreto. Para tanto, *resulta indispensável a consideração dos pontos de vistas dos indivíduos diretamente implicados*. O que se coloca em questão, frisa o autor, "é a própria garantia de integridade do Direito, a fim de se garantir tanto a coerência normativa da decisão ao sistema jurídico, quanto a sua *adequabilidade ao caso concreto*" (OLIVEIRA, M., 2004, p. 221, grifo nosso).

A resposta correta é resultado, portanto, da reconstrução adequada da situação de aplicação, condicionada e assegurada pelas garantias processuais. Todavia, alerta Cruz (2004, p. 237-238), essa decisão correta não está na busca de um consenso ético-substantivo majoritário, mas, sim, desse consenso por intermédio de um procedimento. É a observância concorrente do devido processo constitucional e do princípio da moralidade (reciprocidade) que permite a filtragem dos direitos fundamentais universais. Assim, a segurança jurídica não se encontra mais em um possível consenso substantivo, mas na rigorosa observância de garantias fundamentais do processo, que vai muito além de sua vertente meramente formal. Afirma, ainda, Cruz (2004, p. 237-238) que Habermas contribuiu decisivamente para esse entendimento, já que desconstruiu a visão de que a decisão judicial estaria aprisionada a aspectos formalistas que permitissem um "cheque em branco" a ser preenchido pelo juiz.

Conclui-se que a decisão correta ou adequada emerge da consideração de todas as peculiaridades do caso, as quais são apontadas pelas partes, por meio de um processo desenvolvido em contraditório que se vincula ao paradigma de Direito vigente. A legitimidade da decisão correta não reside, por conseguinte, no "juízo" do julgador, simplesmente.

2.4 O devido processo legal

O *discurso de justificação* das normas, como visto nas lições de Klaus Günther, requer circunstâncias iguais, constantes e estáveis e, por conseguinte, não pressupõe uma previsão exaustiva de todas as possíveis situações da realidade. Essa afirmação estaria comprometida se o ser humano possuísse tempo e conhecimento ilimitados, o que não é o caso.[5] Galuppo (2001) assim sintetiza as ideias de Günther:

> Em suma, podemos dizer com Günther que os princípios jurídicos constitucionais são sempre válidos, mas não sempre aplicáveis, porque não preveem em sua própria extensão semântica as condições e circunstâncias de sua aplicação, *que só podem ser fornecidas no caso concreto*

---

[5] Aliás, como constata Carvalho Netto (2005, p. 78), "aprendemos, a duras penas, que racional é o saber que sabe da precariedade de nosso próprio saber e busca lidar racionalmente com os riscos que ela acarreta".

dialogicamente, pelas partes envolvidas. É preciso levar em conta, então, que cumprir ou aplicar o direito, no Estado Democrático de Direito, não é cumprir ou aplicar todas as normas jurídicas contemporaneamente, *mas apenas aquelas que são adequadas ao contorno fático de uma situação*. (GALUPPO, 2001, p. 61, grifo nosso)

Indispensável, pois, inaugurar o *discurso de aplicação* das normas para que se possa resolver os conflitos de interesses apresentados ao operador do direito. Nessa fase, faz-se necessária a análise das características da situação concreta, o que pressupõe um processo no qual as partes aduzam os seus argumentos e as suas pretensões a direitos. A consideração dos pontos de vista apresentados é assegurada constitucionalmente no bojo do devido processo legal, conforme dispõe o art. 5º, LIV e LV, da Constituição da República[6] (BRASIL, 1988).

O reconhecimento mútuo dos pontos de vista requer, por sua vez, o exercício de direitos e garantias fundamentais de natureza processual, em destaque o contraditório e a ampla defesa (art. 5º, LV, da Constituição da República), além da necessidade racional de fundamentação das decisões judiciais e administrativas (art. 93, IX, da Constituição da República).

Carnelutti (2004) bem expressa a necessidade do diálogo entre as partes:

> Não podemos apreender a verdade senão em pequenas doses: cada razão contém uma dose de verdade, umas vezes relevante e outras desdenháveis. Cada um de nós apenas chega a descobrir uma parte da verdade. Por isso, em cada um de nós a verdade está mesclada com o erro e, para depurá-la, cada um de nós necessita do outro: tal é a necessidade do diálogo. (CARNELUTTI, 2004, p. 97)

Habermas (2003, p. 274), por sua vez, observa que os direitos decorrentes do processo garantem a cada sujeito de direito a pretensão a um processo equitativo, "ou seja, uma clarificação

---

[6] Medauar (1993, p. 83) ressalta que a combinação dos incisos LIV e LV, da Constituição da República, "[...] resulta na imposição de processo administrativo que ofereça aos sujeitos oportunidade de apresentar sua defesa, suas provas, de contrapor seus argumentos a outros, enfim, a possibilidade de influir na formação do ato final. O devido processo legal desdobra-se, sobretudo, nas garantias do contraditório e ampla defesa, aplicadas ao processo administrativo."

discursiva das respectivas questões de direito e de fato; deste modo, os atingidos podem ter a segurança de que, no processo, serão decisivos para a sentença judicial argumentos relevantes e não arbitrários". Do mesmo modo, deve-se entender quando em pauta processos administrativos sancionadores.7

O devido processo legal constitui, assim, o *locus* no qual, democraticamente, as circunstâncias fáticas serão reconstruídas mediante a participação dos envolvidos. Desse "espaço" é que a autoridade julgadora, seja ela administrativa ou judicial, retirará os dados necessários para adotar a decisão adequada, pondo fim à questão controvertida. O ministro Gilmar Mendes destacou que o direito de ver os argumentos considerados decorre, exatamente, da cláusula do devido processo legal:

> Daí afirmar-se, corretamente, que a pretensão à tutela jurídica, que corresponde exatamente à garantia consagrada no art. 5º, LV, da Constituição, contém os seguintes direitos: [...] 3) direito de ver seus argumentos considerados [...] que exige do julgador capacidade, apreensão e isenção de ânimo [...]. Sobre o direito de ver os seus argumentos contemplados pelo órgão julgador [...] que corresponde, obviamente, ao dever do juiz ou da Administração de a eles conferir atenção [...], pode-se afirmar que ele envolve não só o dever de tomar conhecimento [...], como também o de considerar, séria e detidamente, as razões apresentadas [...]. (INFORMATIVO STF, 2006)

A Constituição da República de 1988, no art. 5º, LV, expressamente assegura o devido processo legal em processos administrativos em que haja litigantes ou acusados,[8] no que se enquadra o processo disciplinar contra servidor público, do qual pode resultar sanção que repercute diretamente na dignidade da pessoa humana.

---

[7] Justen Filho (2005, p. 671, grifo nosso) retrata, na perspectiva do administrado, o significado que uma sanção acarreta: "[...] sofrer a sanção imposta pelo Estado significa um juízo de reprovação proveniente da comunidade, sendo dotada de alta carga simbólica que *afeta a subjetividade do punido*. Assim, a ressalva de revisão jurisdicional é insuficiente para tutelar o interesse individual. Os danos materiais e morais derivados de uma punição injusta são insuscetíveis de eliminação – tal como pode testemunhar qualquer pessoa que tenha injustamente sido punida. *Por isso, a imposição da sanção administrativa está sujeita a garantias muito severas, entre as quais avulta de importância a observância do processo administrativo*".

[8] Medauar (1993, p. 78), ao analisar o inciso LV, da Constituição da República, observa que o termo "acusados" designa "[...] as pessoas físicas ou jurídicas às quais a Administração atribui determinadas condutas, das quais decorrerão conseqüências punitivas."

A adoção do devido processo legal no âmbito dos processos administrativos está em perfeita sintonia com o Estado Democrático de Direito, como ensina Medauar (1993):

> Realmente a colaboração ou *participação dos sujeitos no processo administrativo exerce influência no teor da decisão final*. Com isso o administrado conhece melhor a Administração; esta, de seu lado, mediante fatos, provas e argumentos oferecidos pelos sujeitos, detecta melhor as situações e mais se aproxima dos administrados, propiciando abertura nas muralhas administrativas. Os vários pontos de vista, os vários argumentos, as várias interpretações dos fatos expressam a realidade do pluralismo, *característico da democracia*, e muito difícil de ser verdadeiramente aceito por autoridades administrativas, apegadas, de regra, a sua própria visão unilateral das situações ou à visão do partido político a que pertencem. Por outro lado, a colaboração dos sujeitos amplia as possibilidades de controle da atividade administrativa, aspecto esse também ligado à democracia. (MEDAUAR, 1993, p. 86, grifo nosso)

O julgador deve, portanto, no âmbito do devido processo legal administrativo, reconstruir a situação controvertida, em sua unicidade e irrepetibilidade, do ponto de vista de todos os envolvidos (CARVALHO NETTO, 2005, p. 78). Não há, assim, um exame do mero sentido da norma, cuja clareza, por si só, é insuficiente para encontrar a solução para o caso concreto.

Parte da doutrina sustenta que a face substancial do devido processo legal diz respeito à garantia material de procedimento razoável com vistas a impedir que arbitrariedades ocorram por parte do poder público (OSÓRIO, 2005, p. 200). *Na presente pesquisa, compreende-se a versão material do devido processo legal como a que abarca, além das garantias processuais, a adequabilidade normativa e, consequentemente, vincula-se à descrição completa dos fatos, a partir da participação dialógica dos envolvidos.*[9]

---

[9] Sundfeld (1987) destaca a importância da efetiva consideração, por parte da Administração, dos argumentos suscitados pelo administrado passível de ser sancionado: "A decisão deve ser tomada em vista dos elementos constantes dos autos, inclusive dos argumentos e provas produzidos pelo acusado, que devem merecer consideração expressa. Quem já acompanhou procedimentos administrativos há de ter encontrado, nas decisões, comentários lacônicos do tipo: 'o acusado nada trouxe de novo' ou 'não conseguiu convencer com seus argumentos', com os quais pretende a autoridade analisar a defesa. É indisfarçável o pouco caso e desprezo que se costuma devotar às manifestações do administrado. Mas, este proceder não pode ser aceito, sendo inválida a decisão que não analisa devidamente a defesa, demonstrando como e por que não pode ela ser acolhida" (SUNDFELD, 1987, p. 105).

Afirmar que o devido processo legal está vinculado à participação dos envolvidos e às circunstâncias fáticas em torno do caso concreto significa, no campo disciplinar, garantir a observância de uma série de outros princípios constitucionais da atividade sancionadora,[10] entre os quais se destacam: legalidade, reserva legal, tipicidade, culpabilidade e adequabilidade da sanção administrativa. No próximo capítulo, tais comandos serão examinados, considerando não só o foco da pesquisa, como também o marco teórico adotado.

---

[10] Osório (2005, p. 203) observa que a principal característica do devido processo legal substancial "é a possibilidade de desenvolvimento dos direitos fundamentais ligados à exigência dessa cláusula constitucional".

CAPÍTULO 3

REGIME JURÍDICO DAS SANÇÕES DISCIPLINARES

Examinar a extensão do controle das sanções disciplinares pelo Poder Judiciário, tendo em vista a noção tradicional de discricionariedade administrativa, pressupõe uma análise dos princípios fundamentais da atividade sancionadora do Estado. Para tanto, faz-se necessário estudar, preliminarmente, o conceito e a finalidade que serão adotados em relação à sanção disciplinar e, ainda, a chamada relação de especial sujeição e seus efeitos no regime jurídico disciplinar.

Pretende-se, neste capítulo, demonstrar que os princípios fundamentais da atividade sancionadora do Estado, aplicados no âmbito do devido processo legal disciplinar, inviabilizam a presença de discricionariedade administrativa no julgamento de faltas funcionais dos servidores públicos.

3.1 Sanção disciplinar

3.1.1 Conceito

O termo "sanção disciplinar" pode referir-se tanto à relação existente entre o empregado e o empregador no âmbito privado, entre o aluno e a direção da escola ou entre o servidor e o Estado. Esses exemplos ilustram os diversos campos em que o tema pode se inserir. Neste trabalho, como salientado, o enfoque dado situa-se na relação entre o Estado e os servidores estatutários, utilizando-se como parâmetro a Lei nº 8.112, de 11.12.1990, que dispõe sobre o regime jurídico dos servidores públicos civis da União, das autarquias e das fundações públicas federais.[11]

Assim, quando houver menção a sanção disciplinar, deve-se considerar o seguinte conceito: sanção disciplinar é a consequência jurídica desfavorável prevista em lei e imposta ao servidor público estatutário, após a obediência ao devido processo legal, em razão do cometimento de infração funcional a ele imputável pela Administração Pública.[12] A infração disciplinar, por sua vez, nada mais é do que uma ação humana que o estatuto declarou como ilícito, por consistir em ato contrário à adequada prestação dos serviços públicos.[13]

García de Enterría e Fernández (1990, p. 877) afirmam que as sanções disciplinares "são impostas às pessoas que estão em uma relação de sujeição especial[14] com a Administração por infrações cometidas contra a disciplina interna pela que se rege dita relação".

Existe, ainda, na doutrina, conceito de sanção administrativa que faz referência à discricionariedade administrativa:

> Sanção administrativa é o ato administrativo unilateral, *discricionário*, pelo qual se aplicam penalidades a terceiros pela inobservância dos respectivos deveres. Pode consistir em punição aos titulares dos órgãos da Administração Pública – portanto, interna – ou aos particulares – e, destarte, externa. (BANDEIRA MELLO, O., 2007, p. 569, grifo nosso)

---

[11] A Lei nº 9.784, de 29.01.1999, deve ser aplicada, mesmo que subsidiariamente, aos processos administrativos disciplinares, como dispõe o seu art. 69. Merecem destaque os comandos constantes do art. 2, que indica os princípios e critérios que a Administração deve adotar na condução de processos administrativos (BRASIL, 1999).

[12] Sundfeld (1987, p. 99) também usa o termo "consequência jurídica desfavorável" ao tratar das sanções administrativas: "Assim, o comportamento proibido, ilícito, ou seja, a infração, é aquele ao qual a norma atribui uma consequência desfavorável: a sanção." Ferreira (2001, p. 34), do mesmo modo, reporta-se à consequência jurídica: "Conceituamos sanção administrativa como a direta e imediata consequência jurídica, restritiva de direitos, de caráter repressivo, a ser imposta no exercício da função administrativa, em virtude de um comportamento juridicamente proibido, comissivo ou omissivo". García de Enterría e Fernández (1990, p. 875), por sua vez, conceituam sanção administrativa como "[...] um mal infligido pela Administração a um administrado como consequência de uma conduta ilegal".

[13] Quanto à infração funcional, Justen Filho (2005, p. 668) afirma que "O ato ilícito funcional consiste na conduta reprovável, omissiva ou comissiva, que infringe dever jurídico imposto por lei ao servidor público".

[14] O estudo a respeito da relação de especial sujeição carece de maior aprofundamento, fazendo-se indispensável conhecer as razões de sua existência e compreender quais são as suas repercussões no que diz respeito ao regime jurídico disciplinar. É o que se apresentará no decorrer deste capítulo.

Todavia, a alusão à discricionariedade não diz respeito a um juízo de conveniência quanto à aplicação de sanção diante de ilícito devidamente apurado, já que a Administração tem o dever de agir conforme o Direito. Ademais, há, no campo disciplinar, legislação[15] que impõe ao administrador o dever de aplicar sanção, uma vez apurado o ilícito (art. 143 da Lei nº 8.112/90).[16] O próprio Código Penal, no art. 320,[17] define como condescendência criminosa a omissão do servidor que deixa de aplicar a punição ao subordinado quando devidamente apurada a infração.

A menção à discricionariedade, no citado conceito, refere-se, assim, à escolha da sanção a ser aplicada diante da infração.[18] Neste trabalho, porém, entende-se que, sequer nessa hipótese, cogitar-se-á de juízo de conveniência e oportunidade, tendo em vista os princípios fundamentais do regime jurídico disciplinar.[19]

3.1.2 Finalidade

Quanto à finalidade da sanção disciplinar, há, do mesmo modo, diferentes perspectivas doutrinárias.

---

[15] "Art. 143. A autoridade que tiver ciência de irregularidade no serviço público é obrigada a promover a sua apuração imediata, mediante sindicância ou processo administrativo disciplinar, assegurada ao acusado ampla defesa" (BRASIL, 1990).

[16] Ferreira (2001) bem observa que o dever-poder de sancionar decorre da própria função administrativa: "Visto ser a sanção administrativa uma das manifestações concretas do exercício da função administrativa, enquanto dever-poder, importante gizar que a aplicação de sanção por um agente público não consiste em uma mera faculdade, mas sim em inolvidável vinculação" (FERREIRA, 2001, p. 40). Celso A. Bandeira de Mello (2006) é claro a esse respeito: "Registre-se, por último, que, uma vez identificada a ocorrência de infração administrativa, a autoridade não pode deixar de aplicar a sanção. Com efeito, há um dever de sancionar, e não uma possibilidade discricionária de praticar ou não tal ato" (BANDEIRA DE MELLO, C., 2006, p. 811).

[17] "Art. 320. Deixar o funcionário, por indulgência, de responsabilizar subordinado que cometeu infração no exercício do cargo ou, quando lhe falte competência, não levar o fato ao conhecimento da autoridade competente:
Pena – detenção, de 15 (quinze) dias a 1 (um) mês, ou multa" (BRASIL, 1940).

[18] É o que ensinam, por exemplo, Meirelles (2003, p. 121), Cretella Júnior (2006, p. 95) e José Armando Costa (2003, p. 2500).

[19] Não é esse, todavia, o entendimento de Marcelo Madureira Prates. Segundo o autor, a Administração *pode e não deve* infligir a sanção administrativa, mesmo quando definitivamente verificado o ilícito correspondente (PRATES, 2005, p. 69).

Zaffaroni e Pierangeli (2004, p. 144-145), ao concluírem pelo descabimento da aplicação de sanções disciplinares aos que não pertencem ao corpo administrativo (*"extraneus"*), são categóricos: as sanções administrativas não pretendem prevenir, e sim reparar o dano que, com a má conduta do servidor, sofreu a imagem pública da Administração. Já Rafael Mello (2005, p. 38) destaca exatamente o caráter preventivo que a imposição de sanção administrativa carrega: "a finalidade da sanção administrativa é a prevenção da ocorrência de novas infrações administrativas". Celso Antônio Bandeira de Mello (2005, p. 777-778), ao rejeitar a tese de que as sanções administrativas serviriam como castigo ao sujeito, reconhece que elas visam desestimular a prática das condutas censuradas e constranger ao cumprimento das obrigatórias.

De fato, é inquestionável que a devida apuração de faltas disciplinares inibe a prática de ilícitos funcionais, na medida em que a imposição das sanções indica aos potenciais infratores quais os efeitos reais que certos atos acarretarão.[20] Previne-se, consequentemente, a má prestação do serviço público. O mesmo ocorre em razão de a sanção compelir o infrator a melhorar a sua conduta. Vê-se, assim, que o dever de boa administração é alcançado com a previsão e a imposição de sanções disciplinares.

Caetano (1983) posiciona-se de modo semelhante:

> Destinam-se as penas disciplinares, como quaisquer outras, a corrigir e a prevenir: corrigem fazendo sentir ao autor do facto punido a incorreção do seu procedimento e a necessidade de melhorar a sua conduta; e previnem, pois não só procuram evitar que o agente castigado volte a prevaricar, como servem de exemplo a todos os outros, mostrando-lhes as conseqüências da má conduta. Desta forma, através da acção

---

[20] Não é diferente o pensamento de Ferreira, para quem a sanção administrativa "[...] tem o condão de estimular o destinatário da norma (pessoa humana ou jurídica) ao seu cumprimento, tudo pelo justo receio de, a *contrario sensu*, vir a sofrer os efeitos externos e danosos da sua aplicação, pelo órgão competente, nos termos da lei" (FERREIRA, 2001, p. 14). Do mesmo modo, Vitta (2003, p. 65): "A previsão de sanções existe para atemorizar os eventuais infratores (caráter repressivo), fazendo com que os indivíduos ajustem seus comportamentos aos padrões admitidos em Direito. Tem por fim específico desestimular a prática de condutas proibidas pela ordem normativa, por meio de 'desagradáveis efeitos'". Cabe, outrossim, lembrar as lições de Reale (2004, p. 72), quando afirma que a sanção "é todo e qualquer processo de garantia daquilo que se determina em uma regra". Cretella Júnior (2006, p. 75) sintetiza a questão da seguinte forma: "Ora, não há direito sem sanção".

imediata sobre os agentes, a aplicação das penas disciplinares tem por fim defender o serviço da indisciplina e melhorar o seu funcionamento e eficiência, mantendo-o fiel aos seus fins.[21] (CAETANO, 1983, p. 819)

Por outro lado, a prática de uma infração funcional pode comprometer a confiança existente entre os cidadãos e os órgãos estatais, afetando, por conseguinte, a "imagem pública da Administração" (ZAFFARONI; PIERANGELI, 2004, p. 144-145). Natural, portanto, que a aplicação da sanção disciplinar sirva como instrumento reparador da confiança abalada pela infração administrativa.

Todavia, nem sempre uma infração disciplinar chega ao conhecimento "público", ou seja, chega a abalar a imagem da Administração, considerando, é claro, a perspectiva dos cidadãos que não estão inseridos no órgão público (*"extraneus"*) (ZAFFARONI; PIERANGELI, 2004, p. 144-145). Mesmo que assim ocorra, impõe-se a aplicação da sanção, exatamente para que novas infrações não ocorram e, com isso, o bom funcionamento da máquina administrativa não seja afetado.

Dessa forma, a prevenção é a finalidade essencial das sanções disciplinares, o que, como visto, não desconsidera o eventual fim reparador da imagem pública da Administração.

Analisar a finalidade das normas não é mera divagação teórica. Celso Antônio Bandeira de Mello (2005, p. 69) bem ensina que "não se compreende uma lei, não se entende uma norma, sem entender o seu objetivo". No aspecto em apreço, reconhecer a finalidade preventiva das sanções disciplinares implica comprometimento com alguns critérios: detalhamento das faltas funcionais, culpabilidade do infrator e vedação à transmissão da sanção a terceiros que não praticaram o comportamento ilícito (MELLO, R., 2005, p. 31). O que importa, por ora, é salientar que a finalidade preventiva reflete no conteúdo do regime jurídico disciplinar.

---

[21] Osório (1999) descreve o mecanismo entre pena e dor, do qual resulta a evitabilidade da infração e, pois, atinge-se a função preventiva da sanção: "Há uma nítida relação histórica entre pena e dor. O homem foge, em geral, quando foge, da dor e do sofrimento. A pena busca intimidar. O efeito intimidatório da pena, por seu turno, passa pela idéia de evitabilidade do fato. Essa evitabilidade residiria no interior do ser humano, em sua capacidade de prever os acontecimentos, de não querer ou de querer esses acontecimentos, e, portanto, de evitá-los, de provocá-los em determinadas circunstâncias, de manipulá-los" (OSÓRIO, 1999, p. 81).

3.2 A relação de especial sujeição

Antes de discorrer sobre os princípios fundamentais do regime jurídico disciplinar, é necessário examinar a relação de especial sujeição que caracteriza o vínculo entre o servidor público e o Estado. A relação de especial sujeição foi definida por Mayer (apud GALLEGO ANABITARTE, 1961, p. 13) – que introduziu o conceito no Direito Administrativo[22] – como sendo a dependência jurídica, em seu sentido mais amplo, em que se encontra o súdito frente ao Estado. Para o autor, estabelece-se uma acentuada dependência para todos aqueles que entrem na estrutura especial em favor de determinado fim da Administração Pública. Referida relação

---

[22] Bacigalupo (1991) assim descreve o percurso das chamadas relações de especial sujeição: "As relações especiais de sujeição constituem um conceito elaborado pela teoria do direito público ao final do século XIX que faz referência às relações estreitas entre o Estado e o cidadão, referido particularmente às relações que se dão na escola pública, nos estabelecimentos penitenciários e, em geral, às relações geradas dentro de estabelecimentos públicos, assim como às existentes entre o Estado e os funcionários ou os submetidos à prestação do serviço militar. A conseqüência desta teoria é que o cidadão, que se encontra em uma relação especial de sujeição, é incluído no âmbito administrativo, e, por conseguinte, os direitos fundamentais e as reservas de lei – que só determinam a relação genérica do Estado com o cidadão – não têm validade; a Administração tem em suas mãos a regulação, mediante prescrições administrativas (regulamentos internos do estabelecimento), das relações dentro de tais situações. Esta teoria – agrega Maurer no mesmo lugar – não só se manteve durante a república de Weimar, senão ainda longo tempo depois da sanção da G.G, ainda que a crítica crescesse constantemente. O Tribunal Federal Constitucional alemão tirou a legitimidade da teoria das especiais relações de poder com sentenças que afetavam dois dos âmbitos básicos em que lhe era reconhecida validade: os estabelecimentos penitenciários e a escola". Trecho original: "Las relaciones especiales de sujeción constituyen un concepto elaborado por la teoría del derecho público de finales del siglo XIX que hace referencia a relaciones estrechas entre el Estado y el ciudadano, referido particularmente a las relaciones que se dan en la escuela pública, los establecimientos penitenciarios y, en general, a las relaciones que se generan dentro de establecimientos públicos, así como a las que existen entre el Estado y los funcionarios o los sometidos a la prestación del servicio militar. La consecuencia de esta teoría es que el ciudadano, que está en una especial relación de sujeción, es incluido en el ámbito administrativo con el resultado de que los derechos fundamentales y la reserva de ley – que sólo determinan la relación genérica del estado con el ciudadano – no tienen validez; la administración tiene en sus manos la regulación, mediante prescripciones administrativas (reglamentos internos del establecimiento), de las relaciones dentro de tales situaciones. Esta teoría – agrega Maurer en el mismo lugar – no sólo se mantuvo durante la República de Weimar, sino todavía largo tiempo después de la sanción de la G.G, aunque la crítica crecía constantemente. El Tribunal Federal Constitucional alemán quitó legitimidad a la teoría de las especiales relaciones de poder con sentencias que afectaban a dos de los ámbitos básicos en los que se le asignaba validez: los establecimientos penitenciarios y la escuela" (BACIGALUPO, 1991, p. 27).

significa sempre um estado de "liberdade restringida", na qual o afetado tem que se ajustar à finalidade da Administração Pública.

Os aspectos essenciais na caracterização do conceito de relação especial de sujeição, para Mayer (apud GALLEGO ANABITARTE, 1961, p. 14), são a relação de dependência do indivíduo frente ao Estado e a impossibilidade de estabelecer com anterioridade a extensão e o conteúdo das prestações. As relações jurídicas nas quais se inserem os servidores públicos, os presos e os estudantes de escolas públicas são exemplos de relações de especial sujeição (GALLEGO ANABITARTE, 1961, p. 14).

Celso Antônio Bandeira de Mello (2005) afirma ser inquestionável a existência de relações específicas entre determinadas pessoas e o Estado, cujas características são diversas das que ocorrem entre a generalidade das pessoas, "e que demandam poderes específicos, exercitáveis, dentro de certos limites, pela própria Administração"[23] (BANDEIRA DE MELLO, C., 2005, p. 775). Para o autor, nessas relações, seria inviável pretender que, *por meio de lei formal*, pudessem ser expedidas todas as convenientes disposições, com exclusão de qualquer outra fonte normativa. Caso pudesse ser exigido do legislador tarefa dessa natureza, qual seja, a de produzir uma "miríade de regras", demasiadamente particularizadas e dependentes de situações peculiares, as atividades públicas acabariam paralisadas (BANDEIRA DE MELLO, C., 2005, p. 776-777).

Com efeito, exatamente no âmbito dessas relações de especial sujeição é que se afirma existirem restrições a direitos fundamentais, com vistas a preservar o adequado funcionamento das instituições estatais. Portanto, a peculiaridade da conjuntura em que se inserem as relações de especial sujeição acarreta limitações a direitos que não se identificam com as que decorrem do regime jurídico geral dos cidadãos (PEREIRA, 2006, p. 606).

Em sentido oposto ao conceito de relação de especial sujeição, pode-se dizer que a relação geral de sujeição é aquela em que se encontra o cidadão frente ao Estado, decorrente do poder de

---

[23] O autor exemplifica: "[...] é diferente a situação do servidor público, em relação ao Estado, da situação das demais pessoas que com ele não travaram tal vínculo; [...] internados em hospitais públicos [...] inscritos em uma biblioteca pública circulante [...]" (BANDEIRA DE MELLO, C., 2005, p. 776).

império estatal[24] (PRATES, 2005, p. 212). Alguns autores defendem que o princípio da legalidade somente vige nestas relações, sem, contudo, apresentar fundamentação consistente, calcando-se no fato de que, nas relações de especial sujeição, diferentemente das de sujeição geral, há submissão voluntária e, por isso, haveria um âmbito de livre conformação pela Administração (GALLEGO ANABITARTE, 1961, p. 35).

Decisão que mudou o curso do entendimento a propósito das relações de especial sujeição foi prolatada em 14 de março de 1972, pelo Tribunal Constitucional Federal da Alemanha. Eis a síntese do julgado: um preso, ao escrever uma carta a uma instituição que prestava serviços a reclusos, expressou descontentamento com mudanças ocorridas no presídio, bem como discorreu sobre aspectos negativos do ex-Diretor da instituição. Interceptada a carta, entendeu-se que as afirmações eram ofensivas e abordavam aspectos não pertinentes aos internos (MARTINS, 2005, p. 162-163). O Tribunal Constitucional, ao julgar recurso apresentado pelo preso, fixou novo tratamento às chamadas relações de especial sujeição, estabelecendo os seguintes critérios:

> i) os presos podem ter seus direitos fundamentais restringidos por meio de lei ou com base em uma lei; ii) a mera existência de uma relação de poder não autoriza a Administração a restringir livremente os direitos fundamentais; iii) a reserva de lei tem aplicação no âmbito das relações especiais de sujeição; iv) as restrições a direitos de titulares que se inserem em relações de sujeição devem ser indispensáveis e adequadas a promover a finalidade a que se destinam. (PEREIRA, 2006, p. 623)

---

[24] Prates (2005) destaca a importância da diferenciação entre as relações de sujeição geral e as relações de especial sujeição, vez que o regime jurídico daquela "[...] apresenta-se sensivelmente mais elaborado e mais intenso no caso de os administrados estarem ligados à Administração por relação jurídica geral, ao passo que fica sujeito a atenuações quando se trata de relação administrativa especial. Essas atenuações, contudo, não podem implicar a supressão completa de direitos e de garantias fundamentais, mas tão-somente a sua modulação em razão e na medida da especialidade de cada relação administrativa" (PRATES, 2005, p. 212). Ferreira (2001) também demonstra a diferença conceitual entre as duas espécies de relação: "O primeiro – regime de sujeição geral – é aquele no qual se encontra todo e qualquer um sem um particular vínculo com a Administração Pública; o outro – o de sujeição especial – é o que coloca o cidadão ou uma pessoa jurídica em posição peculiar frente ao Estado, em função de um específico elo" (FERREIRA, 2001, p. 35).

O princípio da reserva legal foi, portanto, reconhecido como aplicável nas relações de especial sujeição,[25] sem serem, contudo, ignoradas as peculiaridades que esse vínculo apresenta em determinadas hipóteses.

Reconhecer a existência de relação de especial sujeição não significa, portanto, que o vínculo estabelecido entre o Estado e o servidor deixe de ser uma relação jurídica, ou seja, o caráter jurídico não se "perde apenas pelo fato de o agente ingressar na organização administrativa" (PINTO E NETTO, 2005, p. 129).

3.2.1 Relações de especial sujeição: casos específicos

Hesse (1998, p. 261), a propósito dos servidores públicos, afirma que, em certos casos, há de se exigir sigilo quanto aos fatos e informações a que esses agentes têm acesso em razão da função desempenhada, sempre que isso for justificado. Afirma, também, que não há como compreender o direito ao sigilo das comunicações dos presos com a mesma intensidade em relação aos cidadãos não aprisionados, sob pena de comprometer-se a segurança das prisões e de viabilizar-se a prática de crimes em seu interior. Para o autor, o problema reside em saber até que ponto podem ser traçados limites aos direitos fundamentais em relações de especial sujeição e como devem ser fundamentadas essas restrições (HESSE, 1998, p. 261).

Os limites aos direitos fundamentais ou ao princípio da legalidade nas relações de especial sujeição não serão encontrados por meio de fórmula mágica, razão pela qual se impõe o manejo do princípio da adequabilidade que, como visto no capítulo anterior, requer a consideração tanto das normas *prima facie* aplicáveis, quanto das peculiaridades do caso concreto.

Pereira (2006, p. 640), ao comentar decisão da Corte Europeia de Direitos Humanos, acabou por exemplificar o uso do princípio

---

[25] Moncada (1998, p. 186) sustenta que seria preferível falar em estatutos especiais a relações especiais de poder: "Em rigor, em vez de relações especiais de poder, seria preferível falar em estatutos especiais o que tem a apreciável vantagem de evidenciar que tais relações são jurídicas e até legislativas, nunca alheias ao Direito".

da adequabilidade, a despeito de a autora não ter feito referência expressa a ele. O caso versava sobre a interceptação de uma carta escrita por um preso a autoridades públicas na qual se narrava uma série de fatos ocorridos na prisão que, segundo ele, violava seus direitos. A propósito do direito ao sigilo de comunicação, a Corte entendeu que:

> [...] a 'necessidade' de interferência no exercício do direito de um prisioneiro condenado à inviolabilidade de sua correspondência deve ser apreciado tendo em vista os requisitos ordinários e razoáveis da prisão. A 'prevenção da desordem ou crime', por exemplo, pode justificar interferências mais amplas no caso de prisioneiros do que naqueles envolvendo pessoas livres'. Entretanto, decidiu-se que esta necessidade *não foi verificada no caso, uma vez que a correspondência interceptada tinha o objetivo de preparar o procedimento legal para verificação da violação de alguns direitos, através da solicitação de um advogado, restando, assim, vulnerado o art. 8 da Convenção* [Convenção de Direitos Humanos]. (PEREIRA, 2006, p. 640, grifo nosso)

A interceptação de carta de preso, inviabilizando a entrega ao destinatário, só pode sustentar-se caso o seu conteúdo, de fato, comprometa a segurança pública. Não há como estabelecer uma regra que, *a priori*, legitime tal interceptação. A análise do caso concreto – *v.g.* conteúdo da carta e fatos nelas narrados – deve ser examinada à luz dos direitos constitucionais em jogo. No caso retratado, a Corte Europeia de Direitos Humanos constatou, a partir do conteúdo da correspondência, que o intuito do preso era viabilizar a defesa de seus direitos e não o de promover ou o de incitar o cometimento de qualquer delito.

A mesma autora comenta, ainda, julgados da jurisprudência pátria.

O primeiro foi apreciado pelo Superior Tribunal de Justiça[26] em *habeas corpus* impetrado por preso que tivera conversas telefônicas gravadas pela polícia, enquanto se encontrava encarcerado e que pretendia invocar a garantia da vedação de provas obtidas por meio ilícito para trancar ação penal baseada em tais gravações. Nesse

---

[26] BRASIL. Superior Tribunal de Justiça. Habeas corpus nº 3.982. Relator: Ministro Adhemar Maciel. *Diário da Justiça*, 26 fev. 1996. Disponível em: http://www.stj.gov.br/SCON/. Acesso em: 21 abr. 2007.

decisum, entendeu-se que o réu preso "não tem como invocar direitos fundamentais próprios do homem livre para trancar ação penal (corrupção ativa) ou destruir gravação feita pela polícia" (PEREIRA, 2006, p. 648). Fez-se referência, ainda, ao art. 41 da Lei de Execuções Penais, o qual dispõe que o direito dos presos de comunicar-se com o mundo exterior pode ser suspenso ou restrito mediante ato motivado do diretor do estabelecimento. Na decisão, consignou-se, ainda, que

> [...] não se pode dizer que a escuta telefônica, no caso concreto, tenha violado direitos fundamentais do impetrante. Ele, repita-se, não se achava em seu domicílio ou coisa que o valha. Estava encarcerado em estabelecimento penal, sujeito a regime de vigilância pública constante. (PEREIRA, 2006, p. 648)

Pereira (2006, p. 649) observa que a solução foi correta, porém, no seu entender, outra linha de argumentação seria mais consentânea com a Constituição da República. Em vez de se sustentar que os presos não podem invocar "direitos próprios do homem livre", dever-se-ia fundamentar que o encarceramento importa restringir os direitos de comunicação do preso, "de modo que a escuta não poderia ser considerada ilícita porque incidia sobre comunicação telefônica não albergada, *naquela conjuntura específica*, pela norma constitucional que tutela o sigilo" (PEREIRA, 2006, p. 649, grifo nosso).

A segunda decisão foi emanada pelo Supremo Tribunal Federal, que indeferiu ordem de *habeas corpus*[27] requerida também por um preso. A impetração sustentava que a condenação fora baseada em carta particular interceptada criminosamente (art. 233 do Código de Processo Penal). Ao relatar o processo, o ministro Celso de Mello considerou o fato de a carta ter sido remetida pelo paciente, o qual se encontrava *preso*, a um destinatário que cumpria pena em regime aberto, daí a justificativa à restrição ao direito de comunicação. Confirma-se:

> A lei de Execução Penal, ao elencar os direitos do preso, reconhece-lhe faculdade de manter contato com o mundo exterior por meio de correspondência escrita (art. 41, XV). *Esse direito, contudo, poderá ser*

---

[27] BRASIL. Supremo Tribunal Federal. Habeas corpus nº 70814-5. Relator: Ministro Celso de Mello. *Diário da Justiça*, 24 jun. 1994. Disponível em: http://www.stf.gov.br/jurisprudencia/nova/pesquisa.asp. Acesso: 03 mar. 2007.

> *validamente restringido pela administração penitenciária, consoante prescreve a própria Lei nº 7.210/84 (art. 41, parágrafo único)*
>
> *(...)*
>
> *Razões de segurança pública, de disciplina penitenciária ou de preservação de ordem jurídica poderão justificar, sempre excepcionalmente, e desde que respeitada a norma inscrita no art. 41, parágrafo único, da Lei de Execução Penal, a interceptação da correspondência remetida pelos sentenciados, eis que a cláusula tutelar da inviolabilidade do sigilo epistolar não pode constituir instrumento de salvaguarda de práticas ilícitas.*[28] (grifo nosso)

Não há como negar que a noção de relação especial de sujeição está presente, mesmo implicitamente, na decisão do Pretório Excelso. Após examinar os julgados, Pereira (2006) destaca a importância da análise de cada caso concreto, com vistas a verificar

> se a condição que deflui da inserção do titular de direitos fundamentais na relação especial, aliada a outras circunstâncias, justificaria a restrição de direitos que é imposta a fim de resguardar os objetivos visados pela instituição pública. (PEREIRA, 2006, p. 651-652)

A presença do "senso de adequabilidade" é revelada no raciocínio da autora, a despeito de ter sido feita referência à ponderação de valores.[29] Eis o trecho:

> Exemplificando, embora o encarceramento preste-se como fundamento legitimador de restrições a direitos fundamentais dos presos, é preciso que outros elementos sejam conjugados com a relação de sujeição especial em que estes se inserem, para que a interceptação de suas cartas

---

[28] BRASIL. Supremo Tribunal Federal. Habeas corpus n º 70814-5. Relator: Ministro Celso de Mello. *Diário da Justiça*, 24 jun. 1994. Disponível em: http://www.stf.gov.br/jurisprudencia/nova/pesquisa.asp. Acesso: 03 mar. 2007.

[29] Relevante pontuar alguns aspectos que distinguem a Teoria da Adequabilidade Normativa da Teoria da Ponderação de Valores. Marcelo Oliveira (2002), com esteio na doutrina de Habermas, afirma que o Direito, ao contrário do que defende a corrente da jurisprudência de valores, possui um código binário e não um código gradual, pois não se aplica na medida do possível. As normas jurídicas – princípios ou regras – visam ao que é devido e, pois, a partir de seus enunciados, chega-se à ação ordenada. Quanto aos valores, Marcelo Oliveira (2002) destaca que o objetivo de seus enunciados é afirmar o que é bom ou melhor, a partir de uma determinada cultura. São enunciados teleológicos: uma ação orientada por valores é preferível. Ao contrário das normas, valores não são aplicados, mas priorizados (OLIVEIRA, M., 2002, p. 88-89). Ao admitir-se que o Judiciário aprecie o caso concreto a partir de uma perspectiva valorativa, deixa-se de considerar o discurso de aplicação das normas, subsistindo, tão-somente, o discurso de fundamentação, no qual as peculiaridades dos casos concretos não são devidamente consideradas (CRUZ, 2004, p. 240).

seja entendida como uma limitação proporcional a seu direito ao sigilo epistolar. Nesse sentido, se é certo que o sigilo das comunicações dos presos não pode ser assegurado em sua plenitude, o regime prisional, por si só, não justifica a interceptação de qualquer correspondência de todas as pessoas submetidas a penas privativas de liberdade. *Assim, na aferição da proporcionalidade de uma providência restritiva do direito ao sigilo de comunicação dos presos, caberá levar em consideração outros fatores como o regime a que o preso está submetido, a gravidade do delito praticado, a natureza do estabelecimento prisional etc.* (PEREIRA, 2006, p. 652, grifo nosso)

Incontestável que a solução para a controvérsia será encontrada levando em conta o fato de haver uma relação de especial sujeição, como também considerando as peculiaridades que o caso apresenta (*v.g.* regime a que o preso está submetido, gravidade do delito praticado, natureza do estabelecimento prisional). A partir daí, a questão será resolvida com a adequação das normas *prima facie* aplicáveis às peculiaridades do caso concreto, reveladas mediante o devido processo legal.

Tratando especificadamente do princípio da legalidade no âmbito das relações de especial sujeição, Gallego Anabitarte (1961, p. 49) encontra a solução no estabelecimento pelo legislador de cláusula geral. Esta deve ser entendida como uma formulação abrangente com o fim de regular situações de fato imprevisíveis ou dificilmente determináveis. O ponto de partida deve ser um dado indiscutível: estar-se diante de uma situação de fato não suscetível de uma regulação nos moldes ideais, ou seja, não ser possível detalhar previamente no comando legal os limites da conduta administrativa. Uma vez reconhecida essa situação, defende Alfredo Gallego Anabitarte, a cláusula geral serve ao ideal de Estado de Direito.

Em síntese, estas são as conclusões apresentadas por Gallego Anabitarte para preservar o princípio da legalidade nas relações de especial sujeição:

a) o princípio da legalidade administrativa deve reger as relações de especial sujeição como conseqüência do próprio Estado de Direito;
b) nas relações de especial sujeição o princípio da legalidade administrativa exige que todas as intervenções na situação jurídica do indivíduo tenham como base uma autorização legal;
c) a base legal explícita pode ser substituída por uma cláusula geral;
d) a cláusula geral só estará justificada quando: haja uma impossibilidade de regular todos os casos (intervenções), ou tenha que se manter a devida elasticidade com o fim de salvaguardar a eficiência da Administração;

e) as intervenções na situação jurídica do indivíduo devem servir à finalidade objetiva da relação especial de sujeição, assim como devem ser exigidas por esta ou por uma situação específica. (GALLEGO ANABITARTE, 1961, p. 50-51)

Celso Antônio Bandeira de Mello (2005, p. 777-778) apresenta, do mesmo modo, critérios ou requisitos que devem ser observados pela Administração Pública quando exercite suas funções no âmbito de relações de especial sujeição, entre os quais se destacam: a) que os atos normativos possuam fundamento último em lei, a qual, explícita ou implicitamente, deve conferir atribuições à Administração para expedir regramentos; b) que referidos atos não restrinjam qualquer direito ou dever decorrente da norma de nível legal ou constitucional, nem prevaleça contra a superveniência destes; e c) que tais poderes atinjam exclusivamente os que se insiram nas relações de sujeição especial, não cabendo qualquer limitação a direitos de terceiros.

Enfim, há casos, no âmbito das relações de sujeição especial, em que a exaustiva previsão legal das obrigações que podem ser impostas aos cidadãos é impossível, ou, em outros casos, mostra-se contrária ao interesse público, admitindo-se, nessas hipóteses, que o legislador valha-se de cláusulas gerais ou conceitos indeterminados, sem que, com isso, possa ser afirmado que o princípio da legalidade e a reserva legal não seriam aplicados nas relações de especial sujeição.

3.3 Princípios fundamentais do regime jurídico disciplinar

Identificadas as particularidades da relação de especial sujeição, presentes no vínculo entre o servidor e o Estado, passa-se à análise dos princípios fundamentais do regime jurídico disciplinar.

3.3.1 Considerações iniciais

É inegável a existência de princípios constitucionais relacionados à função estatal sancionadora, os quais deverão ser observados em quaisquer regimes jurídicos infraconstitucionais, ainda que, originariamente, procedam do Direito Penal (NIETO, 2006, p. 167). A tese do poder punitivo único do Estado encontra seus fundamentos exatamente no fato de subsistirem, constitucionalmente, princípios que se irradiam tanto no ordenamento penal quanto no administrativo sancionador. Contudo, o reconhecimento do poder punitivo único do Estado não compromete as manifestações penal e administrativa desse poder, as quais, por meio de regimes jurídicos próprios, apresentarão suas peculiaridades e diferenças.

Bacellar Filho (2003) aponta, na Constituição da República, o reconhecimento da autonomia do Direito Administrativo Sancionador:

> Mais além, é curial evidenciar a autonomia do Direito Administrativo sancionatório em face do Direito Penal. A questão é constitucional. Não haveria sentido na previsão constitucional de linhas gerais de um regime administrativo sancionatório, se este não contasse com fundamentos diversos do Direito Penal. Exemplo nítido é o parágrafo único do art. 52, da Constituição Federal, que comina à prática do crime de responsabilidade, a pena de perda do cargo com a inabilitação para o exercício da função pública 'sem prejuízo das demais sanções judiciais cabíveis. (BACELLAR FILHO, 2003, p. 34)

A jurisprudência espanhola também reconhece que o regime jurídico penal e o administrativo sancionador integram-se sem que se descaracterize a identidade de cada um, como noticia Nieto[30] (2006). Destarte, os princípios originariamente compreendidos no Direito Penal não são aplicáveis ao Direito sancionador de modo

---

[30] O autor vale-se da seguinte decisão para ilustrar o posicionamento da jurisprudência espanhola: "E é que, como diz a STS de 28 de janeiro de 1986 (art. 73, Martín Del Burgo), 'a existência de uns princípios comuns a todo direito de caráter sancionador [...] *não pode significar o desconhecimento das singularidades concorrentes nos ilícitos tipificados nos diferentes ordenamentos*, porque não podem oferecer os mesmos problemas a maioria dos delitos compreendidos no catálogo do código penal comum [...] que a maioria das infrações correspondente ao chamado Direito Penal Administrativo". Eis o trecho original: "Y es que, como dice la STS de 28 de enero de 1986 (Ar. 73; Martín del Burgo), 'la existencia de unos principios comunes a todo Derecho de carácter sancionador [...] no puede significar el desconocimiento de las singularidades concurrentes en los ilícitos tipificados en los distintos ordenamientos, porque no pueden ofrecer los mismos problemas la mayoría de los delitos comprendidos dentro del Catálogo del Código penal ordinario [...] que la mayoría de las infracciones correspondiente al llamado Derecho Penal Administrativo" (NIETO, 2006, p. 169-170, grifo nosso).

mecânico, mas *con matices*, já que nem a legalidade, nem a reserva de lei, nem a tipificação e nem a culpabilidade têm idêntico alcance no Direito Penal e no Direito Administrativo (NIETO, 2006, p. 171). Na doutrina brasileira, Osório (2005) propõe que a questão seja assim tratada:

> Em realidade, a unidade nada mais é do que a comum origem constitucional: Direito Penal e Direito Administrativo obedecem a comandos constitucionais e, nesse sentido, submetem-se a princípios constitucionais que norteiam o poder punitivo estatal. Isso não quer dizer, em absoluto, que esses princípios sejam idênticos ou que esse poder punitivo se submeta a idênticos regimes jurídicos. (OSÓRIO, 2005, p. 166-167)

A advertência torna-se relevante para que o reconhecimento da diversidade de regimes jurídicos entre as sanções penal e administrativa não caia em um vazio ou não apresente sentido prático. Uma coisa é reconhecer, no campo constitucional, cláusulas comuns ao Direito Público Punitivo; outra é imaginar que essas cláusulas possuem idêntica manifestação no campo do Direito Penal e no campo do Direito Administrativo Sancionador. Como ensina Osório (2003, p. 327), cada um dos princípios constitucionais apresentará contornos próprios, considerado o ramo jurídico sobre o qual incidam.

3.3.2 O princípio da legalidade administrativa

A legalidade, segundo Correia (1987, p. 17), é um fato sociológico, porquanto qualquer que seja o modelo de sua estruturação política, toda a sociedade controla em certo grau o poder do Estado. Segundo ele, no Estado de Direito contemporâneo, o princípio da legalidade é polissêmico, assumindo conteúdos diferentes de acordo com os vários setores do ordenamento jurídico.

No que tange às relações entre a lei e a atividade administrativa, o princípio da legalidade corresponde à exigência de que os atos da Administração encontrem seu fundamento justificativo em uma norma jurídica precedente ou, pelo menos, que não contrariem os comandos emitidos sob tal forma (CORREIA, 1987, p. 17).

Em suas considerações sobre a legalidade administrativa, Cármen Lúcia Antunes Rocha (1994, p. 79) ressalta que a primeira afirmação de conteúdo era entendida como a obrigatoriedade de adequação entre um ato da Administração e uma previsão legal na qual ele tivesse a sua fonte. Ocorre que a lei não é a única fonte do Direito, razão pela qual o princípio da legalidade administrativa acabou por absorver toda a grandeza do arcabouço jurídico vigente no Estado, alcançando extensão muito maior do que preconizado inicialmente, "donde a maior justeza de sua nomeação como 'princípio da juridicidade'" (ROCHA, C., 1994, p. 79). Conclui a administrativista que, a despeito de a lei, na concepção formal, ser o instrumento mais frequente pelo qual se positiva o Direito, não há como negar que o administrador público submete-se não apenas à lei, mas ao Direito, e "este pode ser instrumentalizado por outros meios que não a lei formal" (ROCHA, C., 1994, p. 79).

Assim, as fontes da juridicidade administrativa vão desde a Constituição até o ato normativo emanado da entidade política no exercício de suas atribuições. Exemplo dessa espécie de ato ocorre na realização de concursos públicos, já que a lei estabelece as diretrizes, como as de competência, podendo, entretanto, permitir que a Administração, por seus instrumentos normativos próprios, especifique os pormenores para a realização dos atos típicos para a efetividade da competência definida (ROCHA, C., 1994, p. 85).

A necessidade de se garantir a unidade e harmonia nas relações internas dos órgãos e agentes da Administração Pública, bem como a segurança nas relações desta com os cidadãos, fundamenta a competência regulamentar do Executivo. Revela-se, aí, o "poder hierárquico" da Administração Pública, pelo qual se assegura a organização interna da entidade estatal (ROCHA, C., 1994, p. 93).

Justen Filho (2005) afirma que a premissa de que o regulamento deva ser fiel à execução da lei (art. 84, IV, da Constituição da República de 1988) significa a realização da finalidade buscada pelo Direito e não a mera repetição dos termos da regulação legislativa.[31] Isso resulta do fato de que a lei demanda complementação, já que o

---

[31] As palavras do Ministro Celso de Mello nos autos da ADIN nº 561-8 são lembradas por Marçal Justen Filho: "É preciso ter presente que, não obstante a função regulamentar efetivamente sofra condicionamentos normativos impostos, de modo imediato, pela lei, o Poder Executivo, ao desempenhar concretamente sua competência regulamentar, não se reduz à condição de mero órgão de reprodução do conteúdo material do ato legislativo a que se vincula" (JUSTEN FILHO, 2005, p. 147).

legislador não dispõe de condições para formular todas as soluções (JUSTEN FILHO, 2005, p. 147).

Medauar (2004, p. 145-146), por sua vez, reconhece que, dentre as concepções clássicas do princípio da legalidade, há de se admitir a que exige da Administração habilitação legal para adotar atos e medidas. No entanto, assevera a autora, esse significado contém gradações: a habilitação legal, por vezes, é somente norma de competência, isto é, norma que atribui poderes para adotar determinadas medidas, ficando a autoridade com certa margem de escolha no tocante à substância da medida; em outras hipóteses, a base legal expressará um vínculo estrito do conteúdo do ato ao conteúdo da norma. Seja como for, há matérias que, por disposição constitucional e legal, devem ser disciplinadas por lei formal. É a chamada reserva legal.

Já se vislumbra a diferença entre o princípio da legalidade ou juridicidade administrativa e o da reserva legal. Neste, esclarece Cármen Lúcia Antunes Rocha (1994, p. 85), exige-se o tratamento por lei formal, enquanto que naquele impõe-se a observância do sistema de Direito vigente em determinado Estado, o que abarca todas as normas que conformam o ordenamento jurídico estatal, incluindo os regulamentos.

Silva (2006, p. 422) ensina que o princípio da legalidade significa submissão à lei, ou a atuação dentro da esfera estabelecida pelo legislador, ao passo que a reserva de lei consiste em estatuir que a regulamentação de determinadas matérias ocorrerá, necessariamente, por meio de lei formal. Dessa forma, o legislador, no caso de reserva legal, deve ditar uma disciplina mais específica do que é requerido para satisfazer o princípio da legalidade.

3.3.3 A reserva legal na relação de especial sujeição estabelecida entre o servidor público e o Estado

A análise da reserva legal na relação entre o servidor público estatutário e o Estado deve partir de dois questionamentos básicos: a definição de infrações e sanções disciplinares deve ser feita por meio de lei formal? É cabível a edição de regulamentos acerca da matéria?

No que diz respeito às faltas funcionais e respectivas penalidades, há que se ter em mente, além de outros comandos constitucionais, o disposto no artigo 61, §1º, II, "c", da Constituição da República, que estabelece ser de iniciativa privativa do Presidente da República as leis que disponham sobre o regime jurídico dos servidores públicos da União. É da essência desse regime a disciplina sobre infrações e sanções disciplinares, razão pela qual se visualiza, no comando constitucional em apreço, a exigência de reserva legal para regular a matéria.

Ademais, em um Estado Democrático de Direito, as limitações às liberdades individuais, especialmente quando em pauta a aplicação de sanções, não poderão ficar entregues à discricionariedade do administrador.

No caso do regime jurídico dos servidores públicos, é indispensável um tratamento legal – lei formal – sobre as obrigações, deveres, infrações e sanções disciplinares, tendo em vista o mencionado art. 61, §1º, II, "c", da Constituição da República de 1988, a par de que a limitação ao patrimônio financeiro ou moral do indivíduo não pode ocorrer sem amparo em lei, especialmente por se tratar de tema que também afeta a dignidade da pessoa humana.[32]

Também por esta razão é que a Constituição da República, no art. 5º, XXXIX, prescreve que não há crime sem lei anterior que o defina, apontando, assim, como indispensável a disciplina legal acerca das condutas passíveis de sanção.

No âmbito do Direito do Trabalho não é diferente, uma vez que se adota o critério taxativo na fixação das infrações disciplinares: "a legislação trabalhista prevê, de modo expresso, as figuras de infrações trabalhistas. *Realiza previsão exaustiva*, fiel ao princípio de que inexistiriam infrações além daquelas formalmente fixadas em lei" (DELGADO, 2002, p. 1158, grifo nosso).

Dessa forma, não há como concordar com a afirmação de que as sanções disciplinares não estariam vinculadas à lei. Todavia, esse é o entendimento de Gasparini (2005, p. 235-236), para quem não há

---

[32] Gomes (2001, p. 513) observa que "[...] respeitar a dignidade da pessoa humana significa respeitar os direitos fundamentais consagrados na Carta Magna. Já vimos que a declaração de inviolabilidade de tais direitos significa que só o legislador, nas hipóteses previstas, está autorizado a limitá-los".

vinculação entre as sanções disciplinares e a lei, no que concerne à definição da infração e à respectiva penalidade. Segundo o autor, o comportamento da Administração, nesse particular, é discricionário.[33] A questão que se impõe é saber como compreender a reserva legal nas relações de especial sujeição dos servidores que, dada sua natureza, apresentam peculiaridades que inviabilizam uma disciplina legal minuciosa dos deveres, proibições e infrações disciplinares. Ficou evidenciado que a relação de especial sujeição é marcada pela impossibilidade de se antever, em detalhes, todas as especificidades que certas atividades possuem. Como prever, por exemplo, minuciosamente e por meio de lei formal, todas as hipóteses de condutas desidiosas que um servidor possa adotar?

No Direito Penal, tal situação não se apresenta de modo idêntico, como observa Nieto (2006, p. 312). O repertório de delitos é quantitativamente limitado, de modo que o catálogo do Código Penal e demais leis penais, por mais amplos que pareçam, são mais facilmente cognoscíveis, ao passo que o repertório das infrações administrativas é tão vasto que, se pretender ser exaustivo, compreenderá bibliotecas inteiras.[34] Isso se deve também ao fato de que a enumeração dos delitos na seara penal deve ser, via de regra,

---

[33] Eis o trecho que expressa o pensamento do administrativista, quando comenta sobre as espécies de sanções disciplinares previstas no art. 127, da Lei nº 8.112/90: "A aplicação dessas penalidades não está vinculada à lei, no que concerne à definição da infração e à respectiva sanção, nem ao fato de que se tem de começar pela menos rigorosa para ir, num crescendo, alcançar a de maior rigor punitivo, à medida que o servidor ao longo de sua carreira pratica infrações. O comportamento da entidade é, nesse particular, discricionário, sendo inaplicável o princípio que vigora no Direito Penal da pena específica (não existe infração sem prévia lei que a defina e a apene), que os romanos expressavam pelo brocardo *nullum crimen, nulla poena sine lege*" (GASPARINI, 2005, p. 235-236). Meirelles (2003, p. 121) discorreu sobre o tema no mesmo sentido: "Outra característica do poder disciplinar é seu discricionarismo, no sentido de que não está vinculado a prévia definição da lei sobre a infração funcional e a respectiva sanção".

[34] Diante da diversidade de espécies de relações de especial sujeição, não há como examinar a matéria sem ater-se às especificidades de cada uma. Apesar de não se tratar de servidor público, o seguinte exemplo ilustra o que se acaba de afirmar: imagine que um aluno agrida um professor de escola pública ou particular; não há como negar que a instituição de ensino possa aplicar uma punição ao aluno, mesmo que com base em regimento interno. O art. 207, da Constituição da República, reconhece a autonomia dessas entidades, desde que respeitadas a Constituição e as normas infraconstitucionais, "facultando-lhes, assim, disciplinar os direitos e obrigações dos seus docentes e discentes, no que se insere estatuir as situações disciplinares em que lhe caiba infligir pena". Claro que não há impedimento para que lei formal venha a dispor sobre a disciplina dos estabelecimentos escolares, o que, evidentemente, afastaria a incidência de normas *interna corporis* com ela incompatíveis (NOBRE JÚNIOR, 2000, p. 60).

autônoma, vez que não se remete a outras normas. Os tipos sancionadores administrativos, por outro lado, não são, ordinariamente, autônomos, pois se remetem à outra(s) norma(s) na(s) qual(is) se formula(m) uma ordem ou uma proibição, cujo descumprimento indica cabalmente a infração (NIETO, 2006, p. 312).

Nas relações de especial sujeição, entre as quais é emblemática a estabelecida entre o servidor e o Estado, a reserva legal apresenta características próprias decorrentes do regime jurídico administrativo sancionador, já que, como se viu, não é possível regular, de modo exaustivo, todos os casos ou intervenções, sob pena de se comprometer a eficiência administrativa e o dever de boa administração.[35]

Osório (1999) também reconhece a inviabilidade de as normas disciplinares detalharem o conteúdo das infrações funcionais, ao afirmar ser natural que a legalidade se configura "a partir de uma intensa utilização de conceitos jurídicos indeterminados, cláusulas gerais, dados os objetivos internos e corretivos que são perseguidos pela aplicação dessas medidas" (OSÓRIO, 1999, p. 90-91).[36]

Impõe-se, por conseguinte, estabelecer os critérios pelos quais o comportamento estatal deve amoldar-se à exigência constitucional (*v.g.* art. 61, §2º, II, "c", da Constituição da República de 1988), sem que se ignore a realidade fática no âmbito da Administração Pública.

Nesse contexto, admite-se que a reserva legal não impede o legislador de decidir se vai realizar direta e totalmente a

---

[35] Esse entendimento, todavia, não foi adotado por Renato Alessi, o qual refutava a aplicação do princípio da legalidade nas relações de especial sujeição. Vitta (2003) apresenta o pensamento do autor italiano na seguinte passagem de sua obra: "O doutrinador italiano, Renato Alessi, refuta a aplicação do princípio da legalidade na supremacia especial. A violação dos deveres e a conseqüente sanção, referentes ao poder disciplinar, não precisam estar estabelecidas na lei ou no regulamento – bastaria norma interna. Não há necessidade, além do mais, de haver transgressão de uma norma específica, bastando o comportamento que constitua obstáculo ao bom andamento do serviço. Se, por acaso, faltar um sistema de sanção estabelecido na lei, a Administração, ou cada instituição, poderá determiná-lo, livremente, observado apenas os princípios gerais de Direito" (VITTA, 2003, p. 73).

[36] O mesmo autor, em outra oportunidade esclarece ainda mais a questão: "[...] os tipos do Direito Administrativo Sancionador são, em regra, mais elásticos que os tipos penais, dada a utilização da dinâmica própria do terreno administrativo e a permanente inspiração dos interesses públicos e gerais a orientar feitura e aplicação das normas. As leis administrativas mudam com grande rapidez, tendem a proteger bens jurídicos mais expostos à velocidade dos acontecimentos e transformações sociais, econômicas, culturais, de modo que o Direito Administrativo Sancionador acompanha essa realidade e é, por natureza, mais dinâmico do que o Direito Penal, cuja estabilidade normativa já resulta da própria estrita competência da União Federal. Eis um panorama possível de ser descrito" (OSÓRIO, 2005, p. 260).

disciplina das infrações disciplinares ou se vai *encomendá-la* ao Poder Executivo (PRATES, 2005, p. 106-107). Todavia, para que essa faculdade seja legítima,

> [...] o legislador não pode se contentar em abrir o espaço normativo para a atuação regulamentar, em transferir a regulação que lhe incumbe sem fixar quaisquer limites (remissão em branco ou deslegalização de matéria reservada). *Ele deve, quando menos, estabelecer os limites materiais da regulação, fornecendo instruções suficientes para que o poder executivo possa desempenhar o seu trabalho, que, afinal, é de colaboração, de complementação, e não de criação.* (PRATES, 2005, p. 106-107, grifo nosso)

Assim, a reserva legal, nas relações de especial sujeição dos servidores, revelaria menor rigidez do que a incidente no campo penal:

> Ou seja, ao contrário da reserva legal rígida vigente no domínio penal, a exigir que a lei defina, ela mesma e por completo, a descrição das condutas ilícitas e a sanção aplicável a cada uma delas, no direito administrativo sancionador, *maxime* quando esteja em causa o exercício de poder sancionador no plano das relações administrativas especiais, tende-se a interpretar de maneira mais flexível a regra da reserva legal, admitindo-se que a lei em sentido formal apenas inicie a regulação substantiva da matéria, por meio da fixação *(1) das condutas puníveis, ainda que de modo aberto e genérico, permitindo posteriores preenchimentos ('normas sancionadoras em branco'); e (2) das espécies e dos limites das sanções aplicáveis. Portanto, a descrição definitiva e pormenorizada das infrações administrativas e a fixação específica das sanções administrativas relativamente a cada ilícito poderiam ser legitimamente remetidas para o poder regulamentar.* (PRATES, 2005, p. 107, grifo nosso)

Não se defende, como se vê, a deslegalização[37] ou a possibilidade de o legislador renunciar ao seu dever de disciplinar certas matérias.

---

[37] Osório (2005, p. 279-280) oferece um exemplo de deslegalização não admitida pelo Direito pátrio, haja vista os princípios da legalidade e segurança jurídica: "Veja-se, nesse passo, para servir de referência a hipóteses análogas, o exemplo de inconstitucionalidade de norma constante da Lei 9.503/97, o Código Nacional de Trânsito, in *verbis*: 'Art. 161. Constitui infração de trânsito a inobservância de qualquer preceito deste Código, da legislação complementar ou das resoluções do Contran, sendo o infrator sujeito às penalidades e medidas administrativas indicadas em cada artigo, além das punições previstas no Capítulo XIX, parágrafo único. As infrações cometidas em relação às resoluções do Contran terão suas penalidades e medidas administrativas definidas nas próprias resoluções.' Data venia, a deslegalização que se produz com essa intolerável e ilimitada delegação de poderes sancionadores à autoridade administrativa é incompatível com o princípio da legalidade e com a cláusula do devido processo legal. Não se discute que, em grande medida, as resoluções do Contran possam e devam integrar o conteúdo

O que se reconhece é a inviabilidade, especialmente nas relações de especial sujeição dos servidores, de a lei descrever a conduta ou infração de modo detalhado, possibilitando, por conseguinte, a fixação de condutas de modo aberto e genérico,[38] cujo preenchimento poderá ocorrer por meio de outras espécies de atos normativos.

É indispensável que a lei formal apresente um conteúdo mínimo – núcleo básico a instruir a Administração Pública – para a infração administrativa. Estabelece-se, assim, pela via legal, uma referência ao julgador para que se dê fim à controvérsia (OSÓRIO, 2005, p. 273).

A solução encontrada por Daniel Ferreira não difere muito da apontada por Marcelo Madureira Prates. Para aquele autor, nos regimes de especial sujeição, solução mais flexível há de ser encontrada no que diz respeito à reserva legal: "previsão em lei das possíveis sanções e autorização genérica na lei para estatuição das infrações" (FERREIRA, 2001, p. 91).

Nieto (2006, p. 260), partindo da diferenciação entre os conceitos de legalidade e tipicidade, afirma que a reserva legal adquire nova

---

proibido de inúmeras normas sancionadoras, isso me parece até inevitável. Chama-se esse fenômeno de 'colaboração regulamentar' da autoridade administrativa na tipificação da conduta proibida. Sem embargo, o que o legislador fez, no caso ora em exame, foi uma ilimitada delegação de poderes, na medida em que a autoridade administrativa tornou-se 'competente' para tipificar, de acordo com seus subjetivos critérios, qualquer infração. Não bastasse essa absurda e ilimitada capacidade tipificante, a autoridade administrativa também tornou-se competente para criar novas sanções, para prever quais as penas aplicáveis a cada figura sancionadora. Trata-se de uma norma integralmente 'em branco'; na verdade é uma cláusula de deslegalização que está em jogo. As resoluções do Contran não podem tipificar, de modo ilimitado e sem um mínimo de referencial legislativo, as condutas proibidas, fixando-lhes, ademais, as respectivas penas. Parece-me inconstitucional tal delegação de poderes, porque, a um só tempo, agride os princípios da legalidade e da segurança jurídica, ambos com assento de ordem constitucional pátria.[...] Diferente seria a hipótese de o legislador utilizar a técnica das 'normas em branco', técnica francamente admitida no sistema brasileiro e inclusive nos sistemas de direito comparado. Ocorre que tais normas devem conter uma mínima explicitação da conduta proibida, um núcleo básico inviolável pela autoridade administrativa. O certo é que o conteúdo da disposição inferior deve ser identificável ou previsível a partir da norma habilitante, pois do contrário ocorre uma deslegalização inadmissível" (OSÓRIO, 2005, p. 279-280).

[38] Osório (2005, p. 274) reconhece a legalidade do uso de cláusulas gerais ou conceitos indeterminados na previsão legal de sanções administrativas: "A tipicidade do ato ilícito pode, fora de dúvida, ser composta por conceitos indeterminados, vazados em cláusulas gerais, regras ou princípios, que descrevem, abstratamente, as condutas proibidas, com um mínimo de previsibilidade, conforme se disse antes. A primeira e fundamental aproximação que se faz é com a seara penal, de modo válido, porquanto a teoria das normas penais em branco pode aplicar-se à esfera do Direito Administrativo Sancionador, guardadas as cautelas necessárias".

dimensão no Direito Administrativo Sancionador, especialmente nas relações de especial sujeição, já que se limita a proibir que regulamento, *por iniciativa própria*, entre no âmbito legislativo, o que não implica vedação ao legislador para autorizar o Executivo a editar regulamento, desde que observados certos requisitos.

Para ilustrar os termos gerais que o conteúdo e o alcance da reserva legal adquirem no Direito Administrativo Sancionador, o autor espanhol vale-se de trecho da decisão judicial STC 16/2004, de 23 de fevereiro de 2004:

> A reserva de lei não exclui a possibilidade de que as leis contenham remissões a normas regulamentares, mas sim que tais remissões possibilitem uma regulação independente e não claramente subordinada à lei, pois esta situação poderia degradar a garantia essencial que compõe o princípio [reserva legal], como forma de assegurar que a regulação dos âmbitos de liberdade que correspondam aos cidadãos dependa exclusivamente da vontade de seus representantes. O núcleo central da matéria sancionadora reservada constitucionalmente ao legislador é, como regra geral, a relativa à predeterminação das infrações, das sanções e da correspondência entre ambas; em definitivo o artigo 25.1 obriga o legislador a regular por si mesmo tipos de infrações administrativas e as sanções correspondentes, na medida necessária para dar cumprimento à reserva da lei. A partir de outro ponto de vista, e contanto que aquela regulação não seja produzida, não é lícito, a partir da Constituição, tipificar novas infrações nem introduzir novas sanções ou alterar o quadro das existentes por um regulamento cujo conteúdo não esteja suficientemente predeterminado ou delimitado por uma lei formal.[39] (NIETO, 2006, p. 261, tradução nossa)

---

[39] Trecho original: "La reserva de ley no excluye la posibilidad de que las leyes contengan remisiones a normas reglamentarias, pero sí que tales remisiones hagan posible una regulación independiente y no claramente subordinada a la ley, pues esto último supondría degradar la garantía esencial que el principio entraña, como forma de asegurar que la regulación de los ámbitos de libertad que corresponden a los ciudadanos depende exclusivamente de la voluntad de sus representantes. El núcleo central de la materia sancionadora reservada constitucionalmente al legislador es, como regla general, el relativo a la predeterminación de las infracciones, de las sanciones y de la correspondencia entre ambas: en definitivo el artículo 25.1 obliga al legislador a regular por sí mismo los tipos de infracción administrativa y las sanciones correspondientes, en la medida necesaria para dar cumplimiento a la reserva de ley. Desde otro punto de vista, y en tanto aquella regulación no se produzca, no es lícito a partir de la Constitución, tipificar nuevas infracciones ni introducir nuevas sanciones o alterar el cuadro de las existentes por una norma reglamentaria cuyo contenido no esté suficientemente predeterminado o delimitado por otra de rango legal" (NIETO, p. 261, 2006).

Conclui-se, portanto, que a colaboração regulamentar não constitui uma exceção à reserva legal, mas, sim, uma modalidade de seu exercício. Dessa forma, pode ocorrer que a lei esgote por si só a regulação necessária da matéria, como pode permitir sua complementação por meio de regulamentos, os quais serão editados a partir das instruções e pautas que a lei oferecer (NIETO, 2006, p. 265). Com frequência, observa Nieto (2006, p. 265), as normas sancionadoras – em especial as setoriais – limitam-se a descrever alguns tipos ou alguns elementos comuns e essenciais do tipo, remetendo-se, explícita ou implicitamente, a um regulamento para que complete a descrição.

Segundo o autor, uma lei em branco[40] não é um cheque em branco que o Executivo pode usar a seu gosto, mas uma lei incompleta que, consciente de suas carências, encomenda ao regulamento a tarefa de complementá-las, ainda que cuidando de indicar como (NIETO, 2006, p. 265-266).[41] Não há, portanto, uma substituição da lei pelo regulamento, mas uma colaboração deste em relação ao que pretende aquela. *A impossibilidade fática de descrição exaustiva dos tipos por meio de lei formal não resultará, por conseguinte, na inconstitucionalidade da respectiva colaboração regulamentar. Torna-se indispensável, nessas situações, que haja instruções suficientes na lei para que o Executivo possa atendê-la e, assim, não haverá invasão na esfera do Legislativo* (NIETO, 2006, p. 267).

No caso de o legislador valer-se de conceitos jurídicos indeterminados, o que interessará saber é se a previsão por meio de tais termos possibilitou ou não a compreensão prévia da infração disciplinar, considerando, ainda, as condições pessoais do servidor.[42]

---

[40] Regis Oliveira (2005, p. 59) assim se manifesta sobre as normas infracionais em branco: "Admite-se, de outro lado, a norma infracional em branco, cujo conteúdo é preenchível pela Administração Pública. Pode ocorrer que a lei possibilite à autoridade administrativa estabelecer determinada ordem cuja violação já vem sancionada em lei (p. ex. comunicação de moléstias transmissíveis, que serão previstas em regulamento etc). Neste caso especial, se a conduta violar a disposição regulamentar e a sanção estiver prevista em lei, não há lesão ao princípio da legalidade, nem ao princípio da indelegabilidade das funções".

[41] Para o autor espanhol, o conteúdo de uma lei em branco deve compreender alguns elementos: a) uma regulação que disponha sobre a essência da matéria, que não pretende ser exaustiva; b) a determinação de instruções, critérios ou bases, que viabilizam o desenrolar da regulação infralegal; c) uma habilitação regulamentar, ou seja, uma autorização para que o regulamento seja editado e cuja realização não exceda as instruções contidas na lei; d) uma remissão ao resultado da colaboração regulamentar (NIETO, 2006, p. 266-267).

[42] Deve-se levar em conta, como será melhor examinado no estudo do princípio da culpabilidade, a formação profissional do servidor, considerando, ainda, as diferenças substanciais entre as diversas espécies de cargos e respectivas atribuições funcionais.

A Lei nº 8.112/90 segue esse entendimento, preservando, portanto, o princípio da legalidade e o da reserva legal, vez que há dispositivos que normatizam sobre as condutas faltosas – infrações disciplinares – e as respectivas penalidades,[43] mesmo que por meio de conceitos indeterminados, bem como há regulamentos que disciplinam, pormenorizadamente, a organização administrativa e, por conseguinte, compõem o regime jurídico das atribuições e deveres dos servidores públicos.[44]

Uma análise mais detalhada será feita a seguir, ao se examinar o princípio da tipicidade.

3.3.4 O princípio da tipicidade na relação de especial sujeição estabelecida entre o servidor público e o Estado

A incidência do princípio da tipicidade[45] também é exigida no campo disciplinar.[46] A colaboração regulamentar poderá servir

---

Ferreira (2001, p. 102) destaca, nesse sentido, que a inexistência de regulamento não implica, necessariamente, a impossibilidade de se impor uma sanção em virtude de a infração se apresentar por meio de termos imprecisos ou vagos. Para o autor, o caso concreto fornecerá os elementos para impor-se ou não a sanção.

[43] Arts. 116, 117, 118, 119, 127, 129, 130, 132, 134, 135, todos da Lei nº 8.112/90.

[44] É ilustrativa a Portaria nº 359, de 17.07.2006, que dispunha sobre a atualização da descrição e especificação de cargos que integram o Superior Tribunal de Justiça. Em relação ao cargo de técnico judiciário, *v.g.*, são descritas as atribuições e especificações as condições profissionais que o servidor deve possuir para desempenhar suas funções (BRASIL, 2006).

[45] Celso A. Bandeira de Mello (2005, p. 802) apresenta o conceito do princípio da tipicidade no âmbito das infrações e sanções administrativas: "Princípio da tipicidade – A configuração das infrações administrativas, para ser válida, há de ser feita de maneira suficientemente clara, para não deixar dúvida alguma sobre a identidade do comportamento reprovável, a fim de que, de um lado, o administrado possa estar perfeitamente ciente da conduta que terá de evitar ou que terá de praticar para livrar-se da incursão em penalizações e, de outro, para que dita incursão, quando ocorrente, seja objetivamente reconhecível". Neste trabalho adota-se esse conceito, levando-se em conta, porém, que o dever de configuração clara do ilícito não significa que o ato normativo seja capaz de antever todas as nuanças da hipótese de aplicação, as quais só são reveladas com o caso concreto.

[46] Marques Neto (2004, p. 805-806) defende a presença do princípio da tipicidade no direito administrativo sancionador: "[...] embora possamos sustentar que a tipicidade da conduta administrativa punível não vai seguir aquele princípio da tipicidade estrita do direito penal, não podemos descurar que a sanção administrativa está sujeita sim, no meu entender, ao princípio da tipicidade".

como instrumento dessa tipificação; outras vezes, será necessária a interpretação conjunta de normas legais para que se determine, no caso concreto, o conteúdo da infração administrativa.[47] Nieto (2006, p. 319-320) sintetiza as duas formas de atendimento ao princípio da tipicidade no Direito Administrativo Sancionador: a) descrição legal da infração e da respectiva sanção, mediante completa exposição circunstanciada; b) descrição genérica na norma – sem precisão de conteúdo – da conduta a ser observada, cuja infração decorrerá do descumprimento de um comando estabelecido em outro preceito, de tal maneira que a tipificação resultará da conjugação entre a norma que estabelece a ordem (ou proibição) concretamente e a norma que declara genericamente que sua violação é uma infração.

É o que ocorre, por exemplo, em alguns comandos da Lei nº 8.112/90, que, de modo indireto,[48] definem as infrações funcionais:

> Art. 116. São deveres do servidor:
> I – exercer com zelo e dedicação as atribuições do cargo;
> II – ser leal às instituições a que servir;
> III – observar as normas legais e regulamentares;
> IV – cumprir as ordens superiores, exceto quando manifestamente ilegais;
> V – atender com presteza:
> a) ao público em geral, prestando as informações requeridas, ressalvadas as protegidas por sigilo;
> b) à expedição de certidões requeridas para defesa de direito ou esclarecimento de situações de interesse pessoal;
> c) às requisições para a defesa da Fazenda Pública;
> VI – levar ao conhecimento da autoridade superior as irregularidades de que tiver ciência em razão do cargo;
> [...]
> IX – manter conduta compatível com a moralidade administrativa;
> X – ser assíduo e pontual ao serviço;

---

[47] Pertinente, neste instante, as observações formuladas por Dias (1997, p. 39): "[...] Lembre-se, porém, que exigir uma previsão absoluta constitui um desígnio irrealista, bastando, porém, verificar se é possível estabelecer com certeza um nexo entre a conduta descrita e a punição aplicável."

[48] Justen Filho (2005, p. 669) explica o que consiste a definição indireta dos ilícitos: "A definição dos ilícitos funcionais pela lei pode fazer-se de modo direto ou indireto. Há a definição direta quando a lei descrever certa conduta como ilícita. Mas poderá haver a qualificação implícita, o que ocorre quando a lei estabelecer que certa conduta é obrigatória ou proibida. Nesses casos, a ilicitude se configura como a conduta violadora do dever".

XI – tratar com urbanidade as pessoas;
XII – representar contra ilegalidade, omissão ou abuso de poder. (BRASIL, 1990)

Para saber se o servidor descumpriu ou não o dever de exercer com zelo as atribuições do cargo, por exemplo, torna-se indispensável analisar a lei que criou o cargo e fixou suas atribuições, como também a que criou o órgão ou a entidade na qual se insere o cargo,[49] além de eventuais regulamentos que disponham sobre os procedimentos a serem adotados para o desenvolvimento das atribuições fixadas em lei.[50]

A tipicidade das infrações disciplinares, portanto, é alcançada por meio da análise conjunta da Lei nº 8.112/90 com os demais atos normativos que disponham sobre a organização administrativa.

Visível, outrossim, a indispensável contribuição regulamentar na tipificação da infração pelo descumprimento do inciso X do art. 116 acima transcrito "ser assíduo e pontual ao serviço" (BRASIL, 1990). É natural que a Administração Pública, por meio de regulamentos, disponha, *v.g.*, sobre o horário de funcionamento dos órgãos públicos, considerando as peculiaridades de cada qual e os fatos que surgem no decorrer das atividades. Essa avaliação, evidentemente, é intrínseca à atividade executiva, razão pela qual não há como pretender que sempre a lei formal regulamente a questão.

A Lei nº 8.112/90 também indica proibições, valendo-se, do mesmo modo, de conceitos jurídicos indeterminados, cuja tipicidade será revelada ou por meio da contribuição regulamentar ou

---

[49] O art. 37, XIX, da Constituição da República dispõe que somente por lei específica pode ser criada autarquia e autorizada a instituição de fundação pública. Indispensável, portanto, que essas leis estabeleçam as finalidades da entidade a ser criada, o que deverá ser observado quando do exame do cumprimento ou não dos incisos I e II, do art. 116, da Lei nº 8.112/90.

[50] O art. 84, VI, "a", da Constituição da República, autoriza que o Executivo edite regulamentos – decretos – sobre a organização e funcionamento da Administração Pública, quando não implicar aumento de despesa nem criação ou extinção de órgãos públicos. Neste aspecto cabe lembrar o poder hierárquico do Estado, por meio do qual "o chefe Poder Executivo restringe os comportamentos possíveis e especifica, para o agente da Administração, a maneira de proceder. Assim, uniformiza processual e materialmente os comportamentos a serem adotados em face dos critérios que elege e das pautas que estabelece para os órgãos e agentes administrativos" (OLIVEIRA, R., 2005, p. 61).

mediante interpretação conjunta com outras normas legais.[51] Eis os comandos da lei:

> Art. 117. Ao servidor é proibido:
> [...]
> V – promover manifestação de *apreço ou desapreço* no recinto da repartição;
> IX – valer-se do cargo para lograr proveito pessoal ou de outrem, em detrimento da *dignidade da função pública*;
> [...]
> XV – proceder de forma *desidiosa*;
> [...]
> XVIII – exercer quaisquer *atividades que sejam incompatíveis* com o exercício do cargo ou função e com o horário de trabalho; (BRASIL, 1990, grifo nosso)

Indispensável, igualmente, a análise da lei que estabeleça as atribuições do cargo para que seja averiguado o conteúdo das infrações dispostas nos incisos "IX", "XV" e "XVIII" acima transcritos. Detectar o descaso do servidor (desídia), por exemplo, pressupõe o exame das atribuições que lhe são impostas em razão do cargo que exerce. Necessário, pois, verificar, além das particularidades do caso concreto, os atos normativos que regem as atividades funcionais e, assim, definir o que seria uma prática desidiosa na espécie.

Tomás Campos (2003, p. 615-616) reconhece ser inevitável o uso de conceitos jurídicos indeterminados na tipificação das sanções administrativas. O legislador não pode referir-se à realidade utilizando somente conceitos descritivos ou determinados. Ademais, o julgador resolverá a *quaestio* mediante subsunção do caso concreto ao conceito legal pertinente.

---

[51] Nobre Júnior (2000, p. 61) observa que no Direito Penal também é admitida a moldura genérica de uma conduta: "Tome-se, à guisa de exemplo, o art. 268, do CP, ao tipificar o crime de infração de medida sanitária preventiva, consistente na ação do agente que infringir determinação do poder público, destinada a impedir a introdução ou a propagação de doença contagiosa. Idem o art. 269 do mesmo diploma (omissão de notificação de doença), ao punir a ação de deixar o médico em denunciar à autoridade moléstia cuja notificação seja compulsória, cabendo, na atualidade, à Portaria nº 1.100/96, do Ministério da Saúde, especificar o rol de enfermidades que ensejam tal providência. Apesar de mais de meio século de vigência do Código Penal, promulgado em 1940, nunca foi, sob esse aspecto, posta em xeque a compatibilidade de tais comandos incriminadores com a Lei Fundamental".

Importante lição no campo do Direito Penal deve ser lembrada neste momento. Ao tratarem de tipos abertos e fechados, Zaffaroni e Pierangeli (2004, p. 424) observam que cada dispositivo legal que estabeleça o tipo penal deve ser analisado com cautela, considerando a perspectiva ideal de que a conduta sancionável seja a mais detalhada possível. Assim, não seria cabível, por afronta ao próprio princípio da legalidade, imaginar uma norma que afirmasse: "São proibidas todas as condutas que afetam os interesses comuns". Seguramente, destacam os autores, essa disposição seria inconstitucional, na medida em que o juiz seria quem "realmente teria o encargo de individualizar a conduta proibida, que não lhe estaria autorizado pelo legislador" (ZAFFARONI; PIERANGELI, 2004, p. 424).

Contudo, existem casos em que não há como esperar do legislador imaginar todas as variáveis possíveis de condutas que se ajustem a certo delito (ZAFFARONI; PIERANGELI, 2004). É o caso, por exemplo, do homicídio culposo, cuja lei exige

> do juiz que, frente ao caso concreto, determine qual era o dever de cuidado que o autor tinha a seu cargo, e, com base nele, 'feche' o tipo, passando depois a averiguar se a conduta concreta é típica deste tipo 'fechado' pelo juiz mediante uma norma geral de cuidado, que necessitou 'trazer' ao tipo, vinda de outro contexto (às vezes de outras partes do mesmo ordenamento jurídico, e, às vezes, de regras éticas, quando não se trata de uma atividade regulamentada – acender fósforos, cortar árvores, correr por uma calçada, subir uma escada, etc.). (ZAFFARONI; PIERANGELI, 2004, p. 424-425)

Tais considerações sobre os chamados "tipos abertos" aproximam-se da utilização, também por parte do legislador, de conceitos jurídicos indeterminados na tipificação de infrações disciplinares.[52] De todo modo, uma vez utilizados esses termos, deve ser observada a Teoria da Adequabilidade Normativa, a qual revela que o julgador está vinculado a todas as peculiaridades que o caso concreto apresente – juízo de aplicação das normas – com vistas a

---

[52] Vitta (2003, p. 93-94) destaca que o uso de conceitos jurídicos indeterminados só se justifica se houver a impossibilidade de o legislador prever todos os comportamentos que possam ser sancionados. Caso assim ocorra, deverá ser a lei formal o ato normativo a expressar o termo indeterminado, a fim de garantir o mínimo de segurança jurídica aos administrados que estabeleçam relações de sujeição especial com o Estado.

adotar a decisão adequada para a solução da questão controvertida, obviamente precedida do devido processo legal.

García de Enterría e Fernández (1990) situam a técnica de utilização dos conceitos jurídicos indeterminados no campo disciplinar:

> Os tipos mais ou menos imprecisos (no sentido da técnica dos conceitos jurídicos indeterminados) ou abertos são de utilização imprescindível na esfera disciplinar, dada a indeterminação mesma dos deveres profissionais que tentam garantir-se, que só em termos muito gerais (arts. 76 e 79, LFCE) são suscetíveis de ser enunciados; contudo, isso não pode justificar avaliações totalmente abertas e inespecíficas, apreciações 'em consciência', tanto com respeito à ampliação do dever profissional cuja falta se reprova quanto sobre a realidade da conduta reprovada; é aqui justamente onde é invocável o critério perfeitamente claro do art. 26 da Constituição. Bastará que consultemos para maiores explicações o já exposto sobre a técnica dos conceitos jurídicos indeterminados e das garantias jurídicas de sua aplicação para compreender que o princípio do injusto típico não sofre nenhuma exceção neste caso. (GARCÍA DE ENTERRÍA; FERNÁNDEZ, 1990, p. 897)

Para os autores espanhóis, o uso de conceitos jurídicos indeterminados não leva à discricionariedade administrativa e, por conseguinte, não cabe avaliação subjetiva ao aplicá-los (GARCÍA DE ENTERRÍA; FERNÁNDEZ, 1990). Do mesmo modo, não cabe a afirmação de que a tipicidade no âmbito da responsabilidade administrativa levaria, em razão de suas diferenças com regime do Direito Penal,[53] à discricionariedade.

No Direito do Trabalho, o tratamento do tema é semelhante. A tipificação das infrações disciplinares também é mais flexível

---

[53] No Direito Penal, entende-se que o princípio da tipicidade limita, de modo rigoroso, o uso de conceitos jurídicos indeterminados, os quais, como visto no Direito Administrativo Disciplinar, são ordinariamente utilizados, tendo em vista as peculiaridades da relação de especial sujeição. Eis as lições de Batista (1990, p. 78), que confirmam o pensamento da doutrina penal sobre a matéria: "Formular tipos penais 'genéricos ou vazios', valendo-se de 'cláusulas gerais' ou 'conceitos indeterminados' ou 'ambíguos', equivale teoricamente a nada formular, mas é prática e politicamente muito mais nefasto e perigoso. Não por acaso, em épocas e países diversos, legislações penais voltadas à repressão e controle de dissidentes políticos escolheram precisamente esse caminho para a perseguição judicial de opositores do governo". Não é objeto deste trabalho examinar se há ou não, na prática, sintonia desse posicionamento com a legislação penal. Pretende-se, apenas, delimitar os princípios que compõem o regime jurídico disciplinar, destacando que há peculiaridades acerca de certos princípios quando se examinam lições do Direito Penal.

se comparada com o rigor do Direito Penal,[54] *o que não impede o controle jurisdicional da adequação da sanção aplicada com os motivos (fatos) apurados*.[55]

A fase do indiciamento do servidor público, no curso do processo administrativo disciplinar, é fundamental para revelar a tipificação da infração, especialmente, repita-se, em razão do uso frequente nos estatutos funcionais de conceitos jurídicos indeterminados. Eis o que dispõe o art. 161 da Lei nº 8.112/90 a respeito:

> Art. 161. Tipificada a infração disciplinar, será formulada a indiciação do servidor, com a *especificação dos fatos a ele imputados e das respectivas provas*. (BRASIL, 1990, grifo nosso)

O indiciamento ocorre ao final da fase de inquérito do processo disciplinar, após a instrução, ou seja, quando a comissão disciplinar já dispõe de elementos fáticos que demonstrem a tipificação, a qual, como determina o artigo em comento, deverá estar revelada por meio da especificação dos fatos no ato do indiciamento.

A defesa do servidor indiciado é feita em seguida ao indiciamento e com base na descrição fática nele contida.[56] Após, caso não haja necessidade de adoção de diligências, segue-se o relatório da comissão, o qual deverá ser minucioso, "onde resumirá as peças principais dos autos e mencionará as provas em que se baseou a sua convicção"[57] (BRASIL, 1990).

---

[54] Delgado (2002, p. 643) observa que a tipificação trabalhista pode ser mais flexível e "plástica do que a construída no Direito Penal. Um exemplo dessa plasticidade é dado pela figura da justa causa prevista pelo art. 482, 'b', da CLT (mau procedimento) – a plasticidade e imprecisão desse tipo legal trabalhista deixam-no muito distante do rigor formal exigido por um tipo legal penalístico".

[55] Análise mais detida será feita no Capítulo 5.

[56] É o que dispõe o art. 161, §1º, da Lei 8.112, de 11.12.1990:
"Art. 161. Tipificada a infração disciplinar, será formulada a indiciação do servidor, com a especificação dos fatos a ele imputados e das respectivas provas.
§1º. O indiciado será citado por mandado expedido pelo presidente da comissão para apresentar *defesa escrita*, no prazo de 10 (dez) dias, assegurando-se-lhe vista do processo na repartição" (BRASIL, 1990, grifo nosso).

[57] "Art. 165. Apreciada a defesa, a comissão elaborará relatório minucioso, onde resumirá as peças principais dos autos e mencionará as provas em que se baseou para formar a sua convicção.
§1º. O relatório será sempre conclusivo quanto à inocência ou à responsabilidade do servidor.
§2º. Reconhecida a responsabilidade do servidor, a comissão indicará o dispositivo legal ou regulamentar transgredido, bem como as circunstâncias agravantes e atenuantes" (BRASIL, 1990).

A fase final – julgamento – é realizada após o relatório da comissão disciplinar que, na hipótese de impor sanção ao servidor, não poderá motivar-se em fatos diversos dos descritos no indiciamento, sob pena de cerceamento de defesa.

Evidente que, nesse contexto, a motivação do ato sancionador apresentará importância ímpar, vez que os motivos deverão adequar-se à previsão legal da infração e da sanção disciplinar, à luz da adequação normativa, ou seja, considerando todas as peculiaridades do caso concreto que foram reconstruídas no devido processo legal administrativo.

3.3.5 Princípio da culpabilidade

A estatura constitucional do princípio da culpabilidade credencia-o a compor não apenas o regime jurídico penal, como também o do Direito Administrativo Sancionador.[58] Trata-se de um princípio limitador da atividade sancionadora do Estado e, pois, garantidor de direitos fundamentais da pessoa humana contra o arbítrio estatal. A imposição de qualquer sanção disciplinar requer, portanto, a demonstração da responsabilidade subjetiva do servidor público.

Se não bastasse o Estado Democrático de Direito como alicerce do princípio da culpabilidade,[59] o art. 37, §6º, da Constituição da República de 1988, determina a adoção da responsabilidade subjetiva nas relações entre o Estado, ou de quem lhe faça as vezes, e o agente público. De acordo com esse dispositivo, a procedência da ação de

---

[58] O princípio da culpabilidade, no Direito Administrativo Sancionador, impede a responsabilidade objetiva. Essa concepção corresponde a uma das noções que o Direito Penal adota para a culpabilidade, como a que se verifica na seguinte lição de Batista (1990, p. 104): "Em primeiro lugar, pois, o princípio da culpabilidade impõe a subjetividade da responsabilidade penal. Não cabe, em direito penal, uma responsabilidade objetiva, derivada tão-só de uma associação causal entre a conduta e um resultado de lesão ou perito para um bem jurídico. É indispensável a culpabilidade".

[59] Del Teso (1996, p. 54) observa que decorre do Estado de Direito a manutenção do equilíbrio entre o interesse público e as garantias individuais, razão pela qual no momento da individualização da sanção, há que entrar em jogo o princípio da culpabilidade, como instrumento de garantia desse frágil equilíbrio. Do mesmo modo, conclui o autor, em um Estado Democrático é fundamental o direito à dignidade da pessoa, que restará lesionado caso seja aplicada sanção a um cidadão que não tenha transgredido voluntariamente a norma ou que haja atuado com a diligência devida.

regresso por prejuízos causados ao erário na prestação de serviços públicos exigirá a demonstração de *dolo ou de culpa do agente público*. Osório (2005, p. 435) observa que a Constituição da República (art. 37, §6º), ao exigir a caracterização da culpabilidade no caso de ação de regresso contra servidor, acabou por reconhecer, do mesmo modo, a exigência de tal princípio no campo do Direito Sancionador. O autor argumenta que

> [...] os agentes públicos estão vinculados a regime de especial sujeição, constituindo uma classe de pessoas subordinadas a poderes punitivos mais diretos e, nesse caso, a hipótese de ressarcimento, pura responsabilidade patrimonial, envolve a responsabilidade necessariamente subjetiva. Então, *se é consagrada a responsabilidade subjetiva para essas pessoas, na hipótese de mero ressarcimento, que não se confunde com a sanção, maiores e melhores razões existem para fundamentar a culpabilidade como princípio constitucional, limitando todo o Direito Punitivo do Estado*, alcançando agentes públicos e particulares, na medida em que estes figurem em relações de especial sujeição ou de sujeição geral. (OSÓRIO, 2005, p. 435, grifo nosso)

Outros princípios constitucionais também impõem a observância do princípio da culpabilidade, afastando a responsabilidade objetiva, ainda que se pretenda cogitar de um tipo administrativo objetivo: a pessoalidade e a individualização da pena ilustram essa assertiva, já que configuram garantias amplamente asseguráveis em quaisquer espécies de responsabilidades que atinjam direitos fundamentais da pessoa humana (OSÓRIO, 1999, p. 85).

No âmbito do Direito do Trabalho, por exemplo, não se admite a aplicação de sanção por parte do empregador ao empregado sem que esteja configurado o dolo ou a culpa. Delgado (2002), ao dissertar sobre os critérios de aplicação de sanções trabalhistas, destaca, como requisito subjetivo, a ocorrência de dolo ou culpa. Assim, afirma o autor, "não será válido o exercício de prerrogativas punitivas se a conduta obreira não tiver sido intencional ou, pelo menos, decorrente de imprudência, negligência ou imperícia" (DELGADO, 2002, p. 651).

Na seara das sanções administrativas, especialmente a disciplinar, expõe-se a imagem e a honra do servidor, atraindo para o regime jurídico sancionador os reflexos do art. 1º, III, da Constituição da República, que protege a dignidade da pessoa humana. Eis mais uma razão pela qual se torna indispensável a caracterização da culpa (sentido amplo) antes de se impor qualquer espécie de penalidade.

O princípio da presunção de inocência também determina a necessidade de apuração da culpa ou dolo do agente público, como ensina Del Teso (1996), vez que se exige tanto a certeza dos fatos imputados como a culpabilidade do seu autor, "isto é, a prova de que o fato é atribuível ao seu autor a título de dolo ou culpa" (DEL TESO, 1996, p. 62).

Rafael Mello (2005) observa que a sanção administrativa só cumpre a sua finalidade preventiva se aplicada ao agente que atue de modo doloso ou culposo. A prevenção de novas infrações *só* "é atingida se do sujeito que sofre os efeitos da sanção fosse possível exigir conduta distinta da que foi praticada, evitando assim o resultado típico alcançado" (MELLO, R., 2005, p. 38-39).

A conclusão é demonstrada pelo autor na seguinte passagem:

Se não há dolo ou culpa, a aplicação da sanção administrativa retributiva não previne a ocorrência futura de comportamentos tipificados como infrações administrativas. *O indivíduo que sem culpa praticou o comportamento típico não mudará seu modo de agir em face da imposição da sanção.* E nem é possível exigir a mudança, pois nada de ilegal havia em sua conduta: ele não desejou a conduta típica e tampouco agiu com negligência, imperícia ou imprudência. De conseqüência, não há razão que justifique a imposição de uma medida sancionadora cujo propósito é estimular a mudança de comportamento do infrator (prevenção especial). (MELLO, R., 2005, p. 40, grifo nosso)[60]

---

[60] O autor ilustra sua afirmação com o seguinte exemplo: "Dispõe o Código de Trânsito Brasileiro que é infração administrativa entregar a direção de veículo a pessoa que não possua Carteira Nacional de Habilitação – CNH" (Lei nº 9.503/1997, arts. 162, inciso I e 163). Se o infrator sabe que a pessoa a quem entrega a direção não é portadora de CNH e ainda assim pratica a conduta de modo voluntário, age com dolo. Se o infrator entrega a direção a outra pessoa e não se preocupa em verificar se ela possui CNH, age com culpa *stricto sensu*. Em tal caso, a vontade não é dirigida à prática da conduta típica (entregar a direção de veículo a pessoa que não possua CNH), mas sim a outro fim, lícito: entregar a direção de veículo a outrem. Por negligência e imprudência, contudo, o resultado acaba sendo o evento descrito no citado diploma legal. Em ambos os casos a sanção administrativa vai cumprir sua finalidade preventiva, sendo medida apta e adequada a estimular a mudança de comportamento do infrator: não mais entregar direção a quem não é portador de CNH; verificar, antes de entregar a direção de veículo a outrem, se a pessoa possui CNH. Imagine-se, porém, a seguinte situação: Fulano entrega a Beltrano a direção de veículo, tendo antes tomado o cuidado de verificar que este último era portador de CNH. Sob a fiscalização de agentes administrativos, descobre-se que Beltrano na realidade não possuía CNH, e que apresentara a Fulano uma via falsificada. Note-se que a conduta típica foi praticada: Fulano voluntariamente entregou a direção de veículo

Não bastassem esses fundamentos, a Lei de Introdução às Normas do Direito Brasileiro, alterada pela Lei nº 13.655/2018, no seu art. 28, afirma que o "agente público responderá pessoalmente por suas decisões ou opiniões técnicas em caso de dolo ou erro grosseiro", consolidando o entendimento de que sem dolo ou culpa (e no caso de erro grosseiro, a culpa grave) não haverá responsabilização do agente público.

Todavia, parte da doutrina[61] afirma ser suficiente para a aplicação da sanção administrativa a mera voluntariedade. Ferreira (2001, p. 66), por exemplo, defende que "em termos de ilícito administrativo, diferentemente do direito penal, não há que se reportar a culpabilidade e, como conseqüência, a punibilidade". Para os adeptos dessa corrente, a sanção seria afastada apenas na hipótese de o autor da conduta agir de "modo autômato, sem desejar, sem que seja o agir conseqüência de um comando de vontade, tal qual ocorre com atos reflexos, em situações de coação absoluta irresistível ou de caso fortuito" (MELLO, R., 2005, p. 44).

Todavia, em razão dos princípios constitucionais já comentados, há que se demonstrar algo mais: culpa – negligência, imperícia ou imprudência – ou dolo. Sem a caracterização de um desses elementos subjetivos, a conduta não pode ser sancionável.[62]

---

a pessoa que não possuía CNH. Não agiu com dolo, pois não desejava praticar a conduta típica. Tampouco agiu com culpa, pois observou o dever de diligência ao verificar se Beltrano era portador de CNH. Seria adequada a imposição de sanção administrativa em caso semelhante? A finalidade preventiva da sanção administrativa seria atingida? Faria sentido aplicar a Fulano uma medida que tivesse por fim estimulá-lo a não mais agir da mesma forma? Parece claro que a resposta a tais questões é negativa. E nem se argumente que a imposição da sanção administrativa, mesmo sem que tenha havido atuação culposa, pode servir ao propósito da prevenção geral. De início, note-se que o entendimento vai de encontro ao princípio constitucional da dignidade da pessoa humana (CF, art. 1º, inciso III), eis que um indivíduo seria injustamente submetido à sanção administrativa, já que não agiu de modo ilícito, com o único propósito de servir de exemplo aos demais integrantes da coletividade. Em tal situação ocorreria a '*instrumentalización de la persona al imponer una pena*', como afirma Günther Jakobs, situação obviamente contrária ao princípio da dignidade da pessoa humana (MELLO, R., 2005, p. 40-41).

[61] Ferreira (2001, p. 66) e Celso A. Bandeira de Mello (2005, p. 805) defendem que a mera voluntariedade na conduta do administrado é suficiente para a imposição da sanção administrativa.

[62] Coelho (1997, p. 114), a propósito do ilícito tributário, destaca a diferença entre o surgimento do ilícito e a aplicação de sanção administrativa. Enquanto aquele é objetivo, esta é subjetiva: "Porque no momento da sanção levo em conta a intenção do agente e as conseqüências do fato e as circunstâncias materiais que envolvem o fato. Tanto é que temos, claramente expresso no CTN, o *in dubio* pro contribuinte. Em caso de dúvida quanto

Em outras palavras: do fato de ter havido um comportamento voluntário, alguém se comportado como efetivamente quis comportar-se, e que esse comportamento violou a ordem jurídica, e que essa ordem jurídica deveria ser do conhecimento do agente, não se segue, necessariamente, que esse mesmo agente, agindo como agiu, quis violar a ordem jurídica.[63]

Cabe salientar que, nem mesmo nas condutas ditas de "mera inobservância", torna-se prescindível a caracterização do elemento subjetivo (negligência, imperícia ou imprudência), ainda que nestes casos a culpa que se cogita seja pouco expressiva.

É perfeitamente possível, dessa maneira, a existência de uma infração administrativa culposa cujo embasamento fático consista na "simples inobservância" de uma conduta prevista na norma, mesmo quando não se produza com ela uma "mutação do mundo exterior" ou que tenha ocorrido a efetiva lesão a um bem jurídico. Dessa forma, a culpa e o dolo se referem exclusivamente à inobservância e não à efetiva lesão ao bem protegido (DEL TESO, 1996, p. 138).

A função preventiva das sanções administrativas confirma a desnecessidade de efetiva lesão ao bem jurídico protegido para sua imposição, uma vez que a prevenção não requer, por decorrência lógica, um resultado fático (alteração do mundo exterior).[64]

O reconhecimento do princípio da culpabilidade conduz necessariamente ao exame de erro[65] capaz de excluir a responsabilidade

---

à imputabilidade do fato, seus efeitos, diz o CTN, deve-se julgar de maneira favorável ao contribuinte (julgar administrativa e judicialmente). A própria gradação da pena ou sua oclusão depende da consideração dos elementos subjetivos envolvidos no ilícito fiscal – e estou ainda na esfera administrativa, não estou ainda entrando na parte penal".

[63] Sobre o tema, estudo elaborado com o professor Márcio Cammarosano merece atenção: PEREIRA, F. H. U.; CAMMAROSANO, M. . O elemento subjetivo na improbidade administrativa: por uma responsável motivação das decisões judiciais. *Revista do Superior Tribunal de Justiça*, v. 241, p. 577-603, 2016.

[64] Viana (1996, p. 177) observa que importa pouco o fato a infração disciplinar provocar ou não dano efetivo, "embora isso possa influir, algumas vezes, na aferição da sua gravidade. É que, como se viu, as sanções disciplinares não têm efeito reparador, mas preventivo de outras infrações".

[65] Há, por exemplo, a hipótese de informação equivocada prestada pela própria Administração resultar em erro para o servidor, vez que o induziria à prática de determinada conduta que seja tipificada como infração funcional. Nesse caso, uma vez demonstrada a ocorrência de erro invencível, dadas as peculiaridades do caso concreto, o servidor não deverá ser sancionado. Rafael Mello (2005) exemplifica: "Se a norma jurídica é obscura ou contraditória, permitindo mais de uma interpretação razoável, o erro de proibição é inevitável. O particular, atuando de modo diligente, procura saber se a conduta que

do agente público. Nesse sentido, faz-se necessário demonstrar, no curso do processo administrativo disciplinar, a real existência de culpa ou dolo que justifique a sanção. Del Teso (1996, p. 173-174) destaca, contudo, não ser possível estabelecer, de forma geral, um limite exato a partir do qual o erro deva ser considerado invencível. Somente considerando cada caso é que se poderá avaliar a intensidade do dever de conhecimento imposto ao sujeito e o grau de diligência que lhe é exigido.[66] Para tanto, o exame dos atos normativos que dispõem sobre as atribuições do servidor torna-se, igualmente, indispensável.

Também em razão da necessária obediência ao princípio da culpabilidade, devem ser consideradas as hipóteses de legítima defesa, estrito cumprimento do dever legal, coação e ordem de superior hierárquico não manifestamente ilegal. Uma vez comprovada a ocorrência de uma dessas hipóteses, não há culpa ou dolo do administrado que legitime a aplicação de sanção administrativa.[67]

Tais aspectos somente poderão ser constatados e apurados no processo administrativo disciplinar que garanta o devido

---

deseja praticar é ou não permitida pelo ordenamento jurídico, mas encontra resposta obscura e dúbia. Em tal situação, o erro de proibição não decorre de culpa do agente, não sendo cabível a imposição da sanção administrativa. Pode ainda o erro de proibição ser causado pela atuação da própria Administração Pública. O agir dos entes administrativos pode contribuir para tornar obscura e contraditória a interpretação das normas jurídicas. Imagine-se regulamento administrativo que contradiga o disposto em lei formal. Parece óbvio que não se pode impor sanção administrativa a particular que, por seguir fielmente disposição regulamentar, pratica conduta tipificada por lei formal. O erro de proibição aqui é plenamente justificável, não se podendo falar em culpa do indivíduo" (MELLO, R., 2005, p. 51-52).

[66] Sposato (2005, p. 53-54) ressalta que "[...] a culpabilidade detona para o Estado a necessidade de demonstrar sua condição para exigir do indivíduo o cumprimento das normas jurídicas, e evidentemente tal capacidade de exigir varia de acordo com cada pessoa, suas circunstâncias pessoais e sua relação com o próprio Estado" (SPOSATO, 2005, p. 53-54). No Direito Penal, tal análise também deve ser realizada para que seja obedecido o princípio da individualização da pena. Eis as lições de Boschi (2004) a respeito: "Assim, quanto mais experiente, esclarecido ou culto ele for, mais presunção de que conhece o que é permitido ou proibido, e, desse modo, a reprovação haverá de ser intensa em caso de quebra do dever de respeito ao conteúdo da norma. Seria inconcebível equiparação de exigências entre o homem que vive na cidade cercado pelas informações e o agricultor que ganha a vida no mais longínquo rincão, distante da cultura, do lazer, das comodidades da vida moderna" (BOSCHI, 2004, p. 237).

[67] Nieto (2006, p. 364-365) afirma que a imputação concreta de antijuridicidade tem que ser precedida de uma análise das possíveis causas de justificação. Assim, não basta que a conduta contraste com uma lei, já que é imprescindível verificar se tal contradição não estaria acobertada por uma circunstância justificadora.

processo legal na sua vertente substancial.⁶⁸ Sem a garantia de que as peculiaridades de cada caso concreto, incluídas as condições pessoais do servidor, sejam efetivamente consideradas no procedimento, não há como medir o grau de responsabilidade subjetiva do agente público e, consequentemente, estará violado o princípio da culpabilidade.

3.3.5.1 A jurisprudência acerca da culpabilidade em improbidade administrativa

A culpabilidade no Regime Administrativo Sancionador, embora reconhecida como relevante, tem sido equivocadamente tratada pelo Superior Tribunal de Justiça ao aplicar a Lei de Improbidade Administrativa de modo a conduzir, na prática, à responsabilização objetiva. Merece, portanto, destacar esse ponto, na medida em que não seria difícil estender tal entendimento na relação disciplinar, até porque, em ambos regimes, o da improbidade e o disciplinar, em pauta a responsabilização do agente público.

A questão diz respeito à verificação do chamado *dolo genérico* nas ações de improbidade administrativa, em especial relativamente à hipótese do art. 11 da Lei de Improbidade (violação a princípios). Buscamos analisar julgados do Superior Tribunal de Justiça com o fim de dissociar conceitos que estão sendo confundidos no âmbito dessas ações.

Em um primeiro momento, chegou-se a cogitar a possibilidade de existir ato de improbidade administrativa culposo, uma contradição em termos, a nosso ver. Isso foi superado quando a Corte Especial do STJ solidificou o entendimento de que é "indispensável, para a caracterização de improbidade, que a conduta do agente seja

---

⁶⁸ Prates (2005) ressalta que "[...] não basta a demonstração da ocorrência do ilícito para que se imponha a sanção administrativa geral a seu autor. A culpa do administrado infrator tem de ser discutida e provada no curso do procedimento administrativo respectivo, por intermédio da análise da existência de motivos de justificação conjugada com a verificação da suficiência desses motivos para desculpar o descumprimento. Apenas quando o administrado não apresente motivos suficientes a justificar a inobservância do seu dever administrativo é que a sanção poderá ser aplicada" (PRATES, 2005, p. 94-95).

dolosa",[69] com a exceção da hipótese prevista no artigo 10 da Lei de Improbidade Administrativa, a qual se admitiria a modalidade culposa nos casos de "*culpa grave*".[70] Embora reconheçamos como avanço a fixação da exigência do dolo para as hipóteses dos artigos 9 e 11, a realidade mostra que a aplicação desse entendimento se dá de maneira vacilante. Isso porque a compreensão do "dolo genérico" tem sido feita de modo perigoso, desconsiderando elementos importantes, falhando na avaliação probatória e aproximando o "dolo genérico" de uma verdadeira responsabilidade objetiva.

Merece, de início, registrar recentíssimo precedente do STJ, EREsp nº 1.193.248, no qual se discutia a configuração de improbidade por violação ao art. 11 da LIA em caso de nepotismo ocorrido antes dos debates que resultaram na Súmula Vinculante nº 13.

A Primeira Turma do STJ entendia não ser possível falar em improbidade administrativa por nepotismo em casos anteriores à edição da Súmula Vinculante nº 13, haja vista a inexistência de norma; a Segunda Turma do STJ, por sua vez, entendia pela possibilidade, argumentando que a moralidade administrativa consta do *caput* do art. 37 em sua redação originária.

Em 26.06.2019, a Primeira Seção do STJ finalizou o julgamento dos embargos de divergência, concluindo ser possível a condenação por improbidade administrativa por nepotismo ainda que a nomeação tenha ocorrido antes da edição da Súmula Vinculante nº 13, vencidos os ministros Og Fernandes, Benedito Gonçalves e Napoleão Nunes Maia Filho.

Ou seja, muito embora a vedação ao nepotismo tenha suscitado à época forte debate na comunidade jurídica, inclusive com manifestações de entidades representativas ligadas ao Poder Judiciário em sentido contrário, e tenha exigido a edição de súmula vinculante e ajuizamento de ação declaratória de constitucionalidade

---

[69] AIA nº 30, Rel. Min. TEORI ZAVASCKI, Corte Especial, DJe de 28.09.2011.
[70] A nosso ver, o elemento subjetivo apto a configurar ato de improbidade é o dolo, independentemente de a hipótese ser a do artigo 10. Assim já nos manifestamos em outra oportunidade: CAMMAROSANO, Márcio; PEREIRA, Flávio Henrique Unes. O elemento subjetivo na improbidade administrativa: por uma responsável motivação das decisões judiciais. *Revista do Superior Tribunal de Justiça*, v. 241, p. 577-603, 2016.

(cujo requisito é a existência de controvérsia jurídica) para pacificar a questão, a Primeira Seção do STJ entendeu ser possível a configuração de improbidade administrativa (que exige dolo) em razão da nomeação de parentes anteriormente à Súmula Vinculante nº 13.

É indiscutível que o ato de nomeação do parente foi voluntário, o que prova apenas que o ato foi praticado pelo prefeito, mas como atender ao requisito de demonstração do dolo quando à época inexistia norma ou diretriz minimamente consolidada que indicasse tratar de violação à moralidade na forma qualificada?

E são muitos os casos que nos fazem refletir.

No AgRg no AREsp nº 73.968, rel. min. Benedito Gonçalves, *DJe* 29.10.2012, manteve-se a condenação de médica que emitiu atestado em seu próprio favor para tomar posse em cargo público, muito embora tal avaliação tenha sido confirmada por outro atestado, condenando-a ao pagamento de multa equivalente a cinco vezes a remuneração recebida enquanto no cargo.

No REsp nº 951.389, rel. min. Herman Benjamin, *DJe* 04.05.2011, chegou-se a entender o dolo como *in re ipsa*, decorrendo da própria situação fática (no caso, contratação de transportes sem licitação). Aliás, a improbidade baseada em dano presumido é tema que já se consolidou no STJ, não sem o alerta do professor Luciano Ferraz, que demonstrou o equívoco da tese como também a não adequação dos precedentes citados para que se consolidasse tal entendimento.[71]

Outros julgados não citados no referido estudo também demonstram bem a insegurança jurídica vivenciada pelos agentes públicos: no AREsp nº 1.327.393, rel. min. Francisco Falcão, *DJe* 12.04.2019, condenou-se o prefeito de cidade do Maranhão ao (i) pagamento de indenização por dano moral coletivo de R$50.000,00; (ii) suspensão dos direitos políticos por cinco anos; (iii) multa civil de trinta vezes a última remuneração percebida; (iv) proibição de contratação com o poder público; (v) ressarcimento integral de R$186.916,65 por não prestação de contas de convênio, não obstante seja incontroverso que o alcaide prestou contas. Entendeu-se que "os

---

[71] Disponível em: https://enciclopediajuridica.pucsp.br/autor/283/luciano-ferraz. Acesso em 15 set. 2020.

protocolos das prestações de contas, com base nos quais o Tribunal a quo absolveu o réu, foram feitos somente após o ex-gestor municipal tomar ciência da acusação de improbidade administrativa. Assim, pretendia ele – 'e talvez só por isso prestou as contas' – garantir sua impunidade em relação às sanções previstas na Lei n. 8.429/92", resultando daí "patente o dolo do agente público, ainda que genérico".

No AgInt no AREsp nº 1.366.330, rel. min. Francisco Falcão, *DJe* 23.05.2019, determinou-se o retorno dos autos ao TJMG para fixação das sanções, reconhecendo como ímproba e dolosa a contratação de servidores públicos sem concurso, embora autorizada por lei municipal cuja constitucionalidade não fora questionada.

No AgInt no AREsp nº 1.324.791, rel. min. Francisco Falcão, *DJe* 14.05.2019, adotou-se como razão de decidir, entre outros fundamentos, o parecer do MPF que demonstra a análise do dolo tão somente a partir do resultado. Consta da ementa: "Com a devida vênia ao posicionamento adotado pela Corte de origem, o fato de terem sido evidenciadas irregularidades no certame já constitui ofensa aos basilares princípios da administração pública, regidos pela Lei nº 8.429/92, mormente no que diz respeito aos deveres da honestidade, imparcialidade, legalidade e lealdade às instituições, a delinear a ocorrência da improbidade administrativa por meio, no mínimo, do dolo genérico".

No AREsp nº 466.332, rel. min. Napoleão Nunes Maia Filho, rel. p/ ac. min. Benedito Gonçalves, j. 19.04.2018, manteve-se a demissão [a pena capital no serviço público] de servidor público em razão de tentativa de abastecimento de carro particular às custas do erário no valor de R$80,20.

No REsp nº 1.512.654, rel. min. Napoleão Nunes Maia Filho, rel. p/ ac. min. Benedito Gonçalves, j. 30.11.2017, o administrador do Parque da Uva, localizado em Jundiaí (SP), foi condenado ao pagamento de multa civil e proibição de contratação com o poder público por permitir que particular vendesse salgados e refrigerantes no interior do parque por oito meses sem licitação.

No AREsp nº 461.901, rel. min. Sérgio Kukina, j. 19.04.2018, manteve-se condenação de perda da função pública, suspensão dos direitos políticos por cinco anos, multa de R$58.000,00 e proibição de contratação com o poder público em razão da nomeação para cargo em comissão de argentino em vias de naturalização, que ocorreu aproximadamente três anos depois. O dolo para o TJSP seria "inerente à conduta":

Quanto ao debate a respeito de conduta dolosa, denota ser esta consequência do ato, uma vez que não se admite que o administrador público ignore as previsões constitucionais, legais e regulamentares, em especial, de sua incumbência e atribuição pelo cargo que exerce. Mas mesmo que isso ainda seja motivo de óbice, verifique-se a jurisprudência de que "basta a simples ilicitude ou imoralidade administrativa para restar configurado o ato de improbidade" (Rec. Especial nº 631.252, Relator Ministro Castro Meira, *DJU* de 11.09.08). Aliás, a condição atinente à existência de dolo passa a ser efetiva, a partir do momento em que o agente público pratica ato que não encontra respaldo legal, sendo contrário ao que dispõe o texto. Em sendo assim, houve a intenção da conduta. A culpa somente seria cogitada quando a questão adentra a aspecto não propriamente legal, mas de falta de conhecimento, de inadequada conveniência, de desleixo com a coisa pública, o que é bem diverso da atitude, do ato, da conduta que contrarie a texto legal. Portanto, o dolo é inerente à conduta, ao ato, a providência do agente que contrarie a lei, já que a respeito dela não pode alegar ignorância, desconhecimento ou descuido.

Também em outros casos, embora rejeitada a pretensão do *parquet*, observa-se a utilização indiscriminada da ação de improbidade administrativa. No AgInt no AREsp nº 225.531, rel. min. Napoleão Nunes Maia Filho, *DJe* 28.06.2019, a Primeira Turma confirmou decisão monocrática e reverteu condenação do TJRJ, que "havia assinalado que o art. 11 da Lei 8429/1992 elenca diversas infrações para cuja consecução é irrelevante o ânimo do agente, ou seja, para tipificação da conduta do *improbus administrator* é despiciendo perquirir se o gestor público atuou com dolo ou culpa, sendo suficiente a mera imoralidade administrativa para a configuração da infração". Na oportunidade, a Turma destacou ainda a "inexistência de nexo causal entre eventual conduta omissiva do acionado e algum resultado lesivo à probidade administrativa" e a "absolvição do acionado em procedimento perante o Tribunal de Contas do Rio de Janeiro".

No AgInt no REsp nº 922.526, rel. min. Napoleão Nunes Maia Filho, j. 26.03.2019, reformou-se acórdão do TJSP que, embora reconhecendo a ausência de dolo do agente e embora afastada a lesão aos cofres públicos, condenou o agente público ao pagamento de multa civil no valor de R$32.470,00 e impôs a proibição de recebimento de benefícios fiscais por cinco anos. Em outro processo, REsp nº 1.775.747, rel. min. Herman Benjamin, *DJe* 18.06.2019, pretendia-se a punição por "mera apresentação de opinião e avaliação do professor acerca dos candidatos que estavam sendo avaliados pela banca examinadora do concurso".

No Processo nº 0027267-34.2014.8.13.0384, do TJMG, pretendia-se a punição de prefeito municipal, entre outro motivo, em razão do "pagamento das infrações de trânsito pelo Município", muito embora os veículos fossem oficiais e de propriedade do município.

Tais precedentes demonstram claramente que sempre caberá imputar improbidade por violação a princípios, que estaria autorizada no *caput* do art. 11 da LIA, na medida em que sua vagueza conceitual abarca qualquer ilícito, bastando acoplar ao "tipo" a alegação de um misterioso "dolo genérico", que, na verdade, da forma como vem sendo feito, se confunde com a mera voluntariedade.

Esse cenário, corroborado pela gravidade das sanções (quase penais, como bem lembrou o saudoso min. Teori Zavascki), cria ambiente de total insegurança para o agente-público-cidadão. Daí se falar em "direito administrativo do medo" e o "apagão das canetas".

Afinal, num contexto como esse, qual servidor vai se arriscar a decidir e a enfrentar com criatividade e ousadia os diversos problemas que batem à porta do Poder Executivo? Vai que o Ministério Público enquadre a conduta do agente na sua noção de imoralidade administrativa. E se algum ilícito ocorrer, num universo de tantas divergências quanto aplicação de normas? Isso sem esquecer que, uma vez ajuizada a ação de improbidade, os custos da defesa do agente público, como regra, não são arcados pelo erário.

O medo do gestor público e a insegurança jurídica causada pelas inconstitucionalidades da LIA já foram constatados pelo e. ministro do Tribunal de Contas da União Bruno Dantas,[72] para quem "o voluntarismo de alguns integrantes dos órgãos de con-

---

[72] Disponível em: https://www.conjur.com.br/2019-mai-30/incompetencia-nao-improbidade-ministro-tcu. Acesso em: 15 set. 2020.

trole, aliado à campanha de criminalização da política, tem levado à 'infantilização da gestão pública'". Sua excelência destaca que a utilização indiscriminada de ações sancionatórias – em especial, da ação de improbidade – incute no gestor público o medo de decidir, de modo que "prefeitos ou ordenadores de gastos que preferem não contratar um serviço, com receio de ser cobrados pelo Ministério Público ou pelo tribunal e contas depois. Preferem que alguém vá à Justiça conseguir uma liminar que o obrigue a contratar em regime de urgência, sem licitação. Aí terá sido cumprimento de ordem judicial, e não decisão administrativa".

Na mesma toada, o min. Gilson Dipp alertou para a "banalização do conceito de improbidade administrativa, que é prejudicial à Administração Pública, por resultar em nuvens de incerteza e suspeitas de desonestidade sobre todos os atos administrativos, e também é prejudicial à própria sociedade, que perde o referencial de gravidade, deixando de diferenciar a má-fé dos atos efetivamente ímprobos em relação às irregularidades sem qualquer gravidade".[73]

Essa análise é corroborada por estudo conduzido por Rafael Carneiro, que, analisando oitocentos acórdãos do Superior Tribunal de Justiça sobre improbidade administrativa, compreendidos entre 2005 e 2018, verificou que metade das decisões envolve apenas lesão aos princípios administrativos sem qualquer acusação de enriquecimento ilícito ou aproveitamento indevido (reforçando, pois, a já demonstrada abrangência excessiva do art. 11) e ausência de parâmetros claros acerca das sanções.[74]

3.3.6 Adequabilidade da sanção disciplinar

O princípio da pena específica, prevalente na doutrina penal, não seria, para parte da doutrina nacional, aplicável no âmbito do Direito Administrativo Disciplinar. A discricionariedade

---

[73] Disponível em: https://bdjur.stj.jus.br/jspui/bitstream/2011/131263/Doutrina_30_anos.pdf. Acesso em: 15 set. 2020.
[74] Disponível em: https://www.conjur.com.br/2019-mai-20/pesquisa-mostra-sancoes-improbidade-sao-amplas. Acesso em: 15 set. 2020.

administrativa justificaria tal afirmação. Meirelles (2003), por exemplo, pondera que

> O administrador, *no seu prudente critério*, tendo em vista os deveres do infrator em relação ao serviço e verificando a falta, aplicará a sanção que julgar cabível, oportuna e conveniente, dentro das que estiverem enumeradas em lei ou regulamento para a generalidade das infrações administrativas.[75] (MEIRELLES, 2003, p. 121, grifo nosso)

Percebe-se, nitidamente, que o autor reconhece a presença da discricionariedade na aplicação da sanção administrativa. É dizer: o administrador, *no seu prudente critério*, escolheria a sanção a ser aplicada a partir da previsão genérica constante de ato normativo. Justen Filho (2005, p. 670), apesar de restringir o campo de discricionariedade administrativa, especialmente quando em pauta a aplicação de conceitos jurídicos indeterminados, acaba por afirmar que remanesceria discricionariedade quando da adequação da punição considerando a gravidade da conduta.

As lições de Vitta (2003) também ilustram esse entendimento:

> Se o sujeito infringir o mandamento normativo, o funcionário público encarregado de apurar a infração terá o dever de iniciar o procedimento administrativo; e, uma vez provada a conduta ilícita, deverá impor-lhe a penalidade. Isso não retira, porém, a possibilidade do exercício de faculdades *discricionárias* do agente público, *na escolha da pena* e de sua quantificação, no caso concreto, de acordo com os limites legais. (VITTA, 2003, p. 65, grifo nosso)

No entanto, como visto nos itens anteriores, o princípio da legalidade e o da tipicidade incidem no Direito Administrativo Disciplinar, respeitando-se, naturalmente, as especificidades do regime jurídico sancionador no âmbito da relação de especial sujeição.

---

[75] Já foi demonstrado que o entendimento de Gasparini (2005), ao comentar sobre as espécies de sanções disciplinares previstas no art. 127, da Lei nº 8.112/90, caminha no mesmo sentido: "A aplicação dessas penalidades não está vinculada à lei, no que concerne à definição da infração e à respectiva sanção, nem ao fato de que se tem de começar pela menos rigorosa para ir, num crescendo, alcançar a de maior rigor punitivo, à medida que o servidor ao longo de sua carreira pratica infrações. O comportamento da entidade é, nesse particular, discricionário, sendo inaplicável o princípio que vigora no Direito Penal da pena específica (não existe infração sem prévia lei que a defina e a apene), que os romanos expressavam pelo brocardo *nullum crimen, nulla poena sine lege*" (GASPARINI, 2005, p. 235-236).

Não cabe, do mesmo modo, falar em discricionariedade – juízo de conveniência e oportunidade – na imposição de sanções administrativas, tendo em vista os princípios da culpabilidade e da dignidade da pessoa humana, como já examinado anteriormente. Ademais, demonstrou-se que a Teoria da Adequabilidade Normativa, manejada no devido processo legal, resulta em uma decisão adequada para o desfecho do processo administrativo sancionador, inexistindo, por conseguinte, espaço para escolhas a partir de um suposto juízo discricionário.

Inaceitável, portanto, extrair da Lei nº 8.112/90 interpretação que leve ao reconhecimento de discricionariedade administrativa na aplicação de sanção disciplinar. O respeito à legalidade e à reserva legal, no que tange às espécies de sanções disciplinares, está presente no Capítulo V da Lei nº 8.112/90. Veja-se o dispositivo pertinente:

> Art. 127. São penalidades disciplinares:
> I – advertência;
> II – suspensão;
> III – demissão;
> IV – cassação de aposentadoria ou disponibilidade;
> V – destituição de cargo em comissão;
> VI – destituição de função comissionada. (BRASIL, 1990)

De imediato, percebe-se que os tipos de penalidades, com exceção da suspensão, não possuem uma gradação entre mínimo e máximo. Dessa forma, diferentemente do que ocorre, de regra, no âmbito penal, o administrador, ao impor, por exemplo, a penalidade de advertência ou demissão, não irá mensurar um *quantum*, vez que o conteúdo dessas espécies de sanções não permite tal quantificação. Não há, enfim, tantos dias de demissão ou tantos dias de advertência.

Ocorre que a Lei nº 8.112/90, especialmente considerando a inviabilidade de se antever, de modo detalhado, todas as repercussões que cada falta funcional poderá acarretar, determinou que, na aplicação das penalidades, dever-se-ia levar em conta certos critérios. É o que se vê no art. 128 da Lei nº 8.112/90:

> Art. 128. Na aplicação das penalidades serão consideradas a natureza e a gravidade da infração cometida, os danos que dela provierem para o serviço público, as circunstâncias agravantes e atenuantes e os antecedentes funcionais. (BRASIL, 1990)

Com efeito, deve-se compreender o dispositivo acima transcrito, sob pena de sua total inutilidade, como instrumento capaz de operar a adequação entre a infração e a sanção. Dessa forma, admite-se que certa conduta infracional que, em princípio ("discurso de validade das normas"), configuraria causa de demissão possa resultar em outra penalidade mais branda, desde que tipificada na norma *prima facie* aplicável, em razão das particularidades fáticas do caso concreto ("discurso de aplicação das normas").

No mesmo sentido, a Lei de Introdução às Normas do Direito Brasileiro, alterada pela Lei nº 13.655/2018, ao exigir que na aplicação de sanções, "serão consideradas a natureza e a gravidade da infração cometida, os danos que ela provierem para a administração pública, as circunstâncias agravantes ou atenuantes e os antecedentes do agente."

Dispositivo semelhante encontra-se no Direito Penal: trata-se do art. 59 do Código Penal,[76] que impõe a obediência a critérios específicos para a determinação da penalidade. Ocorre que as sanções penais permitem, em razão do modo como estão descritas na lei, uma variação do seu *quantum* e, por conseguinte, a gradação se expressa na própria pena (*v.g.*, tantos anos de reclusão), diferentemente do que sucede, em regra, no Direito Administrativo Disciplinar, como salientado.

Farias (2004) interpreta a questão, no campo disciplinar, de modo diverso:

> Na nossa óptica, *o artigo 128 aplica-se principalmente à pena de suspensão, onde se admite certa dosimetria*, à semelhança do que acontece na esfera penal, vez que referida pena será de até 90 dias.
> Sem chavão de dúvidas, há uma certa discricionariedade no tocante a dosagem da pena de suspensão, que poderá variar de um até noventa dias, aplicando-se nesta hipótese o art. 128 retro-transcrito.
> *Por outro lado, a discricionariedade não chega ao ponto de a autoridade poder advertir ou demitir, em vez de suspender, como defendem os doutos.*
> [...]

---

[76] "Art. 59. O juiz, atendendo à culpabilidade, aos antecedentes, à conduta social, à personalidade do agente, aos motivos, às circunstâncias e conseqüências do crime, bem como ao comportamento da vítima, estabelecerá, conforme seja necessário e suficiente para reprovação e prevenção do crime:
I – as penas aplicáveis dentre as cominadas;
II – a quantidade de pena aplicável, dentro dos limites previstos;
III – o regime inicial de cumprimento da pena privativa de liberdade;
IV – a substituição da pena privativa da liberdade aplicada, por outra espécie de pena, se cabível" (BRASIL, 1940).

Se o servidor cometer qualquer das faltas elevadas no art. 132, a autoridade competente deverá demiti-lo, *não podendo suspendê-lo ou adverti-lo,* logo, não há esta discricionariedade ampla sustentada pela doutrina (FARIAS, 2004, p. 69-70, grifo nosso)

Vê-se que a autora não admite que seja aplicada outra espécie de penalidade, com base no que dispõe o art. 128 da Lei nº 8.112/90, uma vez que se estaria reconhecendo discricionariedade administrativa não permitida na norma. Tal hipótese seria admissível apenas na dosagem da pena de suspensão. Não é esse, porém, o entendimento que se adota nesta pesquisa.

De pronto, não se confunde o fato de se admitir que uma sanção mais branda seja aplicada, considerando os critérios do art. 128 da Lei nº 8.112/90, com o manejo de discricionariedade administrativa.[77]

Esse, contudo, não tem sido o entendimento do STJ, ao decidir que

> Assentado o cometimento de infração punível exclusivamente com a demissão, não cabe ao órgão censor aplicar sanção diversa ao servidor, dado que o comando do art. 132 da Lei n. 8.112/1990 se apresenta como norma vinculante para a autoridade administrativa julgadora. Como já decidido em hipótese análoga, 'Acerca da proporcionalidade e razoabilidade na aplicação da pena de demissão, é firme o entendimento desta Corte Superior de Justiça de que, caracterizada conduta para a qual a lei estabelece, peremptoriamente, a aplicação de determinada penalidade, não há para o administrador discricionariedade a autorizar a aplicação de pena diversa' (MS 14.667/DF, Rel. Ministro GURGEL DE FARIA, TERCEIRA SEÇÃO, *DJe* 17/12/2014); ainda no STJ e no mesmo sentido, MS 16.105/DF, Rel. Ministro HERMAN BENJAMIN, Primeira Seção, *DJe* 02/02/2017; já no STF, RMS 33.911/DF, Rel.ª Ministra CÁRMEN LÚCIA, Segunda Turma, *DJe* 20/06/2016.[78]

---

[77] Nesse sentido também sustenta Figueiredo (2004, p. 452): "Embora as infrações administrativas possam ser descritas de maneira mais aberta, não tão tipificadas como as penais, todavia, não se furta o administrador, em sua aplicação, de motivá-las adequadamente e agir sob a égide da legalidade. Não se trata de escolha aleatória do administrador, e não poderia se tratar, por estarmos sob a égide do Estado Democrático de Direito e diante de sanções administrativas. É claro que não são indiferentes jurídicos se optar por sanção mais branda ou mais rigorosa."

[78] MS nº 17.868/DF, Rel. Ministro SÉRGIO KUKINA, PRIMEIRA SEÇÃO, julgado em 08.03.2017, *DJe* 23.03./2017).

Como se vê, esse entendimento esvazia, por completo, o art. 128, da Lei nº 8.112, na medida em que ele somente teria sentido na dosimetria da sanção de suspensão (até 90 dias), ignorando por completo sua utilidade quanto às demais sanções, advertência e demissão.

Imagine um servidor que tenha, durante poucos meses, sido sócio-gerente de uma empresa, o que lhe é vedado pelo Estatuto funcional, que prevê como reprimenda a demissão. Ocorre que esse servidor não obteve qualquer vantagem, dado o pouco tempo ou mesmo por não ter havido qualquer comprometimento de sua atividade como servidor. Imagine, ainda, que ele tenha duas décadas de serviços públicos sem qualquer mácula. Seria o caso de a resposta ser a "única" sanção prevista, a demissão? Ou, à luz do art. 128 da Lei nº 8.112, dever-se-ia considerar as demais sanções previstas no regime jurídico disciplinar, suspensão ou advertência?

Isso *nada tem a ver com discricionariedade administrativa,* muito embora a jurisprudência refira-se a essa expressão quando afirma que se deve adotar a única sanção prevista, inadmitindo discricionariedade. Não. Não se trata de discricionariedade mesmo quando se afirma o dever de atenção ao princípio da individualização da pena, instrumentalizado pelo referido art. 128, da Lei nº 8.112! Trata-se de juízo de legalidade, muito embora não atento à interpretação literal, mas sim à interpretação sistemática.[79]

Do mesmo modo, quando o juiz aplica os comandos do art. 59 do Código Penal, não está em pauta juízo de conveniência e oportunidade, mas, simplesmente, a efetivação do comando constitucional da individualização da pena, o qual se realizará de modo motivado e com base nos elementos fáticos constantes do processo, que condicionam a decisão judicial. Cabe recordar que, mesmo havendo a possibilidade de ser fixada a pena mínima, a jurisprudência penal vem reconhecendo, exatamente em razão das particularidades do caso concreto, a incidência do princípio da insignificância, e, dessa maneira, *admitindo que a repercussão e*

---

[79] Merece registro decisão isolada da lavra do Ministro Napoleão Nunes Maia que acolheu o entendimento desta pesquisa: STJ. AgRg no MS nº 12.957, *DJ* 27.09.2007, Rel. Min. Napoleão Nunes Maia.

a dimensão da lesão ao bem jurídico tutelado sejam elementos relevantes para a confirmação ou não do que está abstratamente previsto na norma.[80] Tanto o art. 59 do Código Penal, quanto o cogitado art. 128 da Lei nº 8.112/90 nada mais fazem do que conferir efetividade ao princípio constitucional da individualização da pena, cuja legitimidade também se apoia na própria dignidade da pessoa humana. A culpabilidade e as peculiaridades do caso concreto são, por conseguinte, indispensáveis para a fixação da sanção disciplinar adequada.

Caso haja dano ou repercussões mais graves para a Administração Pública, devem ser verificadas as condições pessoais do servidor, bem como as atribuições do cargo que exerça, para analisar se não estaria em pauta o cometimento de ilícito funcional previsto como causa de sanção mais grave, como a demissão. O uso de conceitos indeterminados acaba por viabilizar que essa adequação seja feita pelo administrador. Ilustra essa assertiva a previsão de advertência no caso de o servidor deixar de exercer com zelo as atribuições do cargo (art. 116, I, c/c art. 129, ambos da Lei nº 8.112/90[81]), enquanto que a conduta desidiosa já atrai a pena de demissão (art. 117, XV, c/c art. 132, XIII, ambos da Lei nº 8.112/90). Evidente que o fiel da balança entre uma infração e outra serão o grau de culpabilidade, o dano provocado pela conduta, as atribuições funcionais exercidas pelo servidor, entre outras peculiaridades que o caso apresentar (art. 128 da Lei nº 8.112/90).

Boschi (2004), ao tratar do princípio da individualização da pena, demonstra a razão de ser desse comando constitucional:

> Como já adiantamos, o princípio da individualização das penas (art. 5º, inc. XLVI, da CF), a expressar o valor indivíduo, impede que se ignorem

---

[80] Na esfera penal, o princípio da insignificância revela a atipicidade material do fato atribuído como crime. É o que ocorreu, *v.g.*, nos autos do *Habeas Corpus* nº 84.687-4-MS (BRASIL. Superior Tribunal Federal. Habeas Corpus nº 84.687-7-MS. Relator: Ministro Celso de Mello. *Diário da Justiça*, 26 out. 2006. Disponível em: http://www.stf.gov.br/jurisprudencia/nova/pesquisa.asp. Acesso em: 27 abr. 2007) no qual o paciente, que tinha dezenove anos à época do fato, subtraiu para si um boné – no valor de R$10,00 (dez reais) – que foi posteriormente recuperado pelo pai da vítima. O Supremo Tribunal Federal, diante das peculiaridades fáticas apresentadas, reconheceu a descaracterização material da própria tipicidade penal, ao acolher o princípio da insignificância.

[81] "Art. 129. A advertência será aplicada por escrito, nos casos de violação de proibição constante do art. 117, incisos I a VIII e XIX, e de inobservância de dever funcional previsto em lei, regulamentação ou norma interna, *que não justifique imposição de penalidade mais grave*" (BRASIL, 1990, grifo nosso).

as diferenças. Individualiza-se a pena, aliás, precisamente, porque *cada acusado é um, e cada fato se reveste de singularidades próprias e irrepetíveis*. (BOSCHI, 2004, p. 69, grifo nosso)

Cabe frisar que o respeito às diferenças de cada um e, pois, às peculiaridades de cada caso concreto, encontra proteção no próprio paradigma do Estado Democrático de Direito.[82] Com base nessa premissa é que se deve compreender o mencionado art. 128 da Lei nº 8.112/90, o qual, como dito, instrumentaliza a individualização da sanção disciplinar.[83]

O modo como o julgador chega à fixação da sanção é, assim, vinculado aos fatos e peculiaridades de cada caso concreto, os quais devem ser (re)construídos no decorrer do devido processo administrativo disciplinar, mediante a participação dos envolvidos, ou seja, no discurso de aplicação das normas.

Consequentemente, é imprescindível que, no bojo do processo disciplinar, constem as informações objetivas sobre a culpabilidade do servidor e a demonstração dos eventuais danos que a conduta infracional resultou para, enfim, ser obedecido o comando do art. 128 da Lei nº 8.112/90.

Exatamente por isso, o julgador deve exteriorizar,

passo a passo, o caminho percorrido desde a fase em que, dentre as penas possíveis, identificou as aplicáveis até a última das fases subseqüentes,

---

[82] Ao responder sua própria indagação – o que uma Constituição constitui? –, Carvalho Netto (2006) acaba por revelar a essência de uma Constituição inserida no paradigma de Estado Democrático de Direito: "Uma Constituição constitui uma comunidade de princípios; uma comunidade de pessoas que se reconhecem reciprocamente como iguais em suas diferenças e livres no igual respeito e consideração que devotam a si próprias como titulares dessas diferenças" (CARVALHO NETTO, 2006, p. 23).

[83] Osório (2005) destaca a importância de se examinar o efetivo impacto da conduta formalmente típica no bem jurídico tutelado pela norma para fins de fixação da sanção administrativa: "Lembre-se que a tipificação formal é apenas um primeiro passo no enquadramento da conduta do agente, fruto, via de regra, de uma leitura preliminar do texto legal, na perspectiva de incidência da norma. Necessário, ainda, verificar a "adequação material de sua conduta à norma proibitiva, o que pressupõe valorações mais profundas, exame de particularidades comportamentais, circunstâncias concretas, causas e motivações específicas e relevantes do agir humano, fatores sociais complexos e influentes no resultado, enfim, um conjunto interminável de circunstâncias. Logo, a tipicidade formal é uma espécie de estágio preliminar no raciocínio jurídico da decisão, não o estágio definitivo. O efetivo impacto da conduta formalmente típica no bem jurídico tutelado pela norma repressiva é pressuposto da adequação típica material" (OSÓRIO, 2005, p. 247, grifo nosso).

em que haverá de desenvolver o procedimento de individualização da quantidade da pena escolhida. (BOSCHI, 2004, p. 71)

Ao analisar a dosimetria da sanção disciplinar não se pode esquecer que se caminha no campo das relações de especial sujeição, nas quais é marcante o fato de não ser possível a previsão legal minuciosa das faltas funcionais e, portanto, das respectivas repercussões que cada uma delas acarretará ao interesse público. Não há, destarte, uma correspondência tão precisa entre a infração e a sanção, como ocorre no Direito Penal, cujo regime jurídico e tipos de delitos são passíveis de serem tipificados de modo mais detalhado ou exaustivo.

Não se admite, enfim, que a interpretação do art. 128 da Lei nº 8.112/90 fique limitada à sanção de suspensão, vez que a esse dispositivo deve ser conferida a maior efetividade, já que concretiza comandos constitucionais que constituem direitos fundamentais do cidadão.[84]

3.4 Estabilidade no serviço público

Os princípios fundamentais do regime jurídico disciplinar já revelam uma rede de proteção constitucional ao servidor público. Entretanto, a Constituição da República de 1988 não se limitou a prever tais garantias, uma vez que instituiu a figura jurídica da estabilidade no serviço público,[85] estabilidade esta que deve ser considerada no estudo do regime jurídico disciplinar.

---

[84] No Direito do Trabalho, do mesmo modo, prestigia-se a necessidade de gradação da penalidade com vistas a atingir a finalidade de ressocialização laborativa. Ressalvada a hipótese de faltas graves, a doutrina e a jurisprudência reconhecem que "as punições aplicadas no âmbito empregatício têm de ser gradualmente dosadas, em proporção crescente, desde a penalidade mais branda até a mais elevada no topo da escala gradativa de punições" (DELGADO, 2002, p. 655-656).

[85] "Art. 41. São estáveis após três anos de efetivo exercício os servidores nomeados para cargo de provimento efetivo em virtude de concurso público.
§1º O servidor público estável só perderá o cargo:
I – em virtude de sentença judicial transitada em julgado;
II – mediante processo administrativo em que lhe seja assegurada ampla defesa;
III – mediante procedimento de avaliação periódica de desempenho, na forma de lei complementar, assegurada ampla defesa" (BRASIL, 1988).

É relevante examinar, assim, as razões pelas quais é conferida essa garantia especial ao servidor público. Na perspectiva do servidor, está claro que se pretende evitar a demissão injusta. Na visão do Estado, garante-se a proteção da autonomia funcional, da moralidade pública e da própria relação de administração, entendida esta como a "relação jurídica que se estrutura ao influxo de uma finalidade cogente" (LIMA, 2007, p. 105), ou seja, uma finalidade que não está à disposição dos interesses particulares do agente ou órgão públicos.

Caso não haja uma proteção ou um rito especial para que o servidor seja sancionado, a ameaça de que o superior hierárquico possa, a qualquer instante e sem o devido processo, impor sanções, comprometerá, inequivocamente, a *independência funcional do agente público diante de eventuais ilegalidades ou desmandos*.

Freitas (2004) indica, com precisão, os fundamentos subjacentes à figura da estabilidade do servidor público. Segundo o autor, tal garantia objetiva:

> [...] (a) garantir a manutenção das políticas públicas, uma vez que são os servidores estáveis que asseguram a permanência das metas do Estado (de longo prazo), sem prejuízo das alterações tópicas ou conjunturais, a cargo dos agentes políticos, transitórios por definição. A estabilidade oferece, ainda, ao servidor que responde por atividade essencial de Estado (b) a preciosa salvaguarda contra a prepotência dos mandantes de turno, não raro travestida de 'discricionariedade'. Sem a independência e a segurança oferecidas pela garantia da estabilidade, o consumidor de serviços públicos, por exemplo, logra ter menores chances de uma prestação adequada dos serviços essenciais, mormente por déficit de controle. A terceira função do princípio reside na (c) contrapartida que o regime institucional (não-contratual) oferece à vista de periclitante lâmina posta à disposição do Poder Público sob a forma de poderio unilateral de alteração das regras do regime. Sem tal contrapartida, o regime típico do servidor público resulta tíbio, demasiado instável, mais frágil até do que o dos empregados públicos. (FREITAS, 2004, p. 162)

Dessa forma, estudar o processo de aplicação de sanção disciplinar, delimitando o regime jurídico da atividade administrativa sancionadora, contribui para o aprimoramento da garantia constitucional em apreço (estabilidade), a qual enfoca tanto a proteção do servidor, na perspectiva de sua dignidade humana, quanto a prestação eficiente e adequada dos serviços públicos, na perspectiva, também, do próprio Estado.

CAPÍTULO 4

DISCRICIONARIEDADE ADMINISTRATIVA E CONCEITOS JURÍDICOS INDETERMINADOS

Este capítulo justifica-se pela ocorrência frequente nos estatutos dos servidores públicos dos chamados "conceitos jurídicos indeterminados",[86] especialmente quando da tipificação dos deveres funcionais e das infrações disciplinares.[87]

A questão primordial a que se busca responder: a existência de conceitos jurídicos indeterminados na norma desencadeia discricionariedade administrativa quando de sua aplicação em processos administrativos disciplinares?

Caso se entenda que há discricionariedade quando da ocorrência de conceitos dessa natureza, o controle jurisdicional a respeito da decisão

---

[86] Não se pretende aqui examinar a adequação ou não da expressão "conceitos jurídicos indeterminados". De todo modo, adota-se a observação de Araújo (2006, p. 110-112, grifo nosso): "[...] a imprecisão não se encontra nos signos abstratos da comunicação, nem nos objetos concretos (coisas, fatos) que existem ou ocorrem, mas na subsunção aos signos desses múltiplos objetos que cotidianamente com eles desejamos indicar." Assim, para o mencionado autor, nem "termo" nem "conceito" indeterminado seriam adequados, vez que se trata de "'indeterminação (imprecisão) na subsunção do fato ao conceito previsto na lei' "Todavia, para evitar o uso de tão extensa expressão, aceita-se, desde que devidamente compreendida, o uso de "conceitos jurídicos indeterminados".

[87] "Art. 116. São deveres do servidor:
I – exercer com *zelo* e dedicação as atribuições do cargo;
II – ser *leal* às instituições que servir;
[...]
IX – manter conduta compatível com a *moralidade administrativa;*"
"Art. 117. Ao servidor é proibido:
[...]
XV – proceder de forma *desidiosa*" (BRASIL, 1990, grifo nosso).

administrativa em processo disciplinar terá extensão mais limitada do que teria na hipótese de inexistência de tal discricionariedade. Pretende-se demonstrar, a partir da Teoria da Adequabilidade Normativa, que inexiste discrição administrativa quando da interpretação e aplicação dos "conceitos jurídicos indeterminados" em processos disciplinares. Evidente, portanto, a pertinência deste capítulo com o objeto da pesquisa.

4.1 Considerações gerais

Celso Antônio Bandeira de Mello (2003) conceitua "discricionariedade administrativa" como

> [...] a margem de liberdade que remanesça ao administrador para eleger, segundo critérios consistentes de razoabilidade, um, dentre pelo menos dois comportamentos cabíveis, perante cada caso concreto, a fim de cumprir o dever de adotar a solução mais adequada à satisfação da finalidade legal, quando, por força da *fluidez das expressões da lei* ou da liberdade conferida no mandamento, dela não se possa extrair objetivamente, uma solução unívoca para a situação vertente. (BANDEIRA DE MELLO, C., 2003, p. 48, grifo nosso)

Dois aspectos merecem destaque na conceituação do ilustre administrativista.

Um deles diz respeito ao elemento comum entre vários doutrinadores: a discricionariedade envolve margem de liberdade para o administrador que, diante de mais de um comportamento cabível, opta por um deles. É o que ensina Sainz Moreno (1976, p. 304), para quem a decisão discricionária é aquela que se toma entre duas ou mais soluções, todas igualmente válidas para o Direito.

O outro aspecto já é extremamente controvertido na medida em que visualiza a discricionariedade administrativa quando da aplicação de conceitos jurídicos indeterminados[88] ou, como afirma Celso Antônio

---

[88] Para García de Enterría e Fernández (1990, p. 393), com a técnica dos conceitos jurídicos indeterminados "a lei refere uma esfera da realidade cujos limites não aparecem bem precisados no seu enunciado, não obstante o qual é claro que tenta delimitar uma hipótese concreta".

Bandeira de Mello (2003, p. 48), em razão "*da fluidez das expressões da lei*". Nessa hipótese, o Poder Judiciário não poderia intervir, face à obediência que se deve ter ao princípio da separação de poderes.

García de Enterría e Fernández (1990, p. 394) são dois dos autores que, diferentemente de Celso Antônio Bandeira de Mello, não se reportam à fluidez das expressões da lei ou a conceitos jurídicos indeterminados quando conceituam a discricionariedade administrativa.[89] Para eles, a discricionariedade cinge-se à liberdade de escolha entre alternativas igualmente qualificadas juridicamente – indiferentes jurídicos – uma vez que a decisão a ser adotada se fundamenta em critérios extrajurídicos, "não incluídos na lei e remetidos ao julgamento subjetivo da Administração" (GARCÍA DE ENTERRÍA; FERNÁNDEZ, 1990, p. 394). Por sua vez, os conceitos jurídicos indeterminados, bem ao contrário, são um caso de aplicação da lei cujo processo não acarreta interferência subjetiva do intérprete. Por conseguinte, no caso de aplicação de conceitos jurídicos indeterminados, "o juiz pode fiscalizar sem esforço algum tal aplicação, avaliando se a solução a que com ela tem-se chegado é a única solução justa que a lei permite" (GARCÍA DE ENTERRÍA; FERNÁNDEZ, 1990, p. 394).[90]

Interessante observação acerca dos conceitos jurídicos indeterminados foi feita por Sainz Moreno (1976, p. 212-213), ao afirmar que

---

[89] Araújo (2005) também não inclui, no conceito de discricionariedade, os conceitos jurídicos indeterminados: "[...] a discrição caracterizará dado aspecto do ato administrativo sempre que a norma de direito positivo regulá-lo de modo a transparecer que, na apreciação do direito e das circunstâncias em que este se faz aplicável, está o administrador diante de um número determinado ou indeterminado de opções que se caracterizam como indiferentes jurídicos, pelo que a consideração axiológica da melhor alternativa se fará por meio de outros critérios que não de direito" (ARAÚJO, 2005, p. 85).

[90] Sainz Moreno (1976), no mesmo sentido, afirmou que quando o critério da decisão é um critério expresso por meio de um conceito jurídico (qualquer que seja a indeterminação deste, inclusive quando o conceito seja o interesse público), tal decisão é passível de reexame judicial, de forma que essa decisão somente será válida quando se ajustar à ideia que o conceito acolhe. A dificuldade maior ou menor em 'medir' cada decisão por esse critério jurídico ampliará ou reduzirá a margem de confiança que se reconhece à autoridade administrativa que o aplica, mas sem que em momento algum tal critério leve consigo o reconhecimento de uma faculdade discricionária. Eis o trecho original: "En cambio, cuando el criterio de la decisión es un criterio expresado por un concepto jurídico (cualquiera que sea la indeterminación de éste, incluso cuando se trata del concepto de interés público), tal decisión es enjuiciable jurídicamente de forma que sólo es válida cuando se ajusta a la idea que el concepto acuña. La dificultad mayor o menor de medir cada decisión por ese criterio jurídico ampliará o reducirá el margen de confianza que se reconoce a la autoridad administrativa que lo aplica, pero sin que en ningún caso ello lleve consigo el reconocimiento de una facultad discrecional" (SAINZ MORENO, 1976, p. 308).

inexiste distinção clara entre essa espécie de conceito e o conceito jurídico determinado, tendo em vista que a indeterminação é um elemento inato a qualquer conceito. Sendo assim, em princípio, seria despropositado falar em uma teoria dos conceitos jurídicos indeterminados. Porém, observa o autor, a cogitada teoria tem plena razão de ser, na medida em que, a partir dela, foi possível expor as razões pelas quais todo conceito incorporado a uma norma jurídica, independentemente do grau de sua indeterminação, pode ser interpretado e aplicado de acordo com uma decisão "justa" que esse conceito, em cada caso e em seu contexto legal e situacional, carrega implicitamente.

A técnica dos conceitos jurídicos indeterminados é comum em todas as esferas do direito, porém a matéria ganha complexidade quando se trata de normas do Direito Administrativo, já que a aplicação inicial desses conceitos é feita pela Administração. No entanto, não se deve confundir essa aplicação prévia com o uso de poder discricionário (GARCÍA DE ENTERRÍA; FERNÁNDEZ, 1990, p. 393-394).

Sousa (1994, p. 18) também observa que o tema "conceitos jurídicos indeterminados" possui peculiaridade no âmbito do Direito Administrativo, já que no Direito Civil e no Direito Penal, o tribunal é o único órgão que aplica a lei ao caso concreto, enquanto naquele o juiz tem a função de fiscalizar se a Administração, ao interpretar e aplicar tais conceitos, o fez conforme o Direito. A interpretação e a aplicação dos conceitos jurídicos indeterminados pela Administração constituem, portanto, uma atividade estritamente vinculada à lei e ao Direito. Admitir margem de apreciação em favor da Administração "significaria alargar o campo da discricionariedade ao Tatbestand legal e com isso se estaria a aplicar um grave golpe nas garantias do cidadão que o Estado de Direito não admite" (SOUSA, 1994, p. 60).

Assim, o legislador, ao valer-se de conceitos jurídicos indeterminados, pode ter várias intenções, "menos a de atribuir *ipso facto* um monopólio de interpretação e aplicação à Administração" (SOUSA, 1994, p. 80). O fato de o administrador ser, muita vez, o primeiro a formular juízo acerca da interpretação legal não o torna imune ao controle jurisdicional, pois a aplicação de tais conceitos resulta "em uma única valoração correta, que é naturalmente a melhor que todas as outras" (SOUSA, 1994, p. 80).

Araújo (2006, p. 113) observa que não há dúvida quanto ao cabimento do exame por parte do juiz, a propósito de um litígio entre particulares, da existência ou não de "boa-fé", "mau comportamento" ou "honestidade". Assim, do mesmo modo, quando expressões dessa natureza surgem numa regra dirigida à autoridade administrativa, não haveria como dar um tratamento diferente, imaginando, nessa hipótese, "como que por um passe de mágica, o juiz se torna inapto para saber se a condição abstratamente apontada pela norma efetivamente ocorre no caso concreto" (ARAÚJO, 2006, p. 113).

O argumento de que haveria a paralisação da Administração Pública mediante a supressão da discricionariedade administrativa na aplicação de conceitos jurídicos indeterminados é considerado por Sousa (1994, p. 82) como ultrapassado, já que não se leva em conta os reais valores do Estado Democrático de Direito. No mesmo sentido observa Sicca (2006):

> Defender a intensa limitação do controle a partir de argumentos como a necessidade de mobilidade por parte da Administração e sua preferencial posição na ponderação dos interesses confunde argumentos políticos e jurídicos, sem considerar que o espaço de decisão é concedido ao administrador para atuar na forma e nos limites impostos pelo legislador. Uma mobilidade decorrente da 'realidade dos fatos' nada mais é do que o intento de limitar a força normativa do Direito perante os diversos grupos de interesse que quotidianamente pressionam a Administração, diversas vezes com propósitos que não almejam o bem-estar da coletividade. (SICCA, 2006, p. 216)

A atividade administrativa que merece tratamento diferenciado refere-se, no dizer de Sousa (1994, p. 126), à planificação administrativa. Nessa seara, os conceitos jurídicos indeterminados são considerados como diretivas de conduta. Os exemplos indicados pelo autor são, entre outros, as necessidades de habitação, as necessidades de trânsitos e as necessidades ambientais. A criação de planos de conduta administrativa se manifesta, essencialmente, em *opções* que têm de ser tomadas, muitas delas de natureza mais política do que jurídica. Eis a conclusão a que chega Sousa (1994):

> É inquestionável que os elementos da prognose se reflectem no seu resultado, pelo que a decisão deverá ser anulada sempre que não se

apresente como o resultado lógico da base da prognose accionada pelo método adequado (legal) utilizado, embora seja de aceitar que, na prática, *alguns destes elementos (da base como do método) não possam ser plenamente controlados (com evidentes reflexos para uma moderação da intensidade do controlo da decisão final). Certo é que a fixação da meta ou alvo prognóstico em si mesmo não poderá em princípio e sem mais ser posto em causa pelo tribunal.* (SOUSA, 1994, p. 126, grifo nosso)[91]

Moraes (1999, p. 70) destaca, na mesma linha, que não há como negar a existência de uma categoria de conceitos indeterminados cuja valoração administrativa é insuscetível de controle jurisdicional pleno. Segundo a autora, a melhor base teórica para a identificação desses conceitos é a proposta por Walter Schmidt e aprimorada por Sérvulo Correia, os quais defendem a existência de um limite para o controle judicial das decisões que envolvem a densificação dos conceitos de prognose.

Há outras hipóteses em que a lei, antecipadamente, é expressa quanto à existência de mais de uma opção válida perante o Direito e, dessa forma, legitima a discricionariedade administrativa. Exemplo típico refere-se ao mecanismo de provimento de certos cargos públicos, o qual prevê a escolha de um nome entre os indicados em determinada lista composta por diversos nomes. Outra hipótese refere-se aos cargos de provimento em comissão. Há balizas que devem ser respeitadas, porém, a lei expressamente admite a existência de mais de uma opção.

---

[91] Sicca (2006) também se apoia nas lições de António Francisco de Sousa ao tratar do controle jurisdicional de casos em que há juízo de prognose: "Na prognose, a lei confere ao administrador a atribuição de realizar uma espécie de avaliação que não pode ser enquadrada em um simples juízo de aplicação ou não da lei, pois a decisão é remetida a considerações de pura política administrativa ou fatos que não podem ser apreciados por estarem projetados para o futuro. Isto não impede o controle, mas apenas o limita '(...) na medida da racionalidade possível', em razão da particularidade e a excepcionalidade da medida que não se restringe ao procedimento de concretização da norma. A prognose se sujeita ao controle judicial, como todos os atos administrativos, respeitados os seguintes parâmetros, como observa António Francisco de Sousa: '1 – Se a autoridade violou normas de procedimento; 2 – se considerou aspectos estranhos à prognose; 3 – se a prognose foi devidamente fundamentada; 4 – se a prognose se apresenta plausível, racional e consensual; 5 – se a Administração observou na sua decisão prognóstica os padrões gerais de valor; 6 – se a prognose é reconhecidamente' ou 'de modo evidente' errada" (SICCA, 2006, p. 272-273).

Ressalvadas essas hipóteses e considerando de modo especial o objeto desta pesquisa, afirma-se que a aplicação de conceitos jurídicos indeterminados pela Administração, no âmbito de processos administrativos em que há litigantes ou acusados, não compromete um amplo controle jurisdicional, de vez que se trata de aplicação de norma – juízo de legalidade – e não mera apreciação pautada em juízo de conveniência e oportunidade. Neste, há uma restrição *a priori* do controle sobre a opção administrativa, enquanto naquele está em pauta o exame da existência e qualificação jurídica de fatos.[92]

4.2 Conceitos jurídicos indeterminados: conceitos de valor e conceitos de experiência

Há doutrinadores que classificam os conceitos jurídicos indeterminados em conceitos de valor e conceitos de experiência, entendendo que, em relação àqueles, a aplicação desencadearia discricionariedade administrativa. Por sua vez, os conceitos de experiência ou empíricos pressuporiam critérios objetivos, práticos, extraídos da experiência comum, que permitiriam, portanto, concluir qual a única decisão possível. É o que ocorreria em face de expressões como "caso fortuito", "força maior", "bons antecedentes". Nesses casos não haveria dúvida de que *a* "matéria é de pura interpretação e pode o Poder Judiciário rever a decisão administrativa, porque ela está fora do âmbito da discricionariedade" (DI PIETRO, 2001, p. 132). Por outro lado, na hipótese de conceito de valor, Di Pietro (2001, p. 132) entende que existe a discricionariedade, embora não signifique liberdade

---

[92] Nesse sentido leciona Grau (1988, p. 83-84): "O aplicador do Direito, ao decidir pela atribuição ou não atribuição de um conceito a uma certa coisa, estado ou situação, valendo-se, para tanto, de dados extraídos à observação da realidade, decide questão de direito e não questão de fato. Tal decisão envolve ato de apreciação jurídica, ou seja, uma valoração jurídica. A questão, assim, é de direito e não de fato: a verificação do fato está inserida na apreciação jurídica, possuindo apenas função auxiliar em relação a esta última."

total, isenta de qualquer limite.[93] Para a administrativista, existe discricionariedade quando

> [...] a lei usa certos conceitos indeterminados ou, nas palavras de Linares, 'fórmulas elásticas', assim consideradas aquelas que encerram valorações, isto é, sentidos axiológicos, jurídicos, tais como comoção interna, utilidade pública, bem comum, justiça, equidade, decoro, moralidade etc. (DI PIETRO, 2001, p. 76)

A mesma classificação é apontada por Moraes (1999), para quem, no entanto, os conceitos de valor podem conduzir a uma única solução, como, por exemplo, a boa-fé, ou, ainda, conduzir a juízos subjetivos de prognose, "os quais nem sempre conduzem a univocidade de soluções, como, por exemplo, se a exibição de um filme 'pornográfico' é 'prejudicial' à formação da juventude" (MORAES, 1999, p. 62). Destarte, conclui a autora, a mera classificação entre conceitos de experiência e de valor "não fornece critério seguro de delimitação da sindicabilidade judicial de sua aplicação" (MORAES, 1999, p. 62).

Ocorre que o fato de a norma, em diversos momentos, valer-se de conceitos jurídicos indeterminados, os quais podem ser classificados em conceitos de experiência (v.g. "incapacidade para o exercício de suas funções", "força irresistível") ou de valor (v.g.

---

[93] Celso A. Bandeira de Mello (2003, p. 19, grifo nosso), como já salientado anteriormente, comunga do mesmo entendimento: "É que a finalidade aponta para *valores*, e as palavras (que nada mais são além de rótulos que recobrem as realidades pensadas, ou seja, vozes designativas de conceitos) ao se reportarem a um *conceito de valor*, como ocorre na finalidade, estão se reportando a conceitos *plurissignificativos* (isto é, conceitos vagos, imprecisos, também chamados de fluidos ou indeterminados) e não unissignificativos". Não é diferente a posição de Regina Costa (1988, p. 98): "Os conceitos jurídicos indeterminados podem ser classificados em conceitos de experiência e conceitos de valor. E, conforme pretendemos demonstrar, entendemos que, quando se tratar de conceitos de experiência, o administrador, após socorrer-se do processo interpretativo, torna preciso o conceito, não lhe restando qualquer margem de liberdade de escolha de seu significado. Quando estivermos diante de conceitos de valor, diversamente, caberá àquele, terminada a interpretação, uma vez restando ainda um campo nebuloso do conceito que não foi suficiente para eliminar, definir o conceito por intermédio de sua apreciação subjetiva, que outra coisa não é que a própria discricionariedade". Leite (1981, p. 57) caminhava no mesmo sentido quando afirmou que na hipótese de ocorrência de "conceitos de valor, os critérios a serem adotados pelas autoridades administrativas serão sempre necessariamente discricionários". Todavia, em obra recém-lançada, o autor muda sua posição, passando a reconhecer que os conceitos jurídicos indeterminados "[...] são susceptíveis de determinação, valendo-se o órgão aplicador de métodos interpretativos;" (LEITE, 2006, p. 114).

"boa-fé", "moralidade", "justo preço"), resulta de as realidades referidas não admitirem outro tipo de determinação mais precisa (GARCÍA DE ENTERRÍA; FERNÁNDEZ, 1990, p. 393), o que não significa que a subsunção de tais conceitos aos fatos implique juízo de conveniência e oportunidade. Vale dizer, na aplicação de tais conceitos, não há mais que uma solução: "ou se dá ou não se dá o conceito; ou há boa-fé ou não há; ou o preço é justo ou não é; ou faltou-se à probidade ou não se faltou"[94] (GARCÍA DE ENTERRÍA; FERNÁNDEZ, 1990, p. 393).

Carvalho (2005) caminha no mesmo sentido:

Não pode existir, na dimensão deôntica, algo como 'meio honesto' ou 'meio criminoso'. Ou é ou não é, sob pena da própria desintegração de qualquer sentido para o valor em referência. Em outras palavras, não quer dizer que pelo fato das pessoas nem sempre conseguirem alcançar (ser) a virtude (dever-ser), esta, em si mesma, deva ser graduada. Só há sentido para o valor em sua aplicação bipolar com o respectivo desvalor; qualquer graduação nesse percurso desintegra a própria significação do termo. (CARVALHO, 2005, p. 79)

Bullinger (1987) destaca que

[...] a concretização de preceitos legais de valor, assim como sua aplicação ao caso concreto constitui, em maior ou menor medida, um fenômeno normal da aplicação do direito e fica, assim, reservada à última instância judicial, seja no direito civil, no direito penal, ou no direito administrativo. (BULLINGER, 1987, p. 22)

Dessa forma e considerando a atividade administrativa sancionadora, tanto nos conceitos jurídicos indeterminados, ditos "de experiência", quanto nos denominados "de valor" há a necessária

---

[94] Sicca (2006) também observa que a classificação dos conceitos jurídicos indeterminados não altera a delimitação do controle jurisdicional: "[...] a delimitação do controle jurisdicional da Administração Pública não se resolve com a distinção entre conceitos empíricos e conceitos de caráter valorativo, pois a indeterminação pode até mesmo surgir naqueles, enquanto que em determinadas situações a valoração pode gerar menores dificuldades para a apreciação pelo juiz. Além do mais, a indeterminação não significa liberdade para a definição dos pressupostos, mas apenas uma particular posição da Administração que permite a tomada da decisão prévia, sujeita a revisão pelo Judiciário. Este tem o dever de controlar a ponderação das circunstâncias determinantes da aplicação da norma, para que se verifique seu enquadramento no texto legal, cujo sentido somente pode ser definido através da interpretação" (SICCA, 2006, p. 256).

interpretação de norma que resulta em uma única decisão adequada para o caso concreto.[95] Por conseguinte, ao menos no que diz respeito à aplicação dos conceitos jurídicos indeterminados no âmbito de processos administrativos disciplinares, a classificação é inútil, vez que não apresenta caracteres próprios suficientes o bastante para justificar um tratamento diferenciado entre as espécies.

4.3 Conceito jurídico indeterminado e a Teoria da Adequabilidade Normativa

Celso Antônio Bandeira de Mello (2003, p. 20) entende que a presença de conceitos plurissignificativos ("isto é, conceitos vagos, imprecisos, também chamados de fluidos ou indeterminados") pode viabilizar a discricionariedade administrativa, especialmente, quanto à finalidade da norma.[96] Assim, conclui o autor que se estaria diante de uma discrição administrativa "na hipótese da norma, no caso da ausência de indicação explícita do pressuposto de fato, ou no caso de o pressuposto de fato ter sido descrito através de palavras que recobrem *conceitos vagos, fluidos ou imprecisos*"[97] (BANDEIRA DE MELLO, C., 2003, p. 20, grifo nosso).

---

[95] Tourinho (2004) é clara nesse sentido: "Nos conceitos jurídicos indeterminados, que não são exclusivos do direito público, conforme já observado, estamos diante de normas com conceitos de valor (boa-fé, probidade, justo preço) ou experiência (premeditação, força irresistível), conceitos estes que dependem de exercício interpretativo para alcance do seu sentido, que poderão variar de acordo com o tempo e o espaço, não importa, porém sempre voltados a atingir um entendimento comum, aceito pelo meio social. O intérprete, ao desenvolver o raciocínio de interpretação, chegará a uma única solução para o caso concreto, não lhe sendo possível adotar tal ou qual conceito, guiado por uma liberdade subjetiva" (TOURINHO, 2004, p. 324-325).

[96] "Segurança pública", "moralidade pública", "higiene pública", "salubridade pública", ou "interesse público", seriam exemplos desses conceitos vagos (BANDEIRA DE MELLO, C. 2003, p. 19).

[97] Assim, para Celso A. Bandeira de Mello (2003, p. 20) basta que uma das intelecções não seja razoável para que seja afastada a discricionariedade. Quanto a esse ponto, Araújo (2006) indica uma relevante contradição: "Se os conceitos jurídicos indeterminados são um fator que potencialmente desencadeia discricionariedade, como pretender limitá-la invocando razoabilidade? Haverá algum conceito mais fluido, vago, indeterminado, que 'razoabilidade'? Como, então, pretender limitar discricionariedade por meio de outro elemento que leva à discricionariedade? Claro está que este dilema somente se apresentará se vislumbrarmos nos conceitos jurídicos indeterminados uma vertente da discricionariedade, conclusão aqui já rejeitada. Precisamente pelo fato de que a razoabilidade, como todo

Essa conclusão é fundamentada a partir da afirmação de que nem sempre é possível, perante o caso concreto, encontrar densidade para o conceito jurídico indeterminado de modo a dissipar, por inteiro, as dúvidas sobre a aplicabilidade ou não do termo por elas recoberto (BANDEIRA DE MELLO, C., 2003, p. 22). Para Celso Antônio Bandeira de Mello (2003, p. 23), em diversas situações, é inviável questionar a possibilidade de conviverem intelecções diferentes, "sem que, por isto, uma delas tenha de ser havida como incorreta, desde que quaisquer delas sejam igualmente razoáveis" (BANDEIRA DE MELLO, C., 2003, p. 23). Reportando-se às lições de Bernatzik, o administrativista afirma que existe um limite além do qual terceiros nunca podem verificar a exatidão ou inexatidão da conclusão atingida (BANDEIRA DE MELLO, C., 2003, p. 23).

O entendimento acima parte do pressuposto de que a verdade nem sempre é passível de ser contrastável ou demonstrável, razão pela qual estaria viabilizada a margem de liberdade administrativa para que se chegue à definição acerca de qual atitude deva ser adotada.[98]

Dessa forma,

> [...] se em determinada situação real o administrador reputar, em entendimento razoável (isto é, comportado pela situação, *ainda que outra opinião divergente fosse igualmente sustentável*), que lhe aplica o conceito normativo vago e agir nesta conformidade, não se poderá dizer que violou a lei, que transgrediu o direito. E se não violou a lei, se não lhe traiu a finalidade, é claro que terá procedido na conformidade do direito. Em assim sendo, evidentemente terá procedido dentro de uma liberdade intelectiva que, *in concreto*, o direito lhe facultava. Logo, não haveria título jurídico para que qualquer controlador de legitimidade, ainda que fosse o Judiciário, lhe corrigisse a conduta, pois a este incumbe reparar violações de direito e não procedimentos que lhe sejam conformes. (BANDEIRA DE MELLO, C., 2003, p. 23-24, grifo nosso)

Evidente, portanto, que, para Celso Antônio Bandeira de Mello (2003), a aplicação de conceitos jurídicos indeterminados

---

conceito indeterminado, não leva à discricionariedade, é que se pode vislumbrar nela o método adequado a se perquirir o mais apropriado entendimento do texto legal a ser aplicado" (ARAÚJO, 2006, p. 119).

[98] Essa ideia é expressa pelo autor na seguinte passagem: "Pode dar-se que terceiros sejam de outra opinião, mas não podem pretender que só eles estejam na verdade, e que os outros tenham opinião falsa" (BANDEIRA DE MELLO, C., 2003, p. 23).

enseja, potencialmente, a discricionariedade administrativa. O autor argumenta, ainda, que apenas a dúvida, presente no intervalo entre a certeza positiva e a certeza negativa, é que viabilizaria a margem de liberdade do administrador.

Para demonstrar a importância da utilização de conceitos vagos, Celso Antônio Bandeira de Mello (2003) lança mão de conhecido exemplo: a lei que dispuser ser gratuita a internação em hospital público para aqueles que recebam um salário mínimo inviabilizará qualquer discricionariedade, tendo em vista o elemento vinculado nela disposto – um salário mínimo. Esse modo de legislar, todavia, obrigaria o administrador a verificar apenas o quanto a pessoa ganha, sem qualquer análise de outro aspecto, o que engessaria a Administração Pública diante da diversidade de situações que podem ocorrer (BANDEIRA DE MELLO, C., 2003, p. 29). Para evitar esse engessamento, fazer-se-ia necessário outorgar certa margem de liberdade ao administrador para que este, "sopesando as circunstâncias, possa dar verdadeira satisfação à finalidade legal" (BANDEIRA DE MELLO, C., 2003, p. 35). Daí o uso de um conceito fluido, como ocorreria, por exemplo, se a lei dispusesse que "terão internamento gratuito nos hospitais públicos, as pessoas que forem 'pobres'" (BANDEIRA DE MELLO, C., 2003, p. 34).

Curioso notar que o eminente administrativista, a despeito de se utilizar do exemplo para demonstrar a necessidade de uso do conceito jurídico indeterminado como meio de conferir certa margem de liberdade ao administrador, acaba por apresentar uma situação em que o resultado é diverso da tese defendida, vez que a hipótese apresentada leva a uma *única decisão para o caso* e, por conseguinte, *não há margem de liberdade alguma*.

As próprias palavras do autor esclarecem o que acaba de ser afirmado:

> Poderia ocorrer que se apresentassem, na mesma ocasião, dois indivíduos: um, cuja retribuição fosse de um salário mínimo e meio e outro que se enquadrasse perfeitamente no teto legalmente estabelecido. Ao primeiro indivíduo, como determinava a lei, seria indeferido o internamento e ao segundo, como é natural, conceder-se-ia tal benefício. Agora imagine-se que este primeiro, que ganhava um salário mínimo e meio, fosse casado, tivesse 12 filhos dependentes e sustentasse a sogra. E suponha-se que este segundo, que solicitou o internamento e que ganhava apenas um salário mínimo, fosse solteiro, tivesse pais muito

ricos e morasse com eles. Se a lei estabelecesse em termos vinculados, fixando por salários mínimos o pressuposto fático, caberia perguntar: nas situações supostas, a finalidade inspiradora da lei teria sido atendida? Evidentemente que não. Então, se a lei houvesse estabelecido que terão direito a internamento gratuito as pessoas 'pobres' (conceito vago), por que ela o faria nestes termos? Pura e simplesmente porque pretenderia garantir o perfeito atendimento de sua finalidade. Ela poderia dispor de outra maneira, porém, se o fizesse, em muitos casos, quiçá, na maioria deles, a finalidade da lei, seria plenamente atendida, mas, em vários outros seria desatendida. (BANDEIRA DE MELLO, C., 2003, p. 34-35)

O exemplo bem demonstra que as peculiaridades do caso concreto conduzem à decisão adequada e não a opções de livre escolha do administrador. Dessa forma, mesmo que a lei disponha que o internamento gratuito deva ser garantido ao mais pobre, continua a *inexistir* discricionariedade administrativa, já que os dados do caso indicarão a decisão adequada que *deve* ser adotada pela Administração.[99]

---

[99] Grau (1998) vale-se de interessante exemplo para demonstrar que a aplicação de conceitos jurídicos indeterminados não conduz à discricionariedade administrativa: "O preenchimento dos conceitos jurídicos abertos é de ser empreendido, tal como anteriormente enfatizei, mediante a consideração de dados extraídos à realidade. Considere-se, como tema para um exercício dessa ordem, o conceito de 'serviço adequado', tomado pelo art. 167, I, da vigente Constituição Federal. Suponha-se então, para tanto, que empresas permissionárias de transporte coletivo intermunicipal de passageiros tenham instalado, em seus veículos, as catracas nas quais são cobradas as tarifas pelos serviços prestados junto às portas traseiras dos mesmos, portas essas pelas quais se dá o acesso dos usuários dos serviços a eles. Esse fato efetivamente ocorreu, no Estado de São Paulo. E, mais, as empresas em questão, que operavam o serviço entre os Municípios de Santos, São Vicente e Cubatão, instalaram, nos pequenos espaços que restavam entre as portas de acesso aos veículos e as catracas, grades direcionadoras do fluxo de usuários. Com isso, as dimensões daqueles pequenos espaços, entre as portas de entrada e as catracas, foram reduzidas de maneira extrema. Assim procederam aquelas empresas a pretexto de impedir que os usuários dos veículos se evadissem pelas portas traseiras, sem pagar a tarifa pelo transporte. Os usuários do serviço passaram a denominar aqueles pequenos espaços físicos de 'chiqueirinhos'. Neles se amontoavam passageiros que, a cada ponto de parada dos veículos, ingressavam nos mesmos, permanecendo por algum tempo literalmente imprensados entre catracas e portas de entrada. Por isso mesmo os condutores desses veículos eram obrigados a trafegar pelas vias públicas com as aludidas portas abertas, o que, mais de uma vez, deu causa a quedas de passageiros de veículos. Um deles, inclusive, em virtude disso, sofreu ferimentos tais que lhe provocaram a morte.
[...]
A conduta de que cogitamos – instalação, nos veículos, de catracas de cobrança de passagens junto às portas de acesso a eles, com o acréscimo de grades que delimitam os 'chiqueirinhos' – compromete, nitidamente, a segurança dos usuários do serviço público. Cumpre indagar, pois, se a provisão da segurança dos usuários do serviço é requisito da manutenção de serviço adequado. Ora, não podemos vacilar em dar resposta afirmativa a tal indagação. Por certo – e fora de qualquer dúvida – a preservação da segurança dos usuários é requisito daquela manutenção, de serviço adequado.

Assim, o termo "pobre", na hipótese em exame, foi utilizado pelo legislador para possibilitar a concretização da finalidade da norma no caso concreto. Dito de outro modo, *a utilização de conceitos jurídicos indeterminados viabiliza ao operador do direito o exercício de seu dever de adotar a decisão que atenda à finalidade legal, o que, de modo algum, tem a ver com discricionariedade administrativa*. A multiplicidade de possíveis situações, não passíveis de serem previamente detalhadas pelo legislador, é que justifica o uso de conceitos indeterminados, os quais, como visto, diante das circunstâncias fáticas, conduzem a um resultado único para o caso concreto.

Por conseguinte, entende-se que a conclusão a que chega Celso Antônio Bandeira de Mello (2003) merece ser repensada:

> É exatamente porque a norma legal só quer a solução ótima, perfeita, adequada às circunstâncias concretas, que, ante o caráter polifacético, multifário, dos fatos da vida, *se vê compelida a outorgar ao administrador* – que é quem se confronta com a realidade dos fatos segundo seu colorido próprio – *certa margem de liberdade* para que este, sopesando as circunstâncias, possa dar verdadeira satisfação à finalidade legal.
>
> Então, a discrição nasce precisamente do propósito normativo de que só se tome a providência excelente, e não a providência sofrível e eventualmente ruim, porque, se não fosse por isso, ela teria sido redigida vinculadamente.[100] (BANDEIRA DE MELLO, C., 2003, 34-35, grifo nosso)

Ocorre que não há como reconhecer certa margem de liberdade quando se impõe a adoção da decisão "perfeita e adequada às circunstâncias concretas".[101] A decisão perfeita, ou correta, ou única,

---

[...]
A conclusão, contudo, decorreu diretamente do preenchimento do conceito de 'serviço adequado' que envolveu, nitidamente, a ponderação de dados extraídos da realidade. Parece-me ter isso restando bem evidente" (GRAU, 1988, p. 100-106).

[100] Do mesmo modo Moresco (1996, p. 94): "Há necessidade de conceitos indeterminados para garantir que a administração faça uso de poder discricionário e adote a melhor solução para o caso concreto."

[101] Sicca (2006) bem observa que "[...] embora a discricionariedade não se apresente como arbitrariedade, entendimento já sustentado de há muito pela doutrina e jurisprudência pátrias, a sua definição no sentido de um espaço aberto a valorações conferido ao administrador para tomar a melhor decisão no caso concreto acaba por ignorar os verdadeiros momentos de autonomia do agente público. Se o espaço lhe é conferido para tomar a decisão que melhor atenda à finalidade legal ou à melhor observância dos princípios informadores, não se está diante de uma verdadeira liberdade, e sim, de estrita vinculação, e o agente deve demonstrar, por meio da motivação do ato, o raciocínio jurídico que o levou a entender que a solução adotada é a melhor diante das circunstâncias. Por via de

não quer dizer outra coisa senão aquela que *se demonstrou adequada ao caso concreto*, a partir da descrição completa dos elementos fáticos relevantes. Não se trata de uma decisão que seria a expressão da verdade absoluta, *a priori* e abstratamente considerada. Não há, *per se*, a solução unívoca. Esta é construída no juízo de aplicação da norma e, dessa maneira, *a posteriori*, ou seja, quando, além das normas *prima facie* aplicáveis, tem-se a completa descrição da situação concreta.

Portanto, quando se afirma que a única solução justa é um artifício irreal, está-se levando em conta apenas o juízo de justificação das normas.[102] De fato, no plano de validade, não há como apontar a única decisão – verdade absoluta –, vez que é possível imaginar pluralidade de soluções, à medida que se imaginam hipóteses com peculiaridades diversas.[103] Para cada uma, em tese, pode haver respostas diferentes, a partir dos elementos que tenham sido cogitados. Exatamente por isso, faz-se necessária a inauguração do discurso de aplicação, a partir da ocorrência do caso concreto – datado e contextualizado –, para que se construa a única decisão adequada.

Sicca (2006, p. 128), ao analisar a posição de Celso Antônio Bandeira de Mello, aponta para o perigo de se reconhecer a discricionariedade sob o fundamento de que se viabiliza o cumprimento da finalidade legal, *pois a presença dos conceitos indeterminados legitimaria a delimitação discricionária dos elementos concretos a serem analisados*

---

conseqüência, se o ato deve identificar a solução correta, sua revisão plena pelo Poder Judiciário deverá ser plenamente admitida, tendo em conta a legitimidade desse poder para a garantia dos Direitos Fundamentais" (SICCA, 2006, p. 139-140).

[102] É o que ocorre na afirmação de Grau (1988, p. 78): "A suposição da existência de apenas uma definição verdadeira – exata – é insatisfatória no âmbito do Direito. Não há, nele, uma definição exata de qualquer termo conceitual, mas sempre um elenco de significações, de cada termo, conversível em elenco de 'definições' corretas. Vimos já que, no Direito, para cada problema podem ser discernidas inúmeras soluções, nenhuma delas exata, porém todas corretas. O dinamismo e a complexidade da realidade social reclamam a disponibilidade de um arsenal de soluções corretas a serem adotadas pelo aplicador do Direito. De outra parte, em razão das mesmas causas acima referidas – complexidade e dinamismo da realidade social – a prisão do aplicador do Direito a uma concepção ontológica unidimensional torna-se também insatisfatória". O autor, naturalmente, está examinando a questão no âmbito do discurso de validade ou justificação das normas, no qual, de fato, o enunciado legal pode indicar diversas soluções.

[103] A conclusão de que o "preenchimento total do conteúdo de conceitos jurídicos indeterminados, quando presentes pelo menos duas intelecções razoáveis", seria uma atividade discricionária à qual competiria exclusivamente à Administração Pública (FIGUEIRAS JÚNIOR, 2007, p. 202) ilustra mais uma forma de pensar o Direito *apenas* no discurso de justificação das normas, esquecendo-se de que a singularidade de cada caso concreto – discurso de aplicação –, especialmente quando em pauta a atividade administrativa sancionadora, não apresenta opções a serem escolhidas mediante um juízo de conveniência e oportunidade.

por parte da Administração – delimitação fática. Por conseguinte, ao se admitir que a

> Administração tem esse espaço destinado à seleção dos elementos relevantes, o controle judicial limita-se à apreciação daqueles que foram selecionados, *restando limitada não só a verificação dos elementos trazidos como também a valoração realizada na decisão administrativa*. (SICCA, 2006, p. 128, grifo nosso)

Com efeito, se a discricionariedade administrativa for tratada, pura e simplesmente, como instrumento para a edição de decisões justas, estar-se-ia tratando de modo idêntico duas situações diferentes. Uma se refere à aplicação de normas jurídicas que impõem o controle judicial acerca da *seleção dos fatos* considerados pela decisão, bem como sobre a respectiva *valoração jurídica* (vinculação). Outra se refere à aplicação de normas que, *expressamente*, conferem ao administrador liberdade entre *opções* igualmente admitidas pelo ordenamento jurídico (discricionariedade) (SICCA, 2006, p. 128).

A Teoria da Adequabilidade Normativa demonstra que a norma adequada ao caso será determinada após o exame das normas *prima facie* aplicáveis, como também após a análise de *todas as peculiaridades do caso*. Portanto, a seleção dos "elementos relevantes" *não* é conduta *disponível* por parte do administrador público, tendo em vista que a decisão adequada impõe a *descrição completa da situação*.

O próprio Celso Antônio Bandeira de Mello (2003) acaba por reconhecer que diante do caso concreto, a *suposta* discricionariedade reduz-se a zero. São do autor as seguintes palavras:

> Está-se afirmando que a liberdade administrativa, que a discrição administrativa, *é maior na norma de Direito, do que perante a situação concreta*. Em outras palavras: que o plexo de circunstâncias fáticas vai compor balizas suplementares à discrição que está traçada abstratamente na norma (*que podem, até mesmo, chegar ao ponto de suprimi-la*), pois é isto que, obviamente, é pretendido pela norma atributiva de discrição, como condição de atendimento de sua finalidade. (BANDEIRA DE MELLO, C., 2003, p. 36, grifo nosso)

Essa passagem é ilustrativa para demonstrar a necessidade de se distinguir o juízo de justificação do juízo de aplicação das normas, na esteira do marco teórico deste trabalho. Quando o autor preceitua que a discrição administrativa seria maior na norma de direito do que perante a situação concreta, na verdade, reconhece que o discurso de justificação da norma é insuficiente, por si só, para regular a própria condição de aplicação da norma. Torna-se, portanto, indispensável, o discurso de aplicação. Como diz Habermas (2002),

> [...] os discursos de justificação não podem levar em consideração *ex ante* todas as possíveis constelações de casos futuros, a aplicação das normas exige uma clarificação argumentativa por direito próprio (*aus eigenem Recht*). Em [...] discursos de aplicação, a imparcialidade de julgamento é alcançada, por outro lado, não através do uso do princípio da universalização (*Universalisierungsgrundsatz*), mas através do *princípio da adequabilidade (Prinzip der Angemessenheit)*. (HABERMAS, 2002, p. 144, grifo nosso)

A inviabilidade de o discurso de justificação da norma abarcar todos os casos possíveis de aplicação não quer dizer, porém, que se está diante de discricionariedade administrativa. Isso porque o operador do direito deve valer-se do discurso de aplicação que impõe o manejo do que Habermas chamou acima de *princípio da adequabilidade*.

A motivação[104] da decisão adotada torna-se, nesse contexto, indispensável, já que somente a partir da exposição dos fundamentos de fato e de direito, entre os quais se impõe o exame dos elementos relevantes apresentados no procedimento administrativo, será possível avaliar se o princípio da adequabilidade foi, de fato, manejado pela autoridade administrativa competente.[105]

Concluem García de Enterría e Fernández (1990, p. 393, grifo nosso), a despeito de não se reportarem ao marco teórico adotado nesta pesquisa, que a indeterminação do enunciado *não se traduz em uma indeterminação das aplicações do mesmo*, as quais só permitem uma "unidade de solução justa" em cada caso.

---

[104] "A motivação ou fundamentação do ato administrativo é o seu discurso justificador, a explicitação das razões que levaram a Administração a praticá-lo" (ARAÚJO, 2006, p. 120).
[105] A respeito do tema, há excelentes trabalhos doutrinários, os quais demonstram que tanto nos atos ditos vinculados como nos discricionários, a motivação é indispensável. No caso destes, deve-se demonstrar que o administrador ateve-se aos limites dispostos na norma, a qual lhe conferiu certa margem de liberdade, já que admitiu, expressamente, mais de uma opção.

Com efeito, o fato de o legislador – discurso de justificação – ter utilizado um conceito jurídico indeterminado não implica discricionariedade administrativa, pois o discurso de aplicação, sob o senso de adequabilidade, resultará na decisão adequada para o caso concreto e não, em opções para o administrador público, especialmente quando está em pauta a atividade administrativa sancionadora, como a que se manifesta, diante de falta funcional, na relação entre o servidor público e o Estado.

O STF, no Recurso Ordinário em Mandado de Segurança nº 24.699/DF (BRASIL, 2011n), tratou da competência discricionária da autoridade administrativa. Em matéria pertinente a servidor público, firmou-se a tese de que os atos discricionários são legítimos na extensão em que a lei dispuser *e que não há correlação entre aplicação de conceitos jurídicos indeterminados, tais como "interesse público ou coletivo", e discricionariedade administrativa*. Assim, sustentou o ministro Eros Grau ser amplo o controle do Poder Judiciário sobre a motivação do ato.[106]

O STJ, do mesmo modo, no Recurso em Mandado de Segurança nº 19.210/RS (BRASIL, 2011c),[107] anulou decisão administrativa que exonerou servidor público em estágio probatório exatamente porque, valendo-se de conceitos fluidos (*v. g*: desempenho "bom", "ruim", "regular"), acabou por não motivar devidamente o ato sancionador. Segundo o voto do ministro relator:

> [...] II – Não atende a exigência de devida motivação imposta aos atos administrativos a indicação de conceitos jurídicos indeterminados, em relação aos quais a Administração limitou-se a conceituar o desempenho de servidor em estágio probatório como bom, regular ou ruim, sem, todavia, apresentar os elementos que conduziram a esse conceito. Recurso ordinário provido. (BRASIL, 2011c)

---

[106] "O motivo, um dos elementos do ato administrativo, contém os pressupostos de fato e de direito que fundamentam sua prática pela Administração. No caso do ato disciplinar punitivo, a conduta reprovável do servidor é o pressuposto de fato, ao passo que a lei que definiu o comportamento como infração funcional configura o pressuposto de direito. Qualquer ato administrativo deve estar necessariamente assentado em motivos capazes de justificar a sua emanação, de modo que a sua falta ou falsidade conduzem à nulidade do ato" (BRASIL, 2011n, p. 233).

[107] Veja ainda: BRASIL. Superior Tribunal de Justiça. Mandado de Segurança nº 12.927/DF. Impte: Maria Nunes de Oliveira Maciel. Impdo: Ministro de Estado da Previdência Social. Rel. Min. Felix Fischer. J. 12.12.2007. *DJ* 12.02.2008. Disponível em: https://ww2.stj.jus.br/revistaeletronica/Abre_Documento.asp?sSeq=746705&sReg=200701488568&sData=20080212&formato=PDF. Acesso em: 15 ago. 2011b.

Isso em razão de a aplicação normativa de conceitos indeterminados nada ter a ver com discricionariedade na sua aplicação. A imposição de sanção administrativa atrai a noção clássica do princípio da legalidade e da tipicidade. Esta, conforme demonstrado, admite que a infração seja complementada por ato normativo infralegal, sendo indispensável sua observância, sob pena de não se poder exigir do infrator condição mínima de conhecimento prévio do ilícito.

Não se compreende legítima, portanto, a mera utilização de conceitos indeterminados que não espelhem, com segurança, a conduta vedada. Indispensável existirem outros parâmetros (*v. g.*, regulamentos) para aclarar o comportamento que poderá ser considerado ilícito administrativo e que, por conseguinte, legitime a imposição de sanção.

CAPÍTULO 5

CONTROLE JURISDICIONAL DAS SANÇÕES DISCIPLINARES

Analisados os princípios fundamentais da atividade administrativa disciplinar e demonstrado que o devido processo legal administrativo, a partir da Teoria da Adequabilidade Normativa, é o *locus* no qual tais princípios devem ser observados, resta examinar a extensão do controle jurisdicional acerca da matéria, considerando, ainda, manifestações de tribunais pátrios.

5.1 A unicidade da jurisdição e o controle do ato sancionador

A Constituição da República de 1988 adotou o sistema de jurisdição una, ao dispor que a "lei não excluirá da apreciação do Poder Judiciário lesão ou ameaça de lesão a direito" (art. 5º, XXXV, da Constituição da República).

Significa dizer que o Judiciário é o órgão competente para afirmar o direito com caráter de definitividade e com prevalência em relação aos demais Poderes. O controle jurisdicional da Administração Pública garante, portanto, no dizer de Bross (2006, [p. 10]), que a "vontade do legislador e a ordem constitucional sejam praticadas correta e independentemente de influências de terceiros". Lembra, ainda, o autor, que

> Uma jurisdição independente é uma das pedras angulares do Estado democrático de direito – isso é muito importante e merece destaque

em Estados com pouca tradição de direito. Além da participação em pleitos eleitorais, os cidadãos não têm outra possibilidade de "controlar" o Estado. Também não lhes é possível vislumbrar os mecanismos estatais de decisão e suas instâncias. Por esse motivo, pode surgir nos cidadãos o sentimento de estarem sem forças e totalmente sujeitos ao poder estatal. No quotidiano, isso significa que a desconfiança pode vir a ser alimentada, com incentivo a que o poder estatal seja negado e até ativamente combatido – *especialmente em sociedades onde existam grandes disparidades de bem-estar e diferenças muito grandes relativas à participação dos cidadãos na repartição de renda. Nesse cenário o controle judicial da Administração Pública adquire nova dimensão. Somente uma jurisdição independente pode diminuir, por meio do poder estatal, o fosso que separa os cidadãos da esfera abstrata do legislador.* (BROSS, 2006, [p. 11], grifo nosso)

A independência a que o autor se refere atrai a reflexão sobre a própria imparcialidade que se faz indispensável em processo de que podem resultar penalidades ao cidadão. Bacellar Filho (2003, p. 241) frisa que no processo judicial há uma equidistância entre as partes litigantes, enquanto que, no administrativo, o julgador integra o órgão que administra. Essa situação, naturalmente, já indica a precariedade de se sustentar restrições ao controle jurisdicional das sanções disciplinares. Não há como ignorar o fato de a Administração, nos processos disciplinares, cumprir um papel duplo: "como pólo ativo ou passivo da arguição feita e como julgador da situação processada" (BACELLAR FILHO, 2003, p. 241).

Deve o Judiciário manifestar-se, uma vez provocado, acerca da correção do ato sancionador, levando em conta o regime jurídico disciplinar, cujo conteúdo foi delineado no capítulo terceiro deste trabalho.

O controle jurisdicional abarca, assim, a análise da motivação da sanção disciplinar que possui elementos vinculados, e não discricionários, conforme enfatizado no capítulo anterior. Cumpre lembrar conceitos básicos a propósito dos elementos do ato administrativo. Para a doutrina tradicional,[108] são eles: o sujeito (autor do ato), a forma (exteriorização do ato), o objeto (conteúdo do ato), o motivo (razões de fato ou de direito que permitem ou obrigam à prática do ato) e a finalidade (bem jurídico a ser atingido pelo ato). Segundo Celso Antônio Bandeira de Mello (2006, p. 364), os elementos restringir-se-iam à forma e ao conteúdo, enquanto o sujeito, motivo,

---

[108] Nesse sentido: Meirelles (2003, p. 146) e Di Pietro (2006, p. 212).

finalidade e requisitos procedimentais seriam pressupostos (de existência e de validade) do ato.

A despeito dessas posições, o significado do motivo e da motivação dos atos administrativos é imprescindível para o estudo do controle do ato sancionador; afinal é por meio deles que se procede ao discurso de aplicação das normas.

Os fundamentos de fato e de direito e a relação de pertinência lógica entre eles formam o motivo do ato administrativo, enquanto a motivação significa a explicitação daquele, bem como a demonstração do atendimento às finalidades previstas no ordenamento jurídico. O motivo é expresso pelo legislador, ao menos no campo disciplinar, por meio de termos jurídicos indeterminados, especialmente quando da indicação das infrações disciplinares. Sem motivo, o ato é inválido. Diverso o motivo, o ato é igualmente inválido.

No capítulo anterior, ficou demonstrado que o uso desses termos não implica discricionariedade administrativa e sim aplicação de normas que, diante das peculiaridades fáticas, resultam na decisão adequada. Dessa forma, não remanescem à Administração opções que poderiam ser escolhidas a partir de juízo de conveniência e oportunidade no campo da atividade administrativa disciplinar. Com efeito, o controle jurisdicional é amplo, incidindo sobre todos os elementos do ato administrativo sancionador, os quais não apresentam conteúdos que componham um leque de opções da Administração como se se tratassem de "indiferentes jurídicos".

A motivação do ato administrativo, por sua vez, apresenta requisitos de validade, como recorda Araújo (2005, p. 121): congruência, exatidão, suficiência e clareza.[109]

A congruência exige que "os motivos, normas e razões invocados devem aparecer como premissas das quais se extraia logicamente a conclusão, ou seja, o conteúdo do ato" (ARAÚJO, 2005, p. 122). Na hipótese de sanção disciplinar, a respectiva motivação deve demonstrar que os fatos apurados no processo administrativo estão em sintonia com as normas legais pertinentes, considerando, como visto na Teoria da Adequabilidade Normativa, todas as normas *prima facie* aplicáveis.

---

[109] A propósito, a Lei nº 9.784/99 dispõe, no art. 50, §1º, que a motivação "deve ser explícita, clara e congruente" (BRASIL, 1999).

A exatidão impõe ao administrador, essencialmente, a veracidade dos fatos (motivos) invocados (ARAÚJO, 2005, p. 122). Vale dizer, o motivo da sanção disciplinar deve ser real, ou seja, se falso ou inexistente, o ato é inválido. Caso contrário, consolidada estará a arbitrariedade.[110]

A suficiência da motivação requer do administrador a exposição da "idéia completa do processo lógico e jurídico percorrido até a decisão" (ARAÚJO, 2005, p. 121). Não basta, portanto, que a sanção disciplinar esteja embasada em termos vagos, sem que se aponte, concretamente, os dados apurados no curso do processo disciplinar, sobre os quais devem sustentar a penalidade. Indispensável, portanto, a consideração pelo julgador do processo disciplinar acerca dos argumentos suscitados pelas partes envolvidas. Concretiza-se, aqui, a noção de devido processo legal procedimental e substancial.

O sentido de tais requisitos restaria inócuo caso a Administração deixasse de se expressar de modo claro. Eis o último requisito comentado por Araújo (2005, p. 121): "por meio dela [motivação clara] o interessado terá o perfeito conhecimento do processo lógico e jurídico que conduziu o agente à decisão".

Em suma: há requisitos indispensáveis aos quais a Administração deve obedecer ao editar atos administrativos, especialmente os que impõem sanções, como também há um regime jurídico disciplinar, em que não existe espaço para o chamado mérito administrativo, entendido este, na lição de Fagundes (2006, p. 180), "no sentido político do ato administrativo".[111]

Assim, estruturam-se os alicerces que sustentam a hipótese apresentada na introdução deste trabalho: cabe ao poder Judiciário examinar formal e materialmente as sanções disciplinares aplicadas aos servidores públicos, sem que haja limitação em razão de suposta discricionariedade administrativa.

---

[110] Bross (2006, [p. 22]) observa que, em um Estado de Direito, "não deve haver margem de manobra na constatação de fatos. Caso contrário, estariam abertas as portas à arbitrariedade".

[111] A propósito do controle jurisdicional do próprio mérito administrativo, Sérgio Ferraz (2003, p. 231, grifo nosso) faz interessante referência à "jurisdição imprópria dos Tribunais de Contas": "Aliás, se à 'jurisdição' imprópria dos Tribunais de Contas é imposto o controle da legitimidade e da economicidade da atuação administrativa (art. 70, *caput*, da Constituição Federal) – *aspectos essencialmente de mérito* – não há como aceitar âmbito mais augusto, à jurisdição em sentido próprio, traçada no inciso *XXXV do artigo 5º*".

Precedente do Supremo Tribunal Federal, analisado adiante, confirma o que se acaba de demonstrar.

5.1.1 Precedente do Supremo Tribunal Federal: lições que merecem ser revisitadas

As lições trazidas em julgados do Supremo Tribunal Federal, proferidos ainda nos idos de 1944, merecem e precisam ser revisitadas. Trata-se de dois acórdãos constantes dos autos da Apelação Cível nº 7.307. O primeiro julgou o recurso, o segundo apreciou os respectivos embargos.

Eis o caso.

Servidor público federal ajuizou ação ordinária contra a União em razão de ato administrativo que o demitiu do cargo de telegrafista da 2ª Divisão da Estrada de Ferro Oeste de Minas. Contra a sentença que julgara procedente a ação, foi apresentado recurso de apelação por parte da União. Segue a síntese dos votos proferidos no exame desse recurso.

O então ministro relator, José Linhares, votou pelo provimento do apelo, observando que, uma vez apurada falta funcional em processo administrativo regular, "contra o qual nada se arguiu, *não cabe ao Poder Judiciário examinar a prova nêle produzida para saber se a pena de demissão foi exagerada ou não*" (apud LEAL, 1946, p. 92, grifo nosso).

Por sua vez, o ministro Orozimbo Nonato – revisor – defendeu a tese de que cabe ao Judiciário examinar as provas colhidas no processo disciplinar com vistas a avaliar a correção ou não da decisão administrativa:

> A demissão do funcionário depende de falta grave e a ocorrência desse requisito, o julgamento das provas que nesse sentido se produzam, não podem ser deixados ao nuto exclusivo da autoridade administrativa. Os direitos do funcionário, com base no respectivo Estatuto, não podem ser definidos e apurados pela só autoridade administrativa. (apud LEAL, 1946, p. 95)

Ao motivar seu voto, o ministro salientou que fora produzida prova nos autos da ação judicial que entrava em contradição com as levantadas no inquérito administrativo, razão pela qual não haveria sentido que "o ânimo do juiz se inclinasse a qualquer delas" (*apud* LEAL, 1946, p. 96). Esse entendimento conduziria à confirmação da sentença que julgou procedente a ação para anular o ato demissório. Todavia, *a vida pregressa do servidor, juntamente com a verossimilhança que empresta à prova do processo administrativo* levaram o ministro a adotar solução diversa para o caso: "a reintegração, descontado dos vencimentos do tempo em que deixou de servir, por fôrça da demissão, o tempo máximo em que podia, legalmente, ser suspenso" (*apud* LEAL, 1946, p. 94). O voto concluiu, por conseguinte, pelo parcial provimento do recurso, já que se entendeu que a aplicação da suspensão pelo prazo máximo previsto na legislação seria a penalidade adequada.

O ministro Goulart de Oliveira (*apud* LEAL, p. 95) acompanhou o voto do ministro Orozimbo Nonato, sustentando que também se posicionava desfavoravelmente à impossibilidade de controle judicial sobre a matéria.

Não admitindo a possibilidade de se contrapor prova de inquérito administrativo por meio de *nova prova judicial*, manifestou-se o ministro Valdemar Falcão (*apud* LEAL, 1946, p. 97): "entendo que podemos analisar o inquérito, mas devemos ater-nos às provas nêle produzidas". A partir dessa premissa, o ministro acompanhou o relator para dar provimento ao recurso, vez que não vislumbrara indícios de que as provas do processo administrativo seriam contrárias à motivação do ato sancionador.

O ministro Bento de Faria limitou-se a acompanhar o relator.

Dessa maneira, por maioria, deu-se provimento integral ao recurso, reformando a sentença recorrida.

O servidor demitido, então apelado, apresentou embargos à apelação. A União, por sua vez, apresentou contrarrazões, sustentando que *"ao Poder Judiciário não compete entrar na apreciação do mérito das provas, senão somente dos aspectos do ato administrativo"* (DIÁRIO DA JUSTIÇA, 1945, p. 3424, grifo nosso). *O Supremo Tribunal Federal, apesar de rejeitar os embargos opostos pelo servidor, acabou por apresentar novo entendimento sobre o controle jurisdicional das sanções disciplinares.*

Eis a síntese dos votos.

Castro Nunes, relator dos embargos, iniciou sua manifestação delimitando a controvérsia instaurada nos autos:

> A questão, como se vê dos votos manifestados perante a Turma, envolve um aspecto doutrinário relevante, qual seja, o de saber em que limites se deverá mover o Judiciário no julgamento das demissões dos funcionários ou, de modo mais geral, na apreciação dos atos administrativos quando argüidos de ilegais. Estará adstrito somente aos aspectos formais do ato e da competência da autoridade? Ou a sua ação restauradora poderá ir além, alcançando a imputação na sua existência mesma, na sua prova, no seu relêvo, de modo a lhe permitir, tais sejam os característicos da espécie, a aplicação da penalidade administrativa correspondente aos fatos apurados? (DIÁRIO DA JUSTIÇA, 1945, p. 3425, grifo nosso)

Salientou-se que a apreciação de mérito do ato administrativo que inviabiliza o controle por parte do Judiciário restringe-se, quando existente, à conveniência e oportunidade da medida e não a aspectos relacionados à "aplicação falsa, viciosa ou errônea da lei" (DIÁRIO DA JUSTIÇA, 1945, p. 3425). Quanto ao ato que impõe sanção disciplinar a servidor público, o ministro foi claro ao afastar a presença de discricionariedade administrativa e, consequentemente, defendeu a ampla apreciação judicial sobre a matéria:

> Não são, portanto, somente os aspectos formais do ato que autorizam o exame judicial. Essa limitação só existe em se tratando de ato discricionário, *que não poderá ser o de punição disciplinar do funcionário ou a sua destituição nos casos em que esta só se autoriza mediante inquérito administrativo.* (DIÁRIO DA JUSTIÇA, 1945, p. 3425, grifo nosso)

Castro Nunes transcreveu excertos do voto do ministro Muniz Barreto, que corrobora o seu entendimento:

> Da só circunstância de ter precedido processo administrativo à exoneração do autor, não é de concluir pela intangibilidade do ato demissório.
> *O legislador quer que haja fundamento para a dispensa do funcionário, devendo assentar em provas convincentes o fato produtor da rescisão do contrato especial contraído entre o Estado e o seu servidor.*
> A muito pouco ficaria circunscrita a ação corretiva e reparadora da Justiça, em semelhante assunto, se contra a certeza apurada judicialmente devesse prevalecer um ato administrativo violador de direito individual e contraditório dessa certeza, só porque se observou, em sua parte formal, o meio sem o qual à autoridade pública é vedado retirar do emprêgo o funcionário. *Declarações falhas de testemunhas, exames negativos e outros*

elementos análogos a êstes, unicamente porque se incorporaram a um processo administrativo, dando-lhe corpo, não bastam para, numa democracia, legitimar a exoneração de um servidor não demissível ad nutum. O Judiciário, a quem compete, na frase da lei, processar e julgar 'as causas que se fundarem na lesão de direitos individuais, por atos ou decisões das autoridades administrativas da União' (Lei nº 221, de 1894, art. 13), deve afirmar a existência da lesão sempre que a prova perante êle produzida fôr tal, que invalide a apresentada perante aquelas autoridades. A lei não quer que prevaleça o arbítrio, mas a justiça. (DIÁRIO DA JUSTIÇA, 1945, p. 3425, grifo nosso)

Considerando tais fundamentos, passou-se ao exame das peculiaridades do caso. Castro Nunes ponderou, nesse aspecto, que o embargante – servidor demitido – era *um funcionário de péssimos precedentes* [16 punições disciplinares anteriores], como comprovado nos autos. Diante dessa constatação, concluiu-se pela rejeição dos embargos, ao argumento de que não caberia afastar a penalidade de demissão.

Orozimbo Nonato, revisor, concordou com os fundamentos do ministro relator quanto ao alcance do controle judicial sobre a matéria:

Não entendo que deva o Poder Judiciário limitar-se a apreciar o ato administrativo do ângulo visual de legalidade extrínseca e não de seu mérito intrínseco, ou seja, de sua justiça ou injustiça. A essa tese jamais darei o meu invalioso apoio. Entendo, ao revés, que ao Poder Judiciário é que compete, principalmente, decidir o direito que a parte oponha à administração baseada em lei do país. Quem dirá se o ato foi justo ou injusto: a própria administração, acobertada por um inquérito formalmente perfeito, ou, ao cabo de contas, o Poder Judiciário? A minha resposta é que cabe ao Poder Judiciário, porque a êste compete, especificamente, resolver as pendências, as controvérsias que se ferem entre cidadãos ou entre o cidadão e o Estado. (DIÁRIO DA JUSTIÇA, 1945, p. 3426, grifo nosso)

Em contraposição ao argumento suscitado pelo Procurador Geral da República de que tal entendimento tornaria inócua a manifestação da Administração, já que só a sentença judicial diria se o ato era justo ou injusto, o ministro assim se posicionou:

O argumento é especioso. Tem aparência de procedente, mas aparência pura e não realidade; porque o argumento contrário é que se poderia retorcer contra S. Ex. Se, afinal, o inquérito administrativo é inexaminável no Judiciário, neste caso, teríamos dificuldade flagrante de trazer o caso ao Poder Judiciário, entendendo-se o direito já declarado administrativamente. *O Poder do Juiz apenas se limitaria a homologar a decisão administrativa, pelas formalidades extrínsecas de um ato emanado de outro Poder. Isto é que importaria mutilação do Poder Judiciário; isto é que não tem assento em lei em doutrina.* E o eminente constitucionalista, Ministro Castro Nunes, acaba de demonstrar que a tese verdadeira é a que nós propugnamos; o que ao Judiciário é defeso é decidir da oportunidade e conveniência. *Não pode o Juiz determinar que tal funcionário preste êste ou aquêle serviço, mas pode e deve corrigir os excessos, injustiças porventura perpetradas por essa Administração contra o direito do funcionário.* (DIÁRIO DA JUSTIÇA, 1945, p. 3426, grifo nosso)

Concluindo seu voto, o ministro Orozimbo Nonato destaca que o Poder Executivo, exatamente por não exercer função judicante, não pode,

ainda que baseado em provas formalmente perfeitas, decretar, *em última análise*, em *ultima ratio*, que teve razão o Estado ou o funcionário. Essa competência será atribuída ao Judiciário. (DIÁRIO DA JUSTIÇA, 1945, p. 3426, grifo nosso)

Com efeito, o servidor demitido pode provocar o Judiciário, o qual deve, para julgar, *"pesar as provas, rastreá-las e sopesá-las"*, e, por conseguinte, necessitará verificar se a motivação do ato administrativo é justa ou injusta (DIÁRIO DA JUSTIÇA, 1945, p. 3426, grifo nosso).

Todavia, quanto ao exame das questões fáticas dos autos, o ministro Orozimbo Nonato discordou do relator, Castro Nunes. Para aquele, o fato de o servidor ter sido apenado diversas vezes no âmbito administrativo não o torna eternamente culpado, a par de que havia provas produzidas nos autos da ação ordinária que contrariavam as produzidas no inquérito administrativo e, consequentemente, a dúvida deveria beneficiar o servidor. Assim, o voto acolheu os embargos para reconhecer que a sanção adequada seria a suspensão e não a demissão (DIÁRIO DA JUSTIÇA, 1945, p. 3426).

O ministro Filadelio Azevedo, no entanto, discordou da tese sustentada pelo relator e revisor, ao argumento de que a ação judicial em matéria disciplinar apenas poderia ser manejada em casos excepcionais, "excluído, portanto, o campo de conveniência

e oportunidade de penas" (DIÁRIO DA JUSTIÇA, 1945, p. 3426).
Eis o fundamento apresentado pelo magistrado:

> [...] *data venia*, não posso sobrepor meu critério porventura mais benigno, para considerar, por exemplo, que o funcionário A ou B mereceu, em vez de certa punição, uma outra, eis que também poderia encontrar colegas que fôssem mais rigorosos e que entendessem de maneira oposta. (DIÁRIO DA JUSTIÇA, 1945, p. 3426)

Seja como for, concordou-se com a conclusão do voto do relator, já que este acabou por rejeitar os embargos.

O ministro Goulart de Oliveira acompanhou o voto do ministro Orozimbo Nonato, acolhendo os embargos (DIÁRIO DA JUSTIÇA, 1945, p. 3426).

Ao rejeitá-los, o ministro Valdemar Falcão reiterou o posicionamento de que é possível o Judiciário avaliar as provas do processo administrativo, entretanto, em razão de a prova produzida na ação ordinária não ser inequívoca, descaberia outra solução senão a de reconhecer a legitimidade do ato de demissão (DIÁRIO DA JUSTIÇA, 1945, p. 3426).

O ministro José Linhares reafirmou sua posição no sentido de que o inquérito administrativo "está fora de qualquer exame, desde que esteja formalizado; desde que se cumpram as determinações legais sôbre o processo administrativo, não deve o Judiciário indagar da justiça ou injustiça da decisão" (DIÁRIO DA JUSTIÇA, 1945, p. 3427).

O ministro Laudo de Camargo recebeu os embargos (DIÁRIO DA JUSTIÇA, 1945, p. 3426), acompanhando, portanto, o ministro Orozimbo Nonato.

Dessa forma, a despeito de os embargos à apelação cível terem sido rejeitados, *firmou-se a tese, pela maioria dos membros da Suprema Corte, de que o controle jurisdicional do ato disciplinar, absolutamente, não se limita a aspectos meramente formais.*

Leal (1946), ao comentar esse acórdão, ressaltou a mudança de posicionamento do Supremo Tribunal Federal, o qual entendia, até então [1944], que o controle pelo Judiciário dos atos disciplinares era limitado a aspectos formais do inquérito instaurado pela Administração:

> Rompeu, entretanto, a egrégia Côrte, esta sua tradição, afirmando, em reunião plenária, os princípios opostos: *admitindo, portanto, que o*

Judiciário reexamine a prova do inquérito e possa contrapor-lhe novas provas produzidas em juízo. (LEAL, 1946, p. 71, grifo nosso)

O jurista parte da própria Constituição então em vigor para chegar à conclusão de que inexiste aspecto discricionário no ato que impõe sanção a servidor público, uma vez que esta só pode ser aplicada após processo administrativo, o qual, por decorrência lógica, deve apurar se alguma coisa existiu, ou seja, se o fato previsto na norma ocorreu. Não há espaço para discricionariedade (LEAL, 1946, p. 74). Ao comparar a extensão do controle jurisdicional dos atos administrativos em geral com o ato sancionador disciplinar, Leal (1946) questiona:

> *Se pode o Judiciário discutir matéria de prova, admitindo provas novas em contrário, no exame dos atos administrativos em geral, porque não o poderia no exame dos atos de demissão, se uns e outros são atos não discricionários, são atos 'vinculados'?.* (LEAL, 1946, p. 74, grifo nosso)

O próprio autor tece as considerações sobre a matéria. Primeiro, lembra que somente os atos discricionários limitariam a ação do controle jurisdicional, o que não ocorre no caso de demissão de servidor público. Segundo, destaca que o exame do processo disciplinar por parte do Judiciário não reduz as duas formas de demissão do servidor público a uma só, pois, por sentença, o exame judicial dos fatos precede o ato de demissão, enquanto que o controle jurisdicional do ato administrativo sancionador é posterior à sanção. A respeito, leciona, ainda:

> *Nunca se alegou que qualquer outro ato administrativo, por estar sujeito ao exame ulterior do Judiciário, haja deixado, por êsse motivo, de ser ato administrativo e se tenha transformado em ato judicial.* (LEAL, 1946, p. 79, grifo nosso)

Francisco Campos (1943), do mesmo modo e na mesma época, discorreu sobre a motivação do ato de demissão dos agentes públicos, apontando para o caráter de vinculação do ato sancionador:

> Para ser legítima, a demissão há de ser motivada, deve ter uma causa, ou razão, ou motivos determinantes e, precisamente, uma razão independente da vontade dos governantes, ou seja uma causa justa ou motivo de interêsse público, isto é, de *natureza objetiva* e da

ordem dos motivos ou razões por fôrça dos quais se legitimam os atos da administração. Ora, o ato para o qual a lei exige um motivo determinante *não é um ato livre ou discricionário*, tendo, ao revés, a sua validade e a sua eficácia condicionadas pela existência do motivo. Se o motivo não é o que a lei especifica, claro que o ato deixa de ser legítimo, válido ou lícito.

A validade de um ato, para cuja prática a lei preceitua a exigência de um motivo determinante, deve ser apreciada em face do motivo e só poderá ser tido por válido ou eficaz na medida em que o motivo real do ato coincide com o motivo que a lei lhe dá como fundamento ou pressuposto da sua legitimidade. (CAMPOS, F., 1943, p. 87-88, grifo nosso)

Coligir as provas colhidas no processo administrativo disciplinar com vistas a verificar a ocorrência do motivo legal previsto como causa da sanção constitui, portanto, avaliação que não demanda um juízo discricionário do julgador, razão pela qual o controle jurisdicional não compromete a divisão de funções entre os órgãos Executivo e Judiciário.[112]

A partir dos votos apresentados nos autos dos embargos à Apelação Cível nº 7.307, como também das lições de Vítor Nunes Leal e Francisco Campos, constata-se que não cabe sustentar limites ao controle jurisdicional das sanções disciplinares com base na tese de que se estaria diante de ato administrativo discricionário. Daí a plena revisão judicial do processo administrativo disciplinar, cujas provas avaliadas pela Administração são, por conseguinte, passíveis de reexame pelo Judiciário.

Tais conclusões poderiam, a princípio, levar ao questionamento da utilidade e pertinência do foco da presente pesquisa. Contudo, as lições expostas na decisão do Supremo Tribunal Federal ou são ignoradas ou mal interpretadas por boa parte da jurisprudência dos dias atuais. A temática focalizada neste trabalho é revigorada diante dessa situação.

---

[112] Fagundes (1952, p. 15) deixa claro qual a finalidade do processo administrativo disciplinar: "O processo administrativo se destina a fazer apurar o motivo do ato, e somente isto. É apenas um processo especial por que se indaga, em caso determinado (funcionário com estabilidade), se ocorre, ou não, causa legalmente capaz de autorizar a dispensa do serviço público. Se constatado motivo legal o funcionário é demitido; se não constatado, permanece nos quadros da Administração. Não se tem em mira apurar um motivo qualquer, que se possa haver, a juízo do administrador, como razoável ou desarrazoado para autorizar a demissão. O que se indaga, coligindo provas, é se ocorreu um motivo predeterminado na lei como capaz de autorizar a demissão".

5.2 Exame de decisões judiciais recentes

Não se pretende apresentar, de modo exaustivo, a jurisprudência sobre o controle jurisdicional das sanções disciplinares, mas, sim, demonstrar que o posicionamento de decisões judiciais recentes requer um estudo sobre o tema. Para tanto, cumpre analisar precedentes acerca de três pontos fundamentais do presente trabalho: discricionariedade administrativa; conceitos jurídicos indeterminados; e devido processo legal.

5.2.1 Precedentes sobre discricionariedade administrativa e regime jurídico disciplinar

O Supremo Tribunal Federal, ao julgar o Mandado de Segurança nº 20.999-2, reconheceu que há aspectos discricionários no ato que impõe sanção disciplinar a servidor público. A ementa do julgado é clara nesse sentido:

> A pertinência jurídica do mandado de segurança, em tais hipóteses, justifica a admissibilidade do controle jurisdicional sobre a legalidade dos atos punitivos emanados da Administração no concreto exercício do seu poder disciplinar. *O que os juízes e Tribunais somente não podem examinar nesse tema, até mesmo como natural decorrência do princípio da separação de poderes, são a conveniência, a utilidade, a oportunidade e a necessidade da punição disciplinar.*
> Isso não significa, porém, a impossibilidade de o Judiciário verificar se existe, ou não, causa legítima que autorize a imposição da sanção disciplinar. O que se lhe veda, nesse âmbito, é, tão-somente, *o exame do mérito da decisão administrativa, por tratar-se de elemento temático inerente ao poder discricionário da Administração Pública.*[113] (grifo nosso)

Apesar de o relator reconhecer que ao Judiciário, no exame da legalidade da sanção disciplinar, cabe "perquirir a existência do

---

[113] BRASIL. Supremo Tribunal Federal. Tribunal Pleno. Mandado de Segurança nº 20.992-2. Relator: Ministro Celso de Mello. *Diário da Justiça*, 25 maio 1990. Disponível em: http://www.stf.gov.br/jurisprudencia/nova/pesquisa.asp. Acesso em: 21 mar. 2007.

fato ou de sua adequação à previsão legal",[114] firmou-se a posição de que remanescem no campo disciplinar aspectos discricionários. Ocorre que não há, no voto condutor do acórdão, a explicitação detalhada do que consistiria esse mérito administrativo. Aliás, fez-se referência ao acórdão proferido nos autos dos Embargos à Apelação nº 7307 (apresentado no tópico anterior a este), *esquecendo-se, porém, de que, apesar de os embargos não terem sido acolhidos, a tese firmada, pela maioria, foi no sentido da ampla revisão judicial dos atos disciplinares*. Trecho do voto do ministro Castro Nunes, proferido à época, é claro nesse sentido. Tolere-se a repetição:

> Não são, portanto, somente os aspectos formais do ato que autorizam o exame judicial. Essa limitação só existe em se tratando de ato discricionário, *que não poderá ser o de punição disciplinar do funcionário ou a sua destituição nos casos em que esta só se autoriza mediante inquérito administrativo*. (LEAL, 1946, p. 76, grifo nosso)

Em 2002, contudo, ao julgar o Recurso Ordinário em Mandado de Segurança nº 24.256-0, o Supremo Tribunal Federal novamente manifestou-se sobre o tema: "impossibilidade de substituição da pena imposta sem reexame do *mérito do ato administrativo*, providência vedada *ao Poder Judiciário*"[115] (grifo nosso). Note-se que a despeito de as duas decisões citadas terem sido proferidas nos autos de mandado de segurança,[116] a tese de que haveria aspecto discricionário na sanção disciplinar é reconhecida independentemente da peculiaridade da via processual adotada.

Tal entendimento vem sendo reiterado pela Suprema Corte por meio de decisões monocráticas. É o que ocorreu nos autos do mandado de segurança impetrado por servidor demitido do serviço público, cujo recurso ordinário foi apreciado pelo Supremo Tribunal Federal:

---

[114] BRASIL. Supremo Tribunal Federal. Tribunal Pleno. Mandado de Segurança nº 20.992-2. Relator: Ministro Celso de Mello. *Diário da Justiça*, 25 maio 1990. Disponível em: http://www.stf.gov.br/jurisprudencia/nova/pesquisa.asp. Acesso em: 21 mar. 2007.

[115] BRASIL. Supremo Tribunal Federal. Recurso Ordinário em Mandado de Segurança nº 24.256-0. Relator: Ministro Ilmar Galvão. *Diário da Justiça*, 18 out. 2002. Disponível em: http://www.stf.gov.br/jurisprudencia/nova/pesquisa.asp. Acesso em: 21 abr. 2007.

[116] Os recursos extraordinários em autos de ação ordinária que versam sobre o tema não chegam a ser conhecidos em razão de requisitos de admissibilidade.

Cumpre advertir, de outro lado, ao contrário do que postula o ora recorrente, que *não assiste*, ao *Poder Judiciário, sob pena de transgressão ao postulado constitucional da separação de poderes*, competência para incursionar na esfera do *mérito administrativo*, com o objetivo 'de aferir o grau de conveniência e oportunidade' dos atos e deliberações da Administração Pública, como corretamente assinalou o E. Superior Tribunal de Justiça, no acórdão ora recorrido (fls. 384): *'Em relação ao controle jurisdicional do processo administrativo, impõe-se esclarecer que a atuação do Poder Judiciário circunscreve-se ao campo da regularidade do procedimento, bem como à legalidade do ato demissório, sendo-lhe defesa qualquer incursão no mérito administrativo a fim de aferir o grau de conveniência e oportunidade'* (grifei).

O acórdão em questão – é importante assinalar – ajusta-se, no ponto, à orientação jurisprudencial que os Tribunais firmaram na matéria em análise (RTJ 49/621 – RTJ 79/318 – RTJ 131/1101-1102 – RDA 130/186 – RF 229/221 – RF 231/210 – RF 235/199), reconhecendo, expressamente, que, nesse tema, os juízes e Tribunais somente não podem examinar a utilidade, a oportunidade e a necessidade da punição disciplinar (RTJ 100/1381).[117] (grifo nosso)

O argumento de que a separação de poderes limitaria o controle judicial acerca das sanções disciplinares significa o reconhecimento da existência de discricionariedade administrativa na função administrativa disciplinar. Permanece, no entanto, a questão não enfrentada no *decisum:* em que, exatamente, consistiria tal discricionariedade? Fica a impressão de que o simples fato de o ato administrativo ser disciplinar limitaria o respectivo controle jurisdicional, o que ofende o princípio da unicidade da jurisdição (art. 5º, XXXV, da Constituição da República). Ademais, não se pode ignorar que tal ato possui conteúdo sancionador, atraindo outros comandos constitucionais a indicar o seu caráter vinculado.[118]

Não obstante, manifestações do Superior Tribunal de Justiça seguem o mesmo entendimento da Suprema Corte:

4. Ao Poder Judiciário só é permitido indagar sobre a legalidade ou não do ato de demissão, *vedado qualquer pronunciamento sobre a conveniência, oportunidade, eficiência ou justiça da medida.*

---

[117] BRASIL. Supremo Tribunal Federal. Recurso em Mandado de Segurança nº 25.574. Relator: Ministro Celso de Mello. *Diário da Justiça*, 16 jun. 2006. Disponível em: http://www.stf.gov.br/jurisprudencia/nova/jurisp.asp. Acesso em: 21 abr. 2007.

[118] O Capítulo 3 deste trabalho – "Regime jurídico disciplinar" – procurou demonstrar os princípios, de estatura constitucional, que devem ser obedecidos na função administrativa disciplinar.

5. Segurança denegada.[119] (grifo nosso)

No teor do voto, o ministro Edson Vidigal afirma: "a punição administrativa, é certo, está sujeita à discricionariedade do administrador".[120]
E mais:

> 3. "Ao motivar a imposição da pena, *o administrador não se está despojando da discricionariedade que lhe é conferida em matéria disciplinar*. Está, apenas, legalizando essa discricionariedade, *visto que a valoração dos motivos é matéria reservada privativamente à sua consideração, sem que outro Poder possa rever o mérito de tais motivos*. O próprio Judiciário deter-se-á no exame material e jurídico dos motivos invocados, sem lhes adentrar a substância administrativa". (BRASIL, 2004 apud MEIRELLES, 1998, p. 111-112)
> 4. Ordem denegada.[121] (grifo nosso)

> *O Poder Judiciário, no que diz respeito ao controle jurisdicional do processo administrativo, está limitado ao exame da regularidade do procedimento; à observância dos princípios da legalidade e da moralidade, sendo inviável qualquer discussão acerca do próprio mérito administrativo.*
> Não se constataram as nulidades apontadas no presente mandamus.
> Ordem denegada.[122] (grifo nosso)

> *I – Em relação ao controle jurisdicional do processo administrativo, a atuação do Poder Judiciário circunscreve-se ao campo da regularidade do procedimento, bem como à legalidade do ato demissionário, sendo-lhe defesa qualquer incursão no mérito administrativo a fim de aferir o grau de conveniência e oportunidade.*
> [...]
> VI – Ordem denegada.[123] (grifo nosso)

---

[119] BRASIL. Superior Tribunal de Justiça. Mandado de Segurança nº 7409. Relator: Ministro Edson Vidigal. *Diário da Justiça*, 04 fev. 2002. Disponível em: http://www.stj.gov.br/SCON/. Acesso em: 21 abr. 2007.

[120] BRASIL. Superior Tribunal de Justiça. Mandado de Segurança nº 7409. Relator: Ministro Edson Vidigal. *Diário da Justiça*, 04 fev. 2002. Disponível em: http://www.stj.gov.br/SCON/. Acesso em: 21 abr. 2007.

[121] BRASIL. Superior Tribunal de Justiça. Mandado de Segurança nº 7268. Relator: Ministro Hélio Quaglia Barbosa. *Diário da Justiça*, 13 dez. 2004. Disponível em: http://www.stj.gov.br/SCON/. Acesso em 21 abr. 2007.

[122] BRASIL. Superior Tribunal de Justiça. Mandado de Segurança nº 9942. Relator: Ministro José Arnaldo da Fonseca. *Diário da Justiça*, 21 mar. 2005. Disponível em: http://www.stj.gov.br/SCON/. Acesso em: 21 abr. 2007.

[123] BRASIL. Superior Tribunal de Justiça. Mandado de Segurança nº 10.055. Relator: Ministro Gilson Dipp. *Diário da Justiça*, 22 ago. 2005. Disponível em: http://www.stj.gov.br/SCON/. Acesso em: 21 abr. 2007.

1 – A regularidade do processo administrativo disciplinar deve ser apreciada pelo Poder Judiciário sob o enfoque dos princípios da ampla defesa, do devido processo legal e do contraditório, não estando autorizado a incursionar no chamado mérito administrativo.
[...]
4 – Ordem denegada.[124] (grifo nosso)

2. De acordo com a jurisprudência pacífica desta Corte, compete ao Poder Judiciário apreciar apenas a regularidade do processo administrativo disciplinar, à luz dos princípios do contraditório, da ampla defesa e do devido processo legal, sendo vedada qualquer interferência no mérito administrativo.
3. Recursos ordinários não-conhecidos.[125] (grifo nosso)

4. Ao Poder Judiciário cabe apreciar a regularidade do processo disciplinar quanto às exigências legais e aos princípios do contraditório e da ampla defesa, não lhe competindo aferir o mérito administrativo na aplicação da penalidade, porquanto relacionado a parâmetros de conveniência, oportunidade e justiça, principalmente no que se refere à imputação de determinada conduta ao acusado.
5. Recurso ordinário improvido.[126] (grifo nosso)

Há decisões de Tribunais Regionais Federais que estão em sintonia com o entendimento acima:

VI. A jurisprudência, quanto ao controle jurisdicional do processo administrativo disciplinar, é firme no sentido de que compete ao Poder Judiciário apreciar a regularidade do procedimento, à luz dos princípios do contraditório, ampla defesa e do devido processo legal, sem, contudo, adentrar no mérito do ato administrativo.
VII. Inviável, portanto, é a apreciação da alegação de que a pena fixada foi excessivamente grave, desproporcional ao fato, porquanto o seu exame requisita, necessariamente, a revisão da classificação, pelos Conselhos Regional e Federal de Farmácia, do ocorrido como "motivo de falta grave", com a conseqüente incursão sobre o mérito do julgamento administrativo, estranhos ao âmbito de cabimento do mandamus e à competência do Poder Judiciário.

---

[124] BRASIL. Superior Tribunal de Justiça. Mandado de Segurança nº 11.309. Relator: Ministro Paulo Gallotti. *Diário da Justiça*, 16 out. 2006. Disponível em: http://www.stj.gov.br/SCON/. Acesso em: 21 abr. 2007.

[125] BRASIL. Superior Tribunal de Justiça. Recurso Ordinário em Mandado de Segurança nº 10.233. Relator: Ministra Maria Thereza de Assis Moura. *Diário da Justiça*, 12 fev. 2007. Disponível em: http://www.stj.gov.br/SCON. Acesso em: 21 abr. 2007.

[126] BRASIL. Superior Tribunal de Justiça. Recurso Ordinário em Mandado de Segurança nº 20.537. Relator: Ministro Arnaldo Esteves Lima. *Diário de Justiça*, 23 abr. 2007. Disponível em: http://www.stj.gov.br/SCON/. Acesso em: 28 abr. 2007.

VIII. Na verdade, eventual incursão no mérito do ato administrativo só se justificaria diante de abuso ou desvio de poder, o que não restou configurado nesta ação.
IX. Apelação desprovida.[127] (grifo nosso)

1. Cabe ao Judiciário apenas efetuar o exame da legalidade e da regularidade do procedimento administrativo disciplinar que aplicou a penalidade de suspensão de 5 dias ao apelante, sendo vedado a reapreciação do mérito da sanção imposta. Indagar acerca da possibilidade de aplicação de pena mais branda implica adentrar ao mérito do ato administrativo, o que não é possível, mesmo porque a pena de advertência não é pressuposto para aplicação da pena de suspensão (art. 130 da Lei 8.112/90), eis que a imposição da penalidade mais grave dependerá da gravidade da conduta praticada pelo servidor, conforme os critérios da conveniência e oportunidade da Administração.
2. Uma vez atendidos os princípios constitucionais do contraditório e da ampla defesa (art. 5, LV, da CF) no transcurso de todo o processo disciplinar, aliado a existência de decisão devidamente fundamentada que aplicou a referida sanção ao apelante, não há que se falar em revisão do ato.
[...]
4. Apelação parcialmente provida.[128] (grifo nosso)

- Em relação ao controle jurisdicional do processo administrativo, a atuação do Poder Judiciário circunscreve-se ao campo da regularidade do procedimento, bem como à legalidade do ato administrativo, sendo-lhe defeso qualquer incursão no mérito administrativo a fim de aferir o grau de conveniência e oportunidade.
[...]
- Apelação e remessa oficial providas.[129] (grifo nosso)

O Tribunal de Justiça de Minas Gerais também apresenta decisões que reconhecem a discricionariedade administrativa na função administrativa disciplinar:

Verificada a existência de procedimento administrativo regular, que gerou a exclusão de militar, torna-se patente a legalidade do ato

---

[127] BRASIL. Tribunal Regional Federal (3. Região). Apelação em Mandado de Segurança nº 2001.61.00.029724-5. Relator: Desembargadora Alda Basto. *Diário de Justiça*, 26 de abr. 2006. Disponível em: http://www.trf3.gov.br/juris/pesquisa. Acesso em: 21 abr. 2007.
[128] BRASIL. Tribunal Regional Federal (5. Região). Apelação Cível nº 2001.81.00.013778-9. Relator: Desembargador Paulo Machado Cordeiro. *Diário da Justiça*, 27 out. 2006. Disponível em: http://www.trf5.gov.br/atenas/index.jsp. Acesso em: 21 abr. 2007.
[129] BRASIL. Tribunal Regional Federal (5. Região). Apelação Cível nº 2000.81.00.028899-4. Relator: Desembargador Francisco Wildo. *Diário da Justiça*, 30 maio 2006. Disponível em: http://www.trf5.gov.br/atenas/index.jsp. Acesso em: 21 abr. 2007.

administrativo, *sendo defeso ao Poder Judiciário adentrar no mérito para análise da conveniência, oportunidade, eficiência ou justiça do ato praticado, sob pena de substituir os veres próprios do administrador.* As instâncias administrativa e criminal são independentes, sendo possível aplicar punição administrativa mesmo quando o fato tenha propiciado a absolvição no juízo criminal.[130] (grifo nosso)

> *A competência do Poder Judiciário encontra-se circunscrita ao exame da legalidade e legitimidade do ato administrativo, dos eventuais vícios formais ou dos que atentem contra os postulados constitucionais frisados na inicial. A apreciação do ato discricionário do administrador público, quanto aos critérios de conveniência e oportunidade, é vedada ao juiz, que só pode analisá-lo sob o aspecto estrito de sua legalidade, da existência de abuso e da moralidade.* Demonstrado nos autos do Processo Administrativo Disciplinar que foi oportunizada à autora a ampla defesa com total ciência acerca dos fatos que lhe foram imputados, bem como a produção de prova que aprouvesse, somente não sendo realizadas as provas pela inércia da parte em requerê-las, não há se falar em ofensa ao disposto no artigo 5º, LV, da Constituição da República. Inexistindo cerceamento do direito de defesa no âmbito administrativo, *não padece de nulidade o Processo Administrativo Disciplinar, não cabendo a modificação de sua conclusão, sob pena exorbitar o limite da análise do Poder Judiciário, alcançando o mérito administrativo.*[131] (grifo nosso)

Em todas as decisões transcritas é reconhecida a tese de que existe discricionariedade administrativa na imposição de sanção disciplinar. Consequência natural dessa posição é a limitação do controle jurisdicional dos atos sancionadores.

Todavia, em todos os acórdãos, não se vê um exame aprofundado sobre a questão, motivo pelo qual se afirmou, no tópico anterior, que a decisão emanada, nos idos de 1944, pelo Supremo Tribunal Federal (Embargos à Apelação Cível nº 7037), está esquecida.

Esquecido, do mesmo modo, o regime jurídico disciplinar, o qual revela uma série de princípios que devem ser obedecidos pelo administrador quando da condução e julgamento de processos administrativos disciplinares.

---

[130] MINAS GERAIS. Tribunal de Justiça do Estado. Comarca de Belo Horizonte. Apelação Cível. Reexame Necessário nº 1.0024.02.830870-8/001. *Diário da Justiça*, 01 abr. 2005. Disponível em: http://www.tjmg.gov.br/juridico/jt/. Acesso em: 21 abr. 2007.
[131] MINAS GERAIS. Tribunal de Justiça do Estado. Comarca de Ipatinga. Apelação Cível. Reexame Necessário n. 1.0313.05.162546-2/001. Relator: Desembargador Armando Freire. *Diário da Justiça*, 29 set. 2006. Disponível em: http://www.tjmg.gov.br/juridico/jt/. Acesso em: 21 abr. 2007.

A despeito dos posicionamentos até agora retratados, existem decisões judiciais que "amenizam" o impacto da tese da discricionariedade administrativa, reconhecendo ao Judiciário o dever de exame do motivo do ato administrativo e a anulação de excessos na dosagem da sanção disciplinar. Decisão proferida nos autos do Mandado de Segurança nº 10.827/DF ilustra o que se acaba de afirmar:

> 6. *A punição administrativa há de se nortear, porém, segundo o princípio da proporcionalidade, não se ajustando à espécie a pena de demissão, ante a insignificância da conduta do agente, consideradas as peculiaridades verificadas.*
> 7. Segurança concedida em parte para o fim específico de anular-se a Portaria n. 469, de 29 de março de 2005, que demitiu o impetrante do cargo de Policial do Departamento de Polícia Rodoviária Federal do Ministério da Justiça, sem prejuízo de eventual apenamento menos gravoso, pelas infrações disciplinares detectadas, a partir do procedimento administrativo disciplinar instaurado.[132] (grifo nosso)

O ministro Hélio Quaglia Barbosa, relator, destacou que as peculiaridades do caso sustentariam o controle jurisdicional acerca da sanção disciplinar imposta ao impetrante, uma vez que a penalidade máxima – demissão – não seria a adequada. Eis a palavras do magistrado:

> Ocorre que, consoante dos autos emana, a conduta ilícita do servidor resultou em prejuízo aos cofres públicos de aproximadamente R$36,80 (trinta e seis reais e oitenta centavos); ressalte-se que a partir da documentação acostada aos autos, não se tem notícia da prática de outras condutas irregulares que pudessem interferir na convicção de que se trata de servidor público possuidor de bons antecedentes, o qual, aliás, servia na Delegacia da Polícia Rodoviária Federal de Dourados, Mato Grosso do Sul, segundo reconhecida, inclusive pela imprensa e pelo Ministério Público Federal (fls. 48 e segs.), uma das mais eficientes no combate ao roubo de veículos e de cargas, ao tráfico de entorpecentes e ao contrabando e descaminho.[133]

---

[132] BRASIL. Superior Tribunal de Justiça. Mandado de Segurança nº 10.827. Relator: Ministro Hélio Quaglia Barbosa. *Diário da Justiça*, 06 fev. 2006. Disponível em: http://www.stj.gov.br/SCON/. Acesso em: 21 abr. 2007.

[133] BRASIL. Superior Tribunal de Justiça. Mandado de Segurança nº 10.827. Relator: Ministro Hélio Quaglia Barbosa. *Diário da Justiça*, 06 fev. 2006. Disponível em: http://www.stj.gov.br/SCON/. Acesso em: 21 abr. 2007.

Considerando tais fatos, bem como o que dispõe o art. 128 da Lei nº 8.112/90,[134] o ministro relator reconheceu que a pena de demissão não se justificava. Concedeu-se, então, parcialmente, a segurança para que fosse anulado o ato de demissão.

Já nos autos do Recurso Ordinário em Mandado de Segurança nº 19.774/SC, o Superior Tribunal de Justiça deu parcial provimento ao recurso para anular o ato de demissão, considerando a ausência de prejuízo ao erário e a não comprovação de que o servidor agira dolosamente. Daí a inadequação da pena máxima. Ao proferir voto-vista, o ministro Felix Fischer destacou:

> Considerando, pois, *a ausência da comprovação do dolo, bem como da inexistência de lesão ao erário*, como ressaltado pela própria decisão que aplicou a pena de demissão ao recorrente (fl. 40), e amparado no princípio da proporcionalidade, acompanho o eminente relator para dar provimento ao recurso, com a concessão parcial da ordem.[135] (grifo nosso)

Percebe-se, pelos posicionamentos apresentados nos dois julgados do Superior Tribunal de Justiça, que o princípio da individualização da pena e a adequação da sanção às peculiaridades fáticas viabilizaram o amplo controle jurisdicional.

Há, do mesmo modo, decisões de Tribunais Regionais Federais que atenuam a tese da limitação do controle jurisdicional no campo disciplinar. É o que ocorreu nos autos da Apelação Cível nº 374933/PE, nos quais o Tribunal Regional Federal da 5ª Região confirmou sentença que anulou ato de demissão de servidor público. Para tanto, o voto condutor do acórdão asseverou que não havia indícios de que o servidor tinha consciência da prática de ato ilícito, até porque havia fundadas dúvidas a respeito do procedimento que deveria ser adotado quanto à prestação de contas de certos recursos financeiros. Frisou-se, ainda:

> Merece relevo, igualmente, o fato de que o servidor integra o quadro daquela instituição [CEFETE/PE] há mais de 26 (vinte e seis) anos, sem que conste de seus assentamentos funcionais a prática de qualquer infração administrativa. Este fato, ao que parece, não foi considerado

---

[134] A propósito do art. 128 da Lei nº 8.112/90, ver Capítulo 3.
[135] BRASIL. Superior Tribunal de Justiça. Recurso Ordinário em Mandado de Segurança nº 19.774. Relator: Ministro José Arnaldo da Fonseca. *Diário da Justiça*, 12 dez. 2005. Disponível em: http://www.stj.gov.br/SCON/. Acesso em: 21 abr. 2007.

pela autoridade que lhe aplicou a pena de demissão, a despeito de o recorrido apenas ter permanecido seis meses no cargo de Diretor da Sede, período a que se referem às aludidas práticas ilícitas.[136]

A despeito de não ter sido feita referência à Teoria da Adequabilidade Normativa, tanto na decisão acima, quanto na que se passa a comentar fica evidenciado que suas lições foram consideradas, especialmente mediante a análise cuidadosa das peculiaridades fáticas e a noção das normas *prima facie* aplicáveis.

Também no mesmo sentido, manifestou-se o Tribunal Regional Federal da 1ª Região, ao negar provimento à Apelação Cível nº 2001.33.00.006651-3/BA. A sentença recorrida anulou o ato que cassou a aposentadoria de servidor público observando, em síntese, o seguinte:

> *Quanto à alegação de que o autor não teria observado as normas legais e regulamentares, não comprovou o INSS que o mesmo e os demais fiscais tinham conhecimento dos atos normativos pertinentes, bem como que eles eram adequadamente treinados para o exercício de suas atribuições, sendo mais convincentes as informações prestadas às fls.* 124/125, *no sentido de que o demandante observou as referidas normas, examinou toda a documentação que exigiu e lhe foi apresentada pela empresa e entregou à Gerência de Arrecadação e Fiscalização todos os documentos referentes à fiscalização realizada, pois, se assim não tivesse procedido, a fiscalização não teria sido considerada concluída pelo seu superior hierárquico.*
> Por outro lado, conforme salientado às fls. 120, item 3, se ao autor foi imposta a penalidade máxima de cassação de aposentadoria, nenhuma pena foi aplicada ao Auditor Fiscal Walter de Carvalho, que realizou a refiscalização e também cometeu erros consideráveis, *nada justificando tratamento desigual dado pelo INSS aos dois servidores que se encontravam em situação equivalente (ambos efetivaram fiscalizações que foram posteriormente consideradas defeituosas)*
> Cabe ressaltar, ainda, que *inexistiu prejuízo efetivo para o INSS*, já que este ainda poderá constituir o crédito tributário em questão, se ainda não o fez, no enorme prazo concedido pelo art. 45 da Lei nº 8.212/91, cobrando-o, em seguida, pelas vias processuais adequadas. Se ainda não houve prejuízo real para o INSS, também não se pode falar que houve proveito para a empresa Transportes São Salvador S/A e, muito menos, que o autor valeu-se do cargo para lograr proveito a contribuinte da Previdência Social.
> A conduta prevista no art. 117, IX, da Lei nº 8.112/90 ('valer-se do cargo para lograr proveito pessoal ou de outrem, em detrimento da dignidade da função pública'), que motivou a cassação da aposentadoria do autor, é

---

[136] BRASIL. Tribunal Regional Federal (5. Região). Apelação Cível nº 2004.83.00.004604-2. Relator: Desembargador Francisco Wildo. *Diário de Justiça*, 19 jan. 2006. Disponível em: http://www.trf5.gov.br/atenas/index.jsp. Acesso em: 22 abr. 2007.

necessariamente dolosa e, nos autos do processo administrativo, *não ficou apurada a existência de dolo, sendo oportuno salientar que não há provas concretas de que o mesmo tenha atuado de maneira negligente durante a fiscalização, tendo sido constatada apenas a ocorrência de erros (inclusive de cálculo – conversão de moeda), equívocos e incorreções, ou seja, falhas humanas, que só deixariam de existir se o fiscal fosse substituído por uma máquina.*[137] (grifo nosso)

Vê-se, nitidamente, que o juízo monocrático considerou o *princípio da culpabilidade* e o da *individualização da pena* para verificar o acerto ou não do ato administrativo disciplinar. Para tanto, foram determinantes a análise das peculiaridades fáticas bem como dos argumentos que foram aduzidos no curso do devido processo legal.

O mencionado Tribunal, por sua vez, apesar da alegação da União de que o Juízo *a quo* "teria ignorado os limites da prestação jurisdicional ao adentrar no mérito do ato administrativo", confirmou a mencionada sentença e destacou:

> Com efeito, *a pena administrativa aplicada deve guardar coerência com a prova dos autos e proporção com a natureza do ilícito administrativo praticado, bem como suas circunstâncias,* sem deixar, também, de *considerar a individualização da penalidade,* quando aplicada, *sob pena de vergastar os princípios da verdade material, da individualização da pena, da razoabilidade e da proporcionalidade,* também incidentes no processo administrativo disciplinar.[138](grifo nosso)

O controle jurisdicional acerca dos motivos dos atos administrativos, especialmente os que resultam em sanção ao servidor, foi, em outra oportunidade, reconhecido em um julgado do Tribunal Regional Federal da 2ª Região. Eis o trecho da ementa:

> III-) O Judiciário pode reexaminar o ato administrativo disciplinar sob o aspecto amplo da legalidade, ou seja para 'aferir-se a confirmação do ato com a lei escrita, ou, na sua falta, com os princípios gerais de

---

[137] BRASIL. Tribunal Regional Federal (1. Região). Apelação Cível nº 2001.33.00.006651-3. Relator: Desembargador Antonio Claudio Macedo da Silva. *Diário da Justiça*, 02 out. 2006. Disponível em: http://arquivo.trf1.gov.br/default.asp?processoX=200133000066513. Acesso em: 22 abr. 2007.

[138] BRASIL. Tribunal Regional Federal (1. Região). Apelação Cível nº 2001.33.00.006651-3. Relator: Desembargador Antonio Claudio Macedo da Silva. *Diário da Justiça*, 02 out. 2006. Disponível em: http://arquivo.trf1.gov.br/default.asp?processoX=200133000066513. Acesso em: 22 abr. 2007.

Direito' (Seabra Fagundes, 'O Controle dos Atos Administrativos pelo Poder Judiciário') e, para isto, é imperioso que examine o mérito da sindicância ou processo administrativo, que encerra o fundamento legal do ato, podendo verificar se a sanção imposta é legítima, adentrando-se no exame dos motivos da punição.

IV-) Resultado das provas dos autos, que são as mesmas produzidas no processo administrativo disciplinar e no processo criminal, *que o ato de demissão do servidor público carece de motivação compatível com o que se apurou, ante a ausência de elementos probatórios dos fatos imputados a ele, revela-se inválido o ato administrativo, mesmo porque a Comissão de Processo Disciplinar partiu de um pressuposto equivocado, que seria um endosso do cheque que não existiu.*[139] (grifo nosso)

Vê-se que a decisão não enfocou a questão em suposta discricionariedade administrativa, preservando-se, por conseguinte, o amplo controle jurisdicional sobre a matéria.

Dos precedentes analisados, fica evidenciada a tendência de se firmar a tese da discricionariedade administrativa no campo do controle jurisdicional das sanções disciplinares. Todavia, há decisões que focalizam outros aspectos, como o controle da motivação do ato administrativo e o controle do excesso da dosimetria da sanção aplicada.

Seja como for, o entendimento de que haveria aspecto discricionário na atividade administrativa sancionadora é recorrente em decisões judiciais. Neste trabalho, defende-se a tese de que tal entendimento viola o princípio da unicidade de jurisdição, além de ofender princípios elementares do regime jurídico disciplinar.

5.2.2 Precedentes sobre conceitos jurídicos indeterminados e regime jurídico disciplinar

A Lei nº 8.112/90 está repleta de conceitos jurídicos indeterminados, especialmente os que se referem às infrações funcionais, cuja aplicação, caso se admita a discricionariedade, seria imune ao reexame judicial.

---

[139] BRASIL. Tribunal Regional Federal (2. Região). Apelação Cível nº 2002.02.01.012232-5. Relator: Desembargador Antônio Cruz Netto. *Diário da Justiça*, 21 jan. 2006. Disponível em: http://www.trf2.gov.br/iteor/RJ0106210/1/40/74619.rtf. Acesso em: 22 abr. 2007.

O entendimento que defende a limitação do controle judicial no campo disciplinar, restringindo-o ao aspecto formal do respectivo processo administrativo, sem que se possa adentrar ao "mérito administrativo", parte da premissa de que o juízo de conveniência e oportunidade aplica-se aos conceitos jurídicos indeterminados.

Contudo, no capítulo anterior, demonstrou-se o equívoco da proposição que defende a existência de discricionariedade na aplicação de conceitos jurídicos indeterminados, especialmente quando em pauta decisão que põe termo a processo que apura a prática de ilícito e, por conseguinte, pode acarretar sanção.

Há duas decisões emanadas de Tribunais Superiores que discorrem sobre o tema no âmbito de processos administrativos que tratam da relação entre o servidor público e o Estado.

Uma delas julgou recurso ordinário em mandado de segurança interposto por servidor que fora exonerado do serviço público durante a avaliação de seu estágio probatório:

> I – Acarreta a nulidade do ato de exoneração a não observância do comando legal que impõe avaliações quadrimestrais mediante relatório circunstanciado.
> II – *Não atende a exigência de devida motivação imposta aos atos administrativos a indicação de conceitos jurídicos indeterminados, em relação aos quais a Administração limitou-se a conceituar o desempenho de servidor em estágio probatório como bom, regular ou ruim, sem, todavia, apresentar os elementos que conduziram a esse conceito.*
> Recurso ordinário provido.[140] (grifo nosso)

Na decisão fica claro que a Administração não atendeu ao requisito da suficiência da motivação, ou seja, não se apontou, concretamente, quais os fatos que teriam revelado a inaptidão do servidor em estágio probatório, motivo pelo qual se anulou a decisão administrativa. Coube, portanto, ao Judiciário, apreciar e controlar a utilização de conceitos jurídicos indeterminados pela Administração.

A outra decisão foi proferida pelo Supremo Tribunal Federal, ao julgar o Recurso Ordinário no Mandado de Segurança nº 24.699-9/DF:

---

[140] BRASIL. Superior Tribunal de Justiça. Recurso Ordinário em Mandado de Segurança nº 19.210. Relator: Ministro Felix Fischer. *Diário da Justiça*. 10 abr. 2006. Disponível em: https://ww2.stj.gov.br/revistaeletronica/. Acesso em: 23 abr. 2007.

2. A autoridade administrativa está autorizada a praticar atos discricionários apenas quando norma jurídica válida expressamente a ela atribuir essa livre atuação. *Os atos administrativos que envolvem a aplicação de "conceitos indeterminados" estão sujeitos ao exame e controle do Poder Judiciário.* O controle jurisdicional pode e deve incidir sobre os elementos do ato, à luz dos princípios que regem a atuação da Administração.[141] (grifo nosso)

O ministro Eros Grau, relator, observou que a discricionariedade decorre de previsão expressa da lei e não "da circunstância de serem ambíguos, equívocos ou suscetíveis de receberem especificações diversas os vocábulos usados nos textos normativos, dos quais resultam, por obra da interpretação, as normas jurídicas".[142]

Dessa forma, a Administração, diante da apuração de ilícito funcional, deverá verificar a correspondência dos fatos com a previsão da infração, a qual, em diversos momentos, expressa-se por meio de termos jurídicos indeterminados, sem que, para tal subsunção, seja autorizado o uso de juízo de conveniência ou oportunidade.

5.2.3 Precedentes sobre devido processo legal

A participação processual dos envolvidos e o exame pelo julgador dos argumentos por eles apresentados são indispensáveis na construção da decisão adequada. É justamente a cláusula do devido processo legal, na qual se inserem a ampla defesa e o contraditório, que impõe a efetividade dessa participação. Nesse contexto, a defesa técnica das partes é imprescindível. A propósito, lembra Carnelutti (2004):

O contraditório se desenvolve nos moldes de um diálogo, para cuja eficácia se necessita de uma certa *preparação técnica e de um certo domínio*

---

[141] BRASIL. Supremo Tribunal Federal. Recurso em Mandado de Segurança nº 24.699-9. Relator: Ministro Eros Grau. *Diário da Justiça*, 01 jul. 2005. Disponível em: http://www.stf. gov.br/jurisprudencia/nova/pesquisa.asp. Acesso em: 23 abr. 2007.
[142] BRASIL. Supremo Tribunal Federal. Recurso em Mandado de Segurança nº 24.699-9. Relator: Ministro Eros Grau. *Diário da Justiça*, 01 jul. 2005. Disponível em: http://www.stf. gov.br/jurisprudencia/nova/pesquisa.asp. Acesso em: 23 abr. 2007.

de si: duas qualidades das quais raramente as partes estão dotadas. Comumente, elas são inexperientes e estão dominadas pela paixão. Por isso, ao menos nos processos de mais importância, *as partes atuam por meio de certos técnicos aos quais dá-se o nome de defensores*. (CARNELUTTI, 2004, p. 93, grifo nosso)

Dessa maneira, aspecto relevante a ser examinado pelo Judiciário refere-se à necessidade ou não de nomeação de defensor dativo quando há defesa pessoal por parte do servidor. A jurisprudência no âmbito dos tribunais superiores não é pacífica.

O Superior Tribunal de Justiça entendia ser indispensável a nomeação de defensor dativo, mesmo que a defesa pessoal tenha sido produzida:

> 1. *É obrigatória a assistência de advogado constituído ou defensor dativo ao acusado, independentemente de defesa pessoal, tanto em processo judicial quanto em procedimento administrativo disciplinar, em obediência ao princípio constitucional da ampla defesa, expressamente previsto no art. 5.º, inciso LV, da Carta Magna.*
> Precedentes.
> 2. Recurso conhecido e provido para declarar a nulidade do processo administrativo, com a conseqüente anulação do ato que impôs a pena de demissão ao Recorrente, sem prejuízo de instauração de novo procedimento, com observância das formalidades legais.
> 3. Medica cautelar n.º 7.486/MT, em apenso, julgada prejudicada.[143]
> (grifo nosso)

> 2 – A Terceira Seção desta Corte, no julgamento do Mandado de Segurança nº 10.837/DF, em 28/6/2006, Relatora p/ acórdão a Ministra Laurita Vaz, ratificou o entendimento de que, não obstante a falta de expressa determinação no texto da Lei nº 8.112/90, *é indispensável a presença de advogado ou de defensor dativo na fase instrutória do processo administrativo disciplinar*.
> 3 – Ressalva do ponto de vista do Relator.
> 4 – Ordem concedida.[144] (grifo nosso)

---

[143] BRASIL. Superior Tribunal de Justiça. Recurso Ordinário em Mandado de Segurança nº 17.735. Relator: Ministra Laurita Vaz. *Diário da Justiça*, 05 fev. 2007. Disponível em: http://www.stj.gov.br/SCON/. Acesso em: 23 abr. 2007.

[144] BRASIL. Superior Tribunal de Justiça. Mandado de Segurança nº 10.160. Relator: Ministro Paulo Gallotti. *Diário da Justiça*, 11 dez. 2006. Disponível em: http://www.stj.gov.br/SCON/. Acesso em: 21 abr. 2007.

Já o Supremo Tribunal Federal entendeu que a nomeação de advogado, quando feita defesa pessoal, é dispensável no curso de processo administrativo disciplinar:

> EMENTA: Agravo regimental a que se nega provimento, porquanto não trouxe o agravante argumentos suficientes a infirmar os precedentes citados na decisão impugnada, no sentido de que, uma vez dada a oportunidade ao agravante de se defender, inclusive de oferecer pedido de reconsideração, *descabe falar em ofensa aos princípios da ampla defesa e do contraditório no fato de se considerar dispensável, no processo administrativo, a presença de advogado, cuja atuação, no âmbito judicial, é obrigatória*.[145] (grifo nosso)

Daí resultou a Súmula Vinculante nº 5 do STF, que dispõe: "A falta de defesa técnica por advogado no processo administrativo disciplinar não ofende a Constituição."

O entendimento da Suprema Corte deve, porém, ser interpretado com cautela. É que a consideração, por parte da Administração, dos argumentos do servidor público decorre do devido processo legal. Impõe-se, assim, ao julgador, a avaliação da produção de defesa técnica. Caso inexista, a ampla defesa restará comprometida (art. 5º, LV, Constituição da República) e, por conseguinte, caberá ao Judiciário reconhecer tal vício.

Luciano Ferraz (2001), ao analisar o dispositivo constitucional, destaca o significado dos princípios da ampla defesa e do contraditório, os quais compõem a cláusula do devido processo legal:

> Em primeiro lugar, é necessário esclarecer que os princípios do contraditório e da ampla defesa se completam. A ampla defesa sugere a extensão em que deve ser concebido o direito. O adjetivo ampla não quer significar irrestrita, mas indica que ao interessado é dado manifestar-se, desde que de maneira lícita, com plenitude no transcorrer do processo administrativo. O contraditório apresenta o meio, a forma com que se deve dar a manifestação da defesa, demonstrando a estrutura dialética das situações ativas e passivas em que se vê inserido o interessado ao longo do processo. (FERRAZ, L., 2001)

---

[145] BRASIL. Supremo Tribunal Federal. Agravo Regimental no Recurso extraordinário nº 244027. Relator: Ministro Gilmar Mendes. *Diário da Justiça*, 06 set. 2005. Disponível em: http://www.stf.gov.br/jurisprudencia/nova/pesquisa.asp. Acesso em: 24 abr. 2007.

Dessa maneira, a interpretação do art. 156 da Lei nº 8.112/90 deve considerar o disposto no art. 5º, LV,[146] da Constituição da República. Eis o dispositivo legal:

> Art. 156. É assegurado ao servidor o direito de acompanhar o processo *pessoalmente ou por intermédio de procurador*, arrolar e reinquirir testemunhas, produzir provas e contraprovas e formular quesitos, quando se tratar de prova pericial. (BRASIL, 1990, grifo nosso)

Em uma primeira leitura, poder-se-ia imaginar que a *defesa pessoal* do servidor supriria a indicação de defensor. Ocorre que, em consonância com o dispositivo constitucional pertinente (art. *5º, LV, da Constituição da República), desde que demonstrada a precariedade da defesa pessoal do servidor, torna-se indispensável a nomeação de defensor dativo, sob pena de nulidade do processo a partir da fase de instrução.*

Em consequência, a autoridade administrativa deve avaliar se a manifestação pessoal apresentada pelo indiciado, diante da complexidade das acusações, bem como das condições pessoais do servidor, *valeu-se dos recursos necessários para a efetiva contestação dos fatos contra ele imputados.*

Nesse sentido, mesmo após a edição da mencionada Súmula Vinculante, manifestou-se o STJ:

> MANDADO DE SEGURANÇA. PROCESSO ADMINISTRATIVO DISCIPLINAR. SERVIDOR PÚBLICO. POLICIAL RODOVIÁRIO FEDERAL. DEMISSÃO. TESTEMUNHA. OITIVA. DEFESA TÉCNICA. ADVOGADO. SÚMULA VINCULANTE Nº 5/ STF. ART. 156 DA LEI Nº 8.112/90. FACULDADE DO ACUSADO. CERCEAMENTO DE DEFESA. INOCORRÊNCIA. PRESCRIÇÃO. INOCORRÊNCIA.
>
> I – A garantia do direito à ampla defesa no processo administrativo disciplinar não abarca, necessariamente, o acompanhamento do indiciado por advogado ou defensor constituído, conforme a Súmula Vinculante n. 5/STF, o que, porém, não significa prescindibilidade de defesa técnica.

---

[146] "Art. 5º [...]
LV – aos litigantes, em processo judicial ou administrativo, e aos acusados em geral são assegurados o contraditório e ampla defesa, com os meios e recursos a ela inerentes" (BRASIL, 1988).

II – Por essa razão, se o acusado, valendo-se da faculdade que lhe outorga o art. 156, caput, primeira parte, da Lei nº 8.112/90, preferiu acompanhar a oitiva de testemunhas pessoalmente, sem a participação de advogado, não há que se falar em nulidade do processo administrativo disciplinar, se, na espécie, a parte acusada utilizou-se das prerrogativas inerentes ao contraditório e à ampla defesa para, efetivamente, defender-se tecnicamente.[147]

Cumpre observar que, no âmbito penal, a defesa deficiente, ou seja, aquela realizada de modo a prejudicar o réu, pode resultar na nulidade do processo. É o que dispõe o enunciado da Súmula nº 523/STF: "No processo penal, a falta de defesa constitui nulidade absoluta, mas a *sua deficiência* só o anulará se houver prova de prejuízo para o réu" (BRASIL, 1969, grifo nosso). Assim, a defesa realizada por advogado não revela, por si só, a existência de defesa técnica.

Nessa seara, a presença de advogado é indispensável, o que, nos processos administrativos disciplinares, não é essencial, uma vez que a lei prevê a manifestação pessoal do servidor. De todo modo, a defesa técnica é fundamental em quaisquer instâncias, como decorrência do princípio do devido processo legal.

Com efeito, nos processos administrativos disciplinares, caso a defesa pessoal tenha sido precariamente produzida, a autoridade administrativa tem o dever de nomear defensor dativo para que seja substancialmente realizada a contestação das infrações apontadas, como, aliás, deve ser feito na hipótese de o indiciado ser revel (art. 164, §2º, da Lei nº 8.112/90),[148] sob pena de o Judiciário vir a reconhecer tal vício.

---

[147] MS nº 13.640/DF, Rel. Ministro FELIX FISCHER, TERCEIRA SEÇÃO, julgado em 15.12.2008, *DJe* 13/02/2009.

[148] Recorde-se que a Defensoria Pública da União tem, entre as suas atribuições, o dever de atuar em processos administrativos disciplinares, como estabelece o art. 18, da Lei Complementar nº 80, de 12.01.1994:
"Art. 18. Aos Defensores Públicos da União incumbe o desempenho das funções de orientação, postulação e defesa dos direitos e interesses dos necessitados, cabendo-lhes, especialmente:
I – atender às partes e aos interessados;
II – postular a concessão de gratuidade de justiça para os necessitados;
III – tentar a conciliação das partes, antes de promover a ação cabível;
IV – acompanhar e comparecer aos atos processuais e impulsionar os processos;
V – interpor recurso para qualquer grau de jurisdição e promover revisão criminal, quando cabível;
VI – sustentar, oralmente ou por memorial, os recursos interpostos e as razões apresentadas por intermédio da Defensoria Pública da União;
VII – *defender os acusados em processo disciplinar*" (BRASIL, 1994, grifo nosso).

O controle jurisdicional a respeito da questão deve, por conseguinte, atentar para as peculiaridades do caso, analisando se o servidor demonstrou a precariedade de sua defesa pessoal. Não há, portanto, como estabelecer, *a priori*, a tese de que, uma vez produzida a defesa pessoal em processo administrativo disciplinar, torna-se, necessariamente, irrelevante o fato de a Administração não ter nomeado defensor dativo.

Outro julgado proferido pela Terceira Seção do Superior Tribunal de Justiça também se aproxima, de certo modo, do entendimento que se acaba de sustentar, uma vez que as peculiaridades do caso foram decisivas para o deslinde da controvérsia:

> 1. *O Superior Tribunal de Justiça tem entendido que, em observância ao princípio da ampla defesa, é indispensável a presença de advogado ou de defensor dativo realizando a defesa de acusado em processo administrativo disciplinar, inclusive na fase instrutória.*
> 2. *No caso, todavia, a impetrante, que participou pessoalmente da fase instrutória, após o indiciamento, constituiu advogado que apresentou defesa escrita, na qual não alegou cerceamento de defesa ou vício na formação das provas e manifestou-se sobre todo o conjunto probatório, refutando cada um dos fatos imputados, pelo que não houve demonstração de efetivo prejuízo para a defesa.*
> [...]
> 4. Segurança denegada.[149] (grifo nosso)

Ficou demonstrado que, no caso em tela, não houve prejuízo para a defesa do servidor indiciado o fato de ele não ter sido acompanhado por advogado durante a fase instrutória do processo disciplinar.

Em outra oportunidade, o ministro Arnaldo Esteves Lima, ao proferir voto-vista, seguiu o mesmo raciocínio, apesar de o resultado ter sido favorável ao impetrante. Tratava-se de mandado de segurança, no qual *ficou demonstrado o prejuízo à defesa do servidor o fato de ele não ter sido acompanhado por advogado durante a instrução do processo disciplinar*. Eis a manifestação do referido ministro:

> Desse modo, em outras palavras, inexistindo defesa do servidor público em processo disciplinar, há nulidade absoluta. *Se houve defesa,*

---

[149] BRASIL. Superior Tribunal de Justiça. Mandado de Segurança nº 10.172. Relator: Ministro Arnaldo Esteves Lima. *Diário da Justiça*, 02 ago. 2006. Disponível em: http://www.stj.gov.br/SCON/. Acesso em: 21 abr. 2007.

mas que se deu de forma deficiente, a nulidade dar-se-á se houver demonstração de prejuízo.

No caso, verifico dos autos que o impetrante constituiu advogado após a indiciação e, na defesa escrita, apresentada por seu defensor, alegou, de forma veemente, nulidade absoluta por cerceamento de defesa e pleiteou a reinquirição das testemunhas, consoante se verifica nos seguintes excertos:

[...]

Constata-se, por conseguinte, que a formação das provas no processo administrativo disciplinar, da qual não participou o advogado, deu-se de forma viciada, com *prejuízo à defesa do impetrante*. Nesse cenário, impõe-se declarar nulo referido processo, por violação ao princípio da ampla defesa, permitindo que a Administração instaure novo processo disciplinar, observando-se a garantia constitucional da ampla defesa.[150] (grifo nosso)

Em suma, a defesa pessoal não supre, *necessariamente*, a defesa técnica. Somente o exame acurado da participação e da manifestação do servidor indiciado é que revelará se houve ou não violação do devido processo legal, especialmente, do princípio da ampla defesa.

5.3 O controle das sanções disciplinares pela Justiça do Trabalho: análise comparativa

Ao analisar o controle das sanções disciplinares pela Justiça do Trabalho, Luiz José de Mesquita ressalta que, embora não caiba ao Estado intervir na vida privada da empresa, o exame judicial é plenamente cabível para reconhecer a legalidade ou ilegalidade, a justiça ou injustiça com que foi aplicada a sanção (MESQUITA, 1991, p. 167). Romita, em 1983, já afirmava que não havia mais controvérsias a esse respeito:

> *Ultrapassada a barreira do conhecimento, a Justiça do Trabalho é provocada a exercer efetivo controle sobre o poder disciplinar do empregador, que os trabalhadores não querem seja arbitrariamente exercido.* Somente acionando o empregador perante o Judiciário Trabalhista, encontram os reclamantes, se e quando injustiçados por aplicação de sanções disciplinares, remédio

---

[150] BRASIL. Superior Tribunal de Justiça. Mandado de Segurança nº 10.837. Relator: Ministro Paulo Gallotti. *Diário da Justiça*, 11 nov. 2006. Disponível em: https://ww2.stj.gov.br/revistaeletronica/Pesquisa_Revista_Eletronica.asp. Acesso em: 24 abr. 2007.

apto a conjurar os efeitos decorrentes do injurídico exercício do poder punitivo. Forma-se assim, aos poucos, uma jurisprudência vastíssima, gerada pela reiteração de julgados proferidos a respeito de determinado número de questões freqüentemente debatidas perante os pretórios trabalhistas. (ROMITA, 1983, p. 182, grifo nosso)

Diante dessas orientações, a comparação entre o controle judicial exercido sobre as sanções impostas aos empregados e o reexame judicial das aplicadas aos servidores públicos torna-se relevante.

Quanto à possibilidade de o Judiciário, no exercício de tal controle, graduar a sanção disciplinar, o mesmo autor, reportando-se às lições de Paulo Emílio Ribeiro de Vilhena, posiciona-se favoravelmente. Este último apresenta as razões que legitimam tal extensão ao controle jurisdicional:

> A graduação da pena, pelo Juiz, *significa não a quebra da intangibilidade do poder de comando do empregador* [...], *mas a reposição da relação material controvertida*, dos desníveis subjetivos em choque, *nos precisos limites inspirados pelo ordenamento jurídico ao tribunal.*
> *Se se pode o mais, pode-se o menos. Se se cassa a suspensão, por que não dosá-la? Há ilusão de apropriação pelo juiz do poder de comando do empregador. Ao contrário, ele permanece dentro de sua atribuição, a de julgar, e esta é a mais ampla.* (VILHENA, 1962, p. 446, grifo nosso)

No âmbito privado, não prevalece a alegação de que a gradação da sanção pelo Judiciário, na relação entre o empregado e o empregador, comprometeria a disciplina interna da empresa. É o que ensina Vilhena (1962):

> [...] *há, para a empresa, conseqüências muito mais danosas em sua vida disciplinar no fato de se cassar uma suspensão desproporcionada à falta do que em se dosá-la. Pois falta houve e, ainda que leve, o empregado não poderá permanecer imune à sanção, sob pena de quebrar-se, romper-se a estrutura hierárquica empresária.* (VILHENA, 1962, p. 446-447, grifo nosso)

O mesmo autor acrescenta, ainda, que a imposição da penalidade adequada no exercício da função jurisdicional resulta da própria operação lógica intrínseca à sentença:

> Se não se permite ao juiz a aplicação do *preceito cominatório adequado* no seu entendimento, estar-se-á retirando à sentença a sua definição de *operação lógica*, como ato não apenas de vontade, mas de inteligência

também e, o que é substancial, ter-se-á subtraído ao exame do julgador um dos dados fundamentais da relação jurídica 'sub judice' – a intensidade da falta e a proporcionalidade da punição – para fins de encontrar, na parte conclusiva, *a exata adequação entre ambas*.

Não podendo concluir com todos os elementos da relação material, é *como se se houvesse arrancado ao exame do juiz o conhecimento de fatos importantes em julgamento*. Equivale isto ao corte, na conclusão da sentença, de *fatos que foram da maior significação jurídica na fundamentação*. Dissocia-se *a sentença em suas partes estruturais*.

Sobreleva notar, entretanto, que se estaria 'excluindo da apreciação do Poder Judiciário' (Constituição, art. 141, §4) *um fato, ou seja, a intensidade da falta, para o fim de encontrar-se a sanção adequada*. E isto porque, como operação lógica, a conclusão da sentença deverá guardar uma relação de causa e efeito, de enfeixamento, com os dados de sua fundamentação. *Há encurtamento da atividade jurisdicional, que se impõe ampla*. (VILHENA, 1962, p. 446, grifo nosso)

Tais fundamentos devem ser considerados no controle jurisdicional das sanções disciplinares, considerando-se, evidentemente, que, nesta hipótese, há a relação entre dois Poderes. De todo modo, constata-se que é dever da Administração Pública impor a sanção disciplinar adequada, vez que não remanesce qualquer juízo de conveniência ou oportunidade quanto à matéria. Por conseguinte, o Judiciário, ao verificar que houve ilegalidade em tal imposição, deverá, além de anular o ato, especificar qual a penalidade adequada para o caso concreto e determinar que a Administração a imponha.

O argumento de que o princípio da separação de poderes comprometeria tal constatação não se sustenta. Somente se fosse admissível a discricionariedade administrativa no ato que impõe a sanção disciplinar é que se poderia invocar tal princípio como limitador do controle jurisdicional, o que, definitivamente, não é o caso. Note-se que o Judiciário deve especificar o ato e determinar que a Administração o adote. Desse modo, estar-se-á atuando conforme o Direito.

Aliás, nas relações privadas, reconhece-se discricionariedade do empregador na aplicação ou não de sanção, porém, uma vez imposta a pena, não há aspecto discricionário que impeça o controle da Justiça do Trabalho. Na relação entre o servidor e o Estado, sequer há discricionariedade quanto à decisão de impor ou não a sanção diante do ilícito, vez que a relação administrativa é entendida como a "relação jurídica que se estrutura ao influxo de uma finalidade cogente" (LIMA, 2007, p. 105), ou seja, uma finalidade que não está à disposição dos interesses particulares do agente ou órgão públicos. Quanto ao conteúdo da sanção, não há, igualmente, qualquer aspecto discricionário.

Eis alguns julgados proferidos pela Justiça Trabalhista que ilustram a amplitude do controle das sanções disciplinares nessa jurisdição:

> 3 Noutro turno, os motivos invocados pelo empregador para aplicar a penalidade disciplinar podem ser examinados pelo Poder Judiciário, quando provocado.
> 4 Na hipótese dos autos, o Tribunal Regional reformou a sentença que julgara improcedente o pedido, deixando, contudo, de apreciar os motivos que ensejaram a suspensão do empregado.
> 5 Desse modo, diante da Súmula nº 126/TST e para prevenir prejuízo à parte Recorrida que não tinha interesse em opor Embargos de Declaração contra o acórdão regional – os autos devem retornar à Corte de origem para exame da matéria relativa aos motivos da punição aplicada. Recurso de Revista conhecido e provido.[151] (grifo nosso)

> As reiteradas ausências do empregado ao serviço sem justificativa exigem uma adequada reação do empregador, mediante a aplicação de sanções disciplinares de cunho pedagógico, *considerando a natureza da falta e a gradação das penalidades aplicadas, a fim de buscar a correção do comportamento desidioso do empregado. Somente após tais procedimentos é que o empregador poderia aplicar a pena máxima, qual seja, a demissão sem justa causa.* Embargos conhecidos por divergência e desprovidos.[152] (grifo nosso)

O ministro Alberto Bresciani, ao julgar recurso em reclamação trabalhista, observou que o empregador deve ter em vista uma série de aspectos antes de sancionar o empregado. Confirma-se:

> A justa causa, pelas conseqüências danosas que produz na vida pessoal e profissional do trabalhador, deve ser sobejamente provada e, ainda, observar a proporcionalidade entre a falta e a punição. Considerando ter o empregador a faculdade de impor penas disciplinares ao empregado, antes de adotar a medida extrema da resolução do contrato, deve

---

[151] BRASIL. Tribunal Superior do Trabalho. Recurso de Revista nº 663300. Relator: Ministra Maria Cristina Irigoyen Peduzzi. *Diário da Justiça*, 05 ago. 2005. Disponível em: http://www.tst.gov.br/. Acesso em: 24 abr. 2007.

[152] BRASIL. Tribunal Superior do Trabalho. Recurso de Revista nº 628545. Relator: Ministro Herácio Senna Pires. *Diário da Justiça*, 11 de fev. 2005. Disponível em: http://www.tst.gov.br/. Acesso em: 24 abr. 2007.

haver proporcionalidade entre a punição e a falta. No caso, porém, face à divergência na prova oral (fls. 176-81), não há nem mesmo a certeza de que o ora recorrente tenha efetivamente praticado o ato faltoso de que foi acusado. Além disso, a própria recorrida admite que em mais de quinze anos de serviço o recorrente não sofreu qualquer penalidade, sendo considerado um excelente funcionário (fl. 176). Tem-se, então, como abusiva a justa causa aplicada ao recorrente, impondo-se considerar a despedida como imotivada. Em conseqüência, faz jus o obreiro ao pagamento de aviso-prévio indenizado, décimo terceiro salário proporcional e a liberação do FGTS com acréscimo de 40%.[153] (grifo nosso)

O raciocínio se aplica, com as observações anteriormente feitas, ao controle judicial das sanções disciplinares impostas aos servidores públicos. De fato, se no âmbito de relações privadas reconhece-se a legitimidade do controle e da gradação da sanção por parte do Judiciário, por maior razão, admite-se que o Judiciário deva especificar a sanção adequada, determinando que a Administração a aplique, uma vez que se trata de uma relação jurídica administrativa, na qual há que se proteger a independência funcional dos servidores. Aliás, não é por outra razão que se instituiu, constitucionalmente, a estabilidade dos servidores públicos.

5.4 A especificação da sanção adequada pelo Poder Judiciário

Sustenta-se, neste trabalho, que, ao anular o ato que impôs sanção disciplinar a servidor, o Judiciário deverá especificar a sanção adequada e determinar que a Administração edite o ato sancionador respectivo.

Entretanto, a jurisprudência é praticamente uníssona em reconhecer que o Judiciário deve *apenas anular* o ato sancionador ilegal, *não cabendo a especificação da penalidade adequada*, haja vista o princípio da separação de poderes. Essa é a razão de as decisões que anulam a sanção disciplinar ressalvarem a possibilidade de o

---

[153] BRASIL. Tribunal Superior do Trabalho. Agravo de instrumento no recurso de revista nº 447/2005-661-04-40. Relator: Ministro Alberto Bresciani. *Diário da Justiça*, 16 mar. 2007. Disponível em: http://www.tst.gov.br/. Acesso em: 24 abr. 2007.

Executivo aplicar a penalidade que entender cabível. Precedente do Superior Tribunal de Justiça é ilustrativo:

> 6. A punição administrativa há de se nortear, porém, segundo o princípio da proporcionalidade, não se ajustando à espécie a pena de demissão, ante a insignificância da conduta do agente, consideradas as peculiaridades verificadas.
> 7. Segurança concedida em parte para o fim específico de anular-se a Portaria n. 469, de 29 de março de 2005, que demitiu o impetrante do cargo de Policial do Departamento de Polícia Rodoviária Federal do Ministério da Justiça, *sem prejuízo de eventual apenamento menos gravoso, pelas infrações disciplinares detectadas, a partir do procedimento administrativo disciplinar instaurado*.[154] (grifo nosso)

Meirelles (2003) é claro quanto à questão, ao afirmar que a modificação ou substituição da penalidade disciplinar pelo Judiciário sob o pretexto de fazer justiça não é cabível, *"pois, ou a punição é legal, e deve ser confirmada, ou é ilegal, e há que ser anulada; inadmissível é a substituição da discricionariedade legítima do administrador por arbítrio ilegítimo do juiz"* (MEIRELLES, 2003, p. 668, grifo nosso). E, ainda:

> Permitido é ao Poder Judiciário examinar o processo administrativo disciplinar para verificar se a sanção imposta é legítima e se a apuração da infração atendeu ao devido procedimento legal. Essa verificação importa conhecer os motivos da punição e saber se foram atendidas as formalidades procedimentais essenciais, notadamente a oportunidade de defesa ao acusado e a contenção da comissão processante e da autoridade julgadora nos limites de sua competência funcional, isto sem tolher o *discricionarismo da Administração quanto à escolha da pena aplicável dentre as consignadas na lei ou regulamento do serviço, à graduação quantitativa da sanção e à conveniência ou oportunidade de sua imposição*. (MEIRELLES, 2003, p. 668, grifo nosso)

O argumento da discricionariedade administrativa continua sendo a base da inviabilidade de o Judiciário substituir a penalidade aplicada pelo Executivo. Em dissertação de mestrado,

---

[154] BRASIL. Superior Tribunal de Justiça. Mandado de Segurança nº 10.827. Relator: Ministro Hélio Quaglia Barbosa. *Diário da Justiça*, 06 fev. 2006. Disponível em: http://www.stj.gov.br/SCON/. Acesso em: 21 abr. 2007.

Farias (2004), por exemplo, caminha no mesmo sentido das lições de Hely Lopes Meirelles:

> Na nossa opinião, o Poder Judiciário, diante da impossibilidade material de fixar a aplicação mais correta para o 'conceito jurídico indeterminado', ou na de apontar qual a solução quando da 'aferição da conveniência e oportunidade', quando estes tiverem sido praticados viciosamente, não deverá anular o ato administrativo. *Quando anular, não deverá praticar um novo ato, que deverá ser novamente submetido ao agente público para que o faça na conformidade dos ditames constitucionais.* Não é dado ao Poder Judiciário tolher a discricionariedade da Administração, como também não podem ser excluídas da sua apreciação a lesão e ameaça a direito.
> O Judiciário reporta-se a uma zona de normalidade, ou seja, ao que é considerado aceitável num determinado contexto; ele aponta o que é abusivo, intolerável ou excessivo, inadmissível ou reprovável – enfim, o que é normal, sempre dentro de determinadas bases de tolerância que podem variar segundo os princípios constitucionais.
> Somente em duas hipóteses o Judiciário não examina o mérito do ato discricionário: se o administrado conformar-se com a decisão e não provocar o Poder Judiciário, e *quando houver dúvida por parte deste se o administrador tomou a melhor solução. Neste caso, não poderá apreciar o mérito para efeito de anular o ato discricionário.* (FARIAS, 2004, p. 71, grifo nosso)

A autora reconhece que a discricionariedade pode resultar da presença de conceitos jurídicos indeterminados na norma e, em tais hipóteses, o Judiciário não "deverá", ao anular o ato sancionador, "praticar um novo ato" (FARIAS, 2004, p. 71).

Entretanto, conforme se demonstrou nesta pesquisa, a presença de tais conceitos não acarreta discricionariedade administrativa, a par de que o ato administrativo sancionador, especialmente em razão dessa natureza, atrai um regime jurídico próprio que não abre espaço para juízos de conveniência e oportunidade. Assim, na análise do tema, não se pode partir de premissa equivocada.

O cenário jurídico apresenta-se, em síntese, da seguinte forma: a Administração, ao apurar a ocorrência de ilícito funcional por meio do devido processo legal, deve (dever-poder) impor a sanção adequada, cujo conteúdo, naturalmente, decorrerá das peculiaridades do caso concreto e da consideração das normas *prima facie* aplicáveis. Caso o servidor entenda que seu direito foi lesado, a via judicial lhe é garantida constitucionalmente (art. 5º, XXXV, Constituição da República).

Ao exercer a função jurisdicional, o Judiciário verificará a ocorrência ou não de violação ao direito, que poderá ser de duas espécies: formal ou material. A primeira consiste em irregularidade relativa à condução do procedimento (devido processo legal na vertente formal), como ausência de devida citação para apresentar defesa ou descumprimento de certo prazo legalmente previsto, a qual poderá ou não resultar na nulidade do procedimento a partir da prática do ato viciado. A segunda espécie de violação a direito diz respeito ao próprio conteúdo do ato administrativo, como a inadequação da sanção em relação à conduta do servidor (devido processo legal na vertente substancial).

Uma vez configurada a primeira espécie de vício (formal), o Judiciário, ao anular o ato viciado, viabilizará a retomada do procedimento por parte da Administração. Nesse caso, a anulação compromete todos os atos posteriores ao que foi anulado.

A situação relativa ao segundo tipo de vício (material) já é diferente, pois não reside em aspecto meramente formal. Uma vez constatado vício material no ato sancionador e tendo em vista o processo administrativo disciplinar, o Judiciário deverá, após anular a sanção imposta pela Administração, especificar a sanção adequada e determinar que o administrador a imponha, desde que, repita-se, tenha elementos para tanto e seja respeitada a prescrição punitiva.[155]

Essa posição é plenamente cabível, uma vez que não se está diante de ato discricionário, mas, sim, de ato vinculado da Administração. Inexiste, por conseguinte, invasão do Judiciário no âmbito da Administração Pública.

Ademais, a legitimidade de o Judiciário determinar a imposição de sanção administrativa é reconhecida pelo ordenamento

---

[155] "Art. 142. A ação disciplinar prescreverá:
I – em 5 (cinco) anos, quanto às infrações puníveis com demissão, cassação de aposentadoria ou disponibilidade e destituição de cargo em comissão;
II – em 2 (dois) anos, quanto à suspensão;
III – em 180 (cento e oitenta) dias, quanto à advertência.
§1º O prazo de prescrição começa a correr da data em que o fato se tornou conhecido.
§2º Os prazos de prescrição previstos na lei penal aplicam-se às infrações disciplinares capituladas também como crime.
§3º A abertura de sindicância ou a instauração de processo disciplinar interrompe a prescrição, até a decisão final proferida por autoridade competente.
§4º Interrompido o curso da prescrição, o prazo começará a correr a partir do dia em que cessar a interrupção" (BRASIL, 1990).

jurídico, como ocorre na própria Constituição da República, quando expressamente autoriza o Judiciário a determinar a imposição da pena de demissão a servidor público estável:

> Art. 41. São estáveis após três anos de efetivo exercício os servidores nomeados para cargo de provimento efetivo em virtude de concurso público.
> §1º O servidor público estável só perderá o cargo:
> I – em virtude de sentença judicial transitada em julgado;
> II – mediante processo administrativo em que lhe seja assegurada ampla defesa;
> III – mediante procedimento de avaliação periódica de desempenho, na forma de lei complementar, assegurada ampla defesa. (BRASIL, 1988, grifo nosso)

Evidente que a hipótese prevista requer o ajuizamento de ação por parte do Estado, todavia, o que se pretende destacar é *o fato de ser cabível a determinação pelo judiciário da imposição de sanção disciplinar*.

Não se compreende, portanto, a afirmação de que decisão judicial dessa natureza seja obstaculizada sob o argumento da separação de poderes, cujo pano de fundo sustenta-se na existência de suposta discricionariedade administrativa.

Um exemplo pode esclarecer a tese defendida.

Servidor que tenha sido demitido, após processo disciplinar regular, apresenta ação judicial sustentando que a penalidade é inadequada, tendo em vista o valor irrisório do prejuízo ao erário e o fato de possuir bons antecedentes, considerando, ainda, mais de duas décadas de serviços prestados ao Estado. Ao apreciar o caso, o Judiciário, diante das provas produzidas, entre as quais a íntegra do processo administrativo disciplinar, reconhece a inadequação da penalidade máxima e julga parcialmente procedente a ação para anular o ato e ordenar a imposição de determinada penalidade mais branda. Teria ocorrido violação ao princípio da separação de poderes?

Entende-se que não. O Judiciário, desde que possua elementos suficientes para tanto e respeitado o prazo prescricional para a imposição da sanção administrativa, deve reconhecer a violação ao direito e especificar a penalidade adequada, determinando sua imposição, cujo conteúdo não pressupõe qualquer juízo de conveniência ou oportunidade (discricionariedade administrativa).

Decisões raras corroboram esse entendimento. Uma delas foi prolatada pelo Tribunal Regional Federal da 5ª Região, nos autos da Apelação Cível nº 2001.84.00.003792-3. Tratou-se de ação ordinária ajuizada por procurador autárquico demitido após processo administrativo sob a motivação de prática de ato desidioso. O mencionado Tribunal Regional Federal, ao dar parcial provimento ao recurso de apelação, substituiu a pena de demissão pela suspensão que fixou em 60 (sessenta) dias, tendo em vista as peculiaridades que o caso apresentava e considerando o princípio da razoabilidade.[156]

A outra decisão foi proferida pela Quinta Turma do Superior Tribunal de Justiça, nos autos do recurso ordinário em Mandado de Segurança nº 15.554/SP. O recorrente havia impetrado mandado de segurança contra ato que o demitiu do cargo que ocupava no serviço público. A sentença denegou a ordem ao entendimento de que o ato atacado estaria devidamente fundamentado e baseado nas provas colhidas no processo administrativo. Todavia, ao apreciar o recurso ordinário, o ministro José Arnaldo da Fonseca observou que a autoridade coatora deveria ter acatado a sugestão da comissão disciplinar, especialmente considerando as condições de trabalho e de saúde do servidor:

> Ora, do que consta dos autos, a ineficiência não pode ser considerada intencional para os fins colimados. É farta a comprovação de que o impetrante, além de extremamente assoberbado por ser o único responsável por uma grande área de trabalho a ser exercida, tanto que não tirava férias há vinte anos, fora acometido de um sério problema de saúde. Essas argumentações, inclusive, em momento algum foram contestadas pela autoridade administrativa.
> Assim, entendo que a autoridade impetrada, ao desacolher a conclusão do parecer da Comissão Processante sobre a penalidade a ser imposta ao impetrante, e, principalmente por escolher a punição mais gravosa, não encontra eco na respectiva legislação.[157]

---

[156] BRASIL. Tribunal Regional Federal (5. Região). Relator: Apelação Cível nº 2001.84.00.003792-3. Relator: Desembargador Barros Dias. *Diário de Justiça*, 25 jan. 2007. Disponível em: http://www.trf5.gov.br/acordaos/publicacoes.jsp?numproc=200184000037923. Acesso em: 25 abr. 2007.

[157] BRASIL. Superior Tribunal de Justiça. Recurso Ordinário em Mandado de Segurança nº 15554. Relator: Ministro José Arnaldo da Fonseca. *Diário da Justiça*, 01 set. 2003. Disponível em: http://www.stj.gov.br/SCON/. Acesso em: 24 abr. 2007.

Dessa forma, o ministro relator deu provimento ao recurso para, anulando a decisão que demitiu o servidor, determinar a imposição da penalidade de suspensão:

> [...] é de se prover o presente recurso e conceder a ordem, no sentido de que seja anulada a decisão que culminou com a demissão do impetrante, com sua conseqüente reintegração ao cargo, e *a aplicação da pena de suspensão, nos moldes do que restou decidido pela Comissão Processante*.[158] (grifo nosso)

Interessante notar que essas duas decisões estão em sintonia com o entendimento do ministro Orozimbo Nonato, o qual, nos autos do citado recurso de Apelação Cível nº 7307, recorde-se, julgado nos idos de 1944, defendeu a tese de que cabe ao Judiciário examinar as provas colhidas no processo disciplinar com vistas a avaliar a correção ou não da decisão administrativa. Assim, o ministro, diante das particularidades do caso, votou no sentido de afastar a pena de demissão reintegrando o servidor, porém, *"descontado dos vencimentos do tempo em que deixou de servir, por força da demissão, o tempo máximo em que podia, legalmente, ser suspenso"* (apud LEAL, 1946, p. 94, grifo nosso). Esse entendimento torna-se plenamente cabível, quando se afasta a suposição de que haveria discricionariedade administrativa no ato que impõe sanção disciplinar a servidor público.

Saliente-se, finalmente, que a possibilidade de o Judiciário, diante das peculiaridades do caso concreto e respeitado o prazo prescricional da pretensão punitiva, especificar a sanção adequada e determinar a sua imposição não viabiliza a *majoração* da pena anteriormente aplicada pela Administração. Caso contrário, estaria configurada a violação ao art. 5º, XXXV,[159] da Constituição da República, na medida em que o acesso ao Judiciário estaria constrangido em face do receio de que houvesse um agravamento da sanção. Cabe, ainda, reconhecer, *mutatis mutandis*, a aplicação do princípio que veda a *reformatio in pejus*.[160]

---

[158] BRASIL. Superior Tribunal de Justiça. Recurso Ordinário em Mandado de Segurança nº 154.554. Relator: Ministro José Arnaldo da Fonseca. *Diário da Justiça*, 01 set. 2003. Disponível em: http://www.stj.gov.br/SCON/. Acesso em: 24 abr. 2007.

[159] "Art. 5º [...]
XXXV – a lei não excluirá da apreciação do Poder Judiciário lesão ou ameaça a direito" (BRASIL, 1988).

[160] Lições de processo civil corroboram a assertiva, como, por exemplo, as que se referem à impossibilidade de o juiz julgar *extra petita*. O artigo 492 do Código de Processo Civil é

5.5 O controle jurisdicional das sanções disciplinares no mandado de segurança

A limitação do controle jurisdicional das sanções disciplinares é exemplificada, também, pelo entendimento que restringe a utilização de mandado de segurança sobre o tema.

A jurisprudência do Supremo Tribunal Federal, *v.g.*, entende não ser cabível, em sede de mandado de segurança, reexaminar matéria de fato e de prova relativa a processo administrativo disciplinar do qual tenha resultado sanção a servidor público.[161] Ilustra essa assertiva a manifestação do ministro Sepúlveda Pertence:

> A verificação das demais alegações – entre outras, a necessidade de perícia contábil, parcialidade da Comissão processante, a inexistência de dolo, a ausência de intenção de obter o impetrante vantagem pessoal, o conhecimento prévio da Administração sobre as ocorrências objeto da investigação – *demandaria a reavaliação dos fatos e da prova que instruíram o processo administrativo disciplinar, o que não seria possível nos limites do mandado de segurança: é pacífica a jurisprudência desta Corte no sentido de que direito líquido e certo em mandado de segurança pressupõe fatos incontroversos, não cabendo nesse âmbito reabrir discussões acerca das razões de fato e das provas que levaram à pena imposta ao servidor*.[162] (grifo nosso)

Em outras oportunidades, o Supremo Tribunal Federal já havia anunciado essa posição:

> Conclusão diversa demandaria exame e reavaliação de todas as provas integrantes do feito administrativo, procedimento incompatível na via estreita do writ, conforme assentou o acórdão recorrido.
> Recurso ordinário a que se nega provimento.[163] (grifo nosso)

---

claro nesse sentido: "Art. 492 – É vedado ao juiz proferir decisão de natureza diversa da pedida, bem como condenar a parte em quantidade superior ou em objeto diverso do que lhe foi demandado."

[161] BRASIL. Supremo Tribunal Federal. Agravo regimental no recurso Ordinário em Mandado de Segurança nº 24.075. Relator: Ministro Sepúlveda Pertence. *Diário da Justiça*, 17 mar. 2006. Disponível em: http://www.stf.gov.br/jurisprudencia/nova/pesquisa.asp. Acesso em: 27 abr. 2007.

[162] BRASIL. Supremo Tribunal Federal. Recurso em Mandado de Segurança nº 24.533-0. Relator: Ministro Sepúlveda Pertence. *Diário da Justiça*, 15 abr. 2005. Disponível em: http://www.stf.gov.br/jurisprudencia/nova/pesquisa.asp. Acesso em 27 abr. 2007.

[163] BRASIL. Supremo Tribunal Federal. Recurso em Mandado de Segurança nº 24.901-7.

Vê-se, desse modo, que o ora recorrente pretende, em sede mandamental, contestar, por meio da *revisão de provas e do reexame dos fatos, a imputação que lhe foi dirigida.*

Ocorre, no entanto, que a jurisprudência plenária do Supremo Tribunal Federal, *considerando a natureza mesma do mandado de segurança,* tem advertido que esse especial remédio consagrado pela Carta da República não admite, em seu âmbito, qualquer discussão – como a ora instaurada pelo recorrente nesta sede processual – *concernente à revisão de provas e tendente ao reexame dos fatos que justificaram o exercício concreto, pela autoridade administrativa competente, de seu poder disciplinar.* (RTJ 131/1101, Rel. Min. CELSO DE MELLO – MS 20.441/DF, Rel. Min. NÉRI DA SILVEIRA)

Impõe-se registrar, por isso mesmo – sempre na linha do magistério jurisdicional do STF (MS 21.029/DF, Rel. Min. CELSO DE MELLO) – que *o mandado de segurança não constitui meio instrumental adequado à reavaliação dos elementos probatórios que justificaram a imposição da sanção disciplinar, especialmente quando essa análise valorativa, por implicar exame de matéria de fato controvertida, depender, essencialmente, de comprovação documental inequívoca, que sequer foi produzida pelo ora recorrente.*[164] (grifo nosso)

O processo administrativo seguiu o rito legal, assegurados o devido processo, ampla defesa e o contraditório. Incabível reapreciar fatos e provas em mandado de segurança. Inocorrência de cerceamento de defesa ou ofensa ao princípio do contraditório. 6. Mandado de segurança indeferido, ressalvadas ao impetrante as vias ordinárias.[165] (grifo nosso)

O processo mandamental não se revela meio juridicamente adequado à reapreciação de matéria de fato controvertida nem constitui instrumento idôneo à reavaliação dos elementos probatórios, que, ponderados pela autoridade competente, substanciam o juízo censório proferido pela Administração Pública. – Refoge, aos estreitos limites da ação mandamental, o exame de fatos despojados da necessária liquidez, pois o "iter" procedimental do mandado de segurança não comporta a possibilidade de instauração incidental de uma fase de dilação probatória. – A noção de direito líquido e certo, para efeito de impetração de mandado de segurança, ajusta-se, em seu específico sentido jurídico, ao conceito de situação que deriva de fato incontestável, vale dizer,

---

Relator: Ministro Carlos Ayres Britto. *Diário da Justiça*, 11 fev. 2005. Disponível em: http://www.stf.gov.br/jurisprudencia/nova/pesquisa.asp. Acesso em: 28 abr. 2007.

[164] BRASIL. Supremo Tribunal Federal. Recurso em Mandado de Segurança nº 24.284. Relator: Ministro Celso de Mello. *Diário da Justiça*, 19 dez. 2002. Disponível em: http://www.stf.gov.br/jurisprudencia/nova/pesquisa.asp. Acesso em: 28 abr. 2007.

[165] BRASIL. Supremo Tribunal Federal. Mandado de Segurança nº 22737-1. Relator: Néri da Silveira. *Diário da Justiça*, 24 ago. 2001. Disponível em: http://www.stf.gov.br/jurisprudencia/nova/pesquisa.asp. Acesso em: 28 abr. 2007.

de fato passível de comprovação documental imediata e inequívoca. Precedentes.[166] (grifo nosso)

A jurisprudência do Superior Tribunal de Justiça segue a linha traçada pelo Supremo Tribunal Federal:

> 2 – A ação mandamental não se mostra adequada à reavaliação do conjunto probatório produzido no processo disciplinar, reclamando prova pré-constituída da liquidez e certeza do direito vindicado.
> 3 – A regularidade do procedimento administrativo disciplinar de que aqui se trata já foi reconhecida em precedente da Sexta Turma.
> 4 – Recurso a que se nega provimento.[167] (grifo nosso)

> 1. O pedido de conversão de pena de perda da serventia, em suspensão, aplicada a titular de delegação de cartório, por conseqüência de processo administrativo disciplinar, *necessita da reapreciação das provas*.
> 2. *A aferição dos princípios da razoabilidade e da proporcionalidade, na aplicação de sanção disciplinar, só é cabível em sede de ação ordinária, em que se admite a dilação probatória*.
> 3. Ausência de direito líquido e certo.
> Precedentes.
> 4. Recurso improvido.[168] (grifo nosso)

Todavia, o entendimento dos Tribunais Superiores deve ser reavaliado e submetido à crítica, uma vez que o reexame pelo Judiciário das provas contidas no processo administrativo disciplinar, o qual tenha sido apresentado juntamente com a exordial do mandado de segurança, não constitui, por si só, obstáculo para a admissão do *writ*. Alguns argumentos justificam essa afirmação.

Primeiro, a comprovação de que certo fato ocorreu não se confunde com a própria existência de tal fato. Vale dizer, é possível que, a despeito de o fato ter ocorrido, não seja possível demonstrá-lo por meio de prova pré-constituída. Caso assim aconteça, não caberá o

---

[166] BRASIL. Supremo Tribunal Federal. Mandado de Segurança nº 21.865. Relator: Ministro Celso de Mello. *Diário da Justiça*, 01 dez. 2006. Disponível em: http://www.stf.gov.br/jurisprudencia/nova/pesquisa.asp. Acesso em: 28 abr. 2007.
[167] BRASIL. Superior Tribunal de Justiça. Recurso Ordinário em Mandado de Segurança nº 15.651. Relator: Ministro Paulo Gallotti. *Diário da Justiça*, 11 dez. 2006. Disponível em: http://www.stj.gov.br/SCON/. Acesso em: 28 abr. 2007.
[168] BRASIL. Superior Tribunal de Justiça. Recurso Ordinário em Mandado de Segurança nº 20.121. Relator: Ministro Paulo Medina. *Diário da Justiça*, 12 dez. 2005. Disponível em: http://www.stj.gov.br/SCON/. Acesso em: 28 abr. 2007.

mandado de segurança, o qual exige prova pré-constituída acerca dos fatos que sustentam as alegações do impetrante. A propósito, ensina Barbi (2002), ao tratar do conceito de liquidez e certeza do direito:

> Como se vê, o conceito de direito líquido e certo é *tipicamente processual*, pois atende ao modo de ser de um direito subjetivo no processo: *a circunstância de um determinado direito subjetivo realmente existir não lhe dá a caracterização de liquidez e certeza; esta só lhe é atribuída se os fatos em que se fundar puderem ser provados de forma incontestável, certa, no processo.* E isto normalmente só se dá quando a prova for documental, pois esta é adequada a uma demonstração imediata e segura dos fatos. (BARBI, 2002, p. 53, grifo nosso)

Destarte, se há prova pré-constituída a revelar a ocorrência dos fatos alegados na impetração, o Judiciário deve conhecer do mandado de segurança.

Segundo, o requisito do direito líquido e certo,[169] como bem ensina Sérgio Ferraz (2006), não pressupõe que ele seja incontestável, pois, caso assim fosse, "tornaria o mandado de segurança uma impossibilidade lógico-jurídica apriorística, eis que sua impetração só se dá quando o direito de alguém é, *in casu*, concreto, contestado!"(FERRAZ, S., 2006, p. 31). No mesmo sentido leciona Justen Filho (2006):

> A existência de um direito líquido e certo não equivale à ausência de dúvida sobre o direito invocado pelo impetrante. *Se uma controvérsia sobre a existência ou a extensão da pretensão do impetrante excluísse o cabimento do mandado de segurança, a garantia constitucional seria inútil.* Nesse caso, bastaria a recusa da autoridade pública em reconhecer o direito invocado para impedir a impetração. Por outro lado, se não houvesse controvérsia alguma, o impetrante não teria necessidade de invocar a tutela jurisdicional. (JUSTEN FILHO, 2006, p. 770-771, grifo nosso)

Conclui-se que o enquadramento jurídico que a Administração vier a conferir a determinado fato não configura aspecto incompatível

---

[169] "Art. 5º [...]
  LXIX – conceder-se-á mandado de segurança para proteger direito líquido e certo, não amparado por *habeas corpus* ou *habeas data*, quando o responsável pela ilegalidade ou abuso de poder for autoridade pública ou agente de pessoa jurídica no exercício de atribuições do Poder Público;" (BRASIL, 1998).

com o reexame judicial por meio de mandado de segurança. Caso assim ocorresse, como afirma Sérgio Ferraz (2006, p. 27), o *writ* seria uma "impossibilidade lógico-jurídica", vez que a controvérsia sobre a valoração jurídica atribuída pela autoridade pública é co-natural à impetração.

Não se confunde, portanto, a exigência de direito líquido e certo com "direito evidente de imediato ou identificável sem necessidade de laboriosas cogitações ou de detido exame" (FERRAZ, S., 2006, p. 26), vez que a "maior ou menor complexidade do tema litigioso não é e jamais foi condição da ação de segurança" (FERRAZ, S., 2006, p. 27).

Evidente que reconhecer a possibilidade de o Judiciário, em sede mandamental, rever o enquadramento jurídico acerca dos fatos, cuja existência fora comprovada por meio de prova pré-constituída, *pressupõe o exame do acervo probatório que delimita tais fatos. Não há como admitir a revisão da valoração jurídica sem que se legitime a análise da prova pré-constituída.*[170]

Marçal Justen Filho observa, ainda, que o ato apontado como coator pode referir-se não à negativa da existência de uma norma que garanta o direito ao impetrante, "*mas na recusa ao reconhecimento da ocorrência do fato jurídico apto a gerar sua incidência*" (JUSTEN FILHO, 2006, p. 771, grifo nosso). Segundo o autor,

> Essa hipótese não afastará o cabimento do mandado de segurança *desde que a definição sobre a consumação ou não do fato jurídico possa fazer-se mediante mera análise de prova documental, produzida pelo impetrante por ocasião da impetração.* (JUSTEN FILHO, 2006, p. 771, grifo nosso)

Vê-se que a discussão acerca da ocorrência ou não de certo fato é cabível de ser desencadeada em mandado de segurança, desde que o impetrante apresente prova pré-constituída que revele a ocorrência do fato e, por conseguinte, atraia a incidência da norma jurídica respectiva, a qual não fora reconhecida pela Administração em razão do pressuposto equivocado de que o fato não teria existido.

---

[170] José Rubens Costa (2000, p. 49, grifo nosso) acentua que é dever do Judiciário examinar a legalidade do procedimento, considerando o devido processo legal, o que implica "*examinar a procedência ou improcedência da acusação, pelo confronto do ilícito imputado e a prova produzida*".

Duas situações jurídicas diversas podem ser, portanto, apreciadas em sede de mandado de segurança:

a) quando exista *controvérsia puramente jurídica*, em que não há discussão quanto aos fatos, mas existe dúvida sobre a extensão dos efeitos jurídicos dele decorrentes; (JUSTEN FILHO, 2006, p. 772, grifo nosso)
b) quando exista *controvérsia fático-jurídica*, em que a dúvida recai sobre a consumação de determinado fato jurídico, cujos aspectos fáticos possam ser apurados mediante o exame de documentos. (JUSTEN FILHO, 2006, p. 772, grifo, nosso)

No caso de mandado de segurança impetrado contra a sanção disciplinar, pode-se ilustrar as hipóteses acima por meio dos seguintes exemplos.

Controvérsia puramente jurídica: o servidor impetra mandado de segurança sustentando que a penalidade que lhe fora aplicada não corresponde aos fatos apurados no processo administrativo disciplinar, cujos autos foram apresentados com a inicial do *writ* (prova pré-constituída). Aqui, questiona-se o enquadramento jurídico realizado pela Administração, tendo em vista as normas que compõem o regime jurídico disciplinar. Não há, enfim, discussão sobre a existência da conduta apontada como ilícita.

Controvérsia fático-jurídica: o servidor impetra mandado de segurança sustentando que a conduta ilícita não ocorreu e, pois, não está devidamente comprovada nos autos do processo disciplinar, razão pela qual a sanção que lhe fora imposta carece de motivo. Se a causa de pedir do mandado de segurança limita-se à apreciação do processo administrativo disciplinar, não há, em princípio, impedimento para a utilização do mandado de segurança, vez que a discussão cingir-se-á ao exame do motivo do ato sancionador, a qual é passível de análise por meio de prova documental (cópia do processo administrativo disciplinar[171]). Caso o impetrante demonstre

---

[171] A propósito, manifestou-se o Superior Tribunal de Justiça:
"Inviável a apreciação do pedido do impetrante, já que não consta, neste writ, o processo administrativo disciplinar originário, o qual é indispensável para o exame da adequação ou não da pena de demissão aplicada, tendo em vista a existência de infrações administrativas residuais.
Mandado de segurança extinto, sem resolução de mérito, tendo em vista a inadequação da via eleita" (BRASIL. Superior Tribunal de Justiça. Mandado de Segurança nº 10.973.

que os elementos apurados no curso do processo disciplinar não comprovam a ocorrência do ilícito, o Judiciário deverá conceder a ordem para que seja anulado o ato sancionador, sem prejuízo de que novo procedimento administrativo seja instaurado, desde que surjam novos indícios ou provas acerca do ilícito.

Não se pode esquecer que o mandado de segurança é uma garantia fundamental prevista no art. 5º da Constituição da República e, dessa forma, sua utilização não pode ser limitada por uma interpretação restritiva. Sérgio Ferraz (2006) destaca esse aspecto:

> [...] partejado que foi como instrumento das liberdades fundamentais, inserido que está dentre as garantias mestras, o mandado de segurança há de ser sempre liberalmente encarado e compreendido. É dizer: há de ser mínimos os impedimentos e empecilhos à sua utilização; na dúvida quanto ao seu cabimento, há de preponderar o entendimento que se inclina em seu favor; nas questões polêmicas que seu estudo suscite, há de prevalecer a corrente que se revele produtora da maior amplitude de suas hipóteses de incidência e de espectro de atuação. Firma-se aqui, portanto, desde já, o princípio fundamental a nortear este ensaio, o princípio de espeque constitucional: como, a um só tempo, remédio processual e garantia constitucional, o mandado de segurança, em seu cabimento e amplitude, há de ser admitido de forma amplíssima, tendo-se por ilegítimo tudo que amesquinhe tal parâmetro. (FERRAZ, S., 2006, p. 18-19)

Por outro lado, caso o servidor questione a idoneidade ou autenticidade de provas consideradas no curso do processo administrativo disciplinar ou, ainda, que os argumentos por ele apresentados requeiram a demonstração de fatos *que não constam daquele processo*, far-se-á necessário ajuizar *ação ordinária*, cujo rito viabiliza a ampla *produção probatória*. Nessa hipótese, a escolha da via mandamental não é admissível.

Relator: Ministro Felix Fischer. *Diário da Justiça*, 18 dez. 2006. Disponível em: http://www.stj.gov.br/SCON/. Acesso em: 28 abr. 2007).

CAPÍTULO 6

O POSICIONAMENTO DO STJ A PARTIR DO MS Nº 12.927/DF

6.1 Justificativa

O alcance do controle jurisdicional da sanção disciplinar foi o foco de minha dissertação de mestrado defendida em 2007 e que ora é atualizada nesta nova edição. Pretendi demonstrar que no paradigma do Estado Democrático de Direito, e segundo o regime jurídico constitucional vigente, é descabido sustentar limite ao controle jurisdicional na matéria em razão de suposta discricionariedade administrativa.

A tese ganhou fôlego quando o STJ julgou o Mandado de Segurança nº 12.927, oportunidade em que a Terceira Seção do Tribunal revisitou e reformulou a jurisprudência até então prevalecente. Daí a assertiva de que inexiste *"aspecto discricionário no ato administrativo que impõe sanção disciplinar"* e de que *"o controle jurisdicional é amplo e não se limita a aspectos formais."*

Ocorre que, tempos depois, sem qualquer referência ao julgado, o STJ retomou o entendimento anterior para registrar que "o exame da *razoabilidade e da proporcionalidade* da pena aplicada em sede de processo administrativo disciplinar [...] enseja *indevido controle judicial sobre o mérito administrativo*, eis que cabe ao Poder Judiciário apenas apreciar a regularidade do procedimento à luz dos princípios do contraditório e da ampla defesa".[172]

---

[172] AgRg no RMS nº 42.555/MS, Rel. Ministro MAURO CAMPBELL MARQUES, SEGUNDA TURMA, julgado em 20.03.2014, *DJe* 26.03.2014.

Resta, então, compartilhar a perplexidade que o cenário atual revela a fim de, quem sabe, contribuir para o avanço e a uniformização das teses submetidas ao STJ, tranquilizado pela matriz de que se trata do tribunal da cidadania.

6.2 A reviravolta provocada pelo MS nº 12.927: controle jurisdicional amplo sobre o ato que impõe sanção disciplinar

Não é excesso afirmar que o STJ, no MS nº 12.927, de 12.12.2007, promoveu reviravolta no entendimento sobre o alcance do controle jurisdicional do ato sancionador, sobretudo se considerarmos que o Min. Felix Fischer inicia seu voto demonstrando que a jurisprudência[173] caminhava, como regra,[174] no sentido de afirmar que a revisão judicial do ato administrativo disciplinar atrairia a noção do "mérito administrativo" e, pois, seria limitada a atuação jurisdicional.

O ponto em questão foi bem delimitado no julgado: "o ato de demissão do cargo público viabiliza juízo de conveniência e oportunidade capaz de limitar o respectivo controle jurisdicional?". Reportando-se ao "regime jurídico disciplinar", a envolver a dignidade da pessoa humana, a legalidade, a culpabilidade, a proporcionalidade e a prestação jurisdicional acerca da violação ao direito, o Tribunal afirmou que não. Fez-se referência a antigo precedente do STF,[175] cuja precária redação da emenda esconde a profunda discussão sobre o tema, como revela trecho do voto do Min. Orozimbo Nonato:

> Não entendo que deva o Poder Judiciário limitar-se a apreciar o ato administrativo do ângulo visual de legalidade extrínseca e não de seu mérito intrínseco, ou seja, de sua justiça ou injustiça.

---

[173] Foram citados: RMS nº 21.425, de 2.8.2007; RMS nº 18099/PR, de 12.06.2006; RMS nº 10233, de 12.02.2007; MS nº 8030, de 13.06.2007.

[174] Cabe reconhecer que alguns precedentes faziam alusão ao princípio da proporcionalidade para anular a decisão administrativa, contudo, como exceção à regra de que não cabia ao Judiciário dizer sobre a "justiça ou injustiça" da sanção disciplinar, vez que haveria, no tema, "mérito administrativo".

[175] Embargos à Apelação Cível nº 73072, de 1944 (o inteiro teor consta em anexo da obra "Sanções Disciplinares: o alcance do controle jurisdicional", de nossa autoria, vez que o precedente não consta na base de dados da internet do STF).

A essa tese jamais darei o meu invalioso apoio. Entendo, ao revés, que ao Poder Judiciário é que compete, principalmente, decidir o direito que a parte oponha à administração baseada em lei do país. Quem dirá se o ato foi justo ou injusto: a própria administração, acobertada por um inquérito formalmente perfeito, ou, ao cabo de contas, o Poder Judiciário? A minha resposta é que cabe ao Poder Judiciário, porque a êste compete, especificamente, resolver as pendências, as controvérsias que se ferem entre cidadãos ou entre o cidadão e o Estado.[176]

As lições de Francisco Campos, ao analisar a Constituição de 1934, e as de Seabra Fagundes foram lembradas pelo Min. Fischer, com destaque para a argumentação embasada na noção de Estado Democrático de Direito. E vejam que as lições foram proferidas nas décadas de 30 e 50, bem antes da atual Constituição. Também foi feita referência ao §6º do art. 37 da Constituição de 1988, porquanto se é indispensável averiguar a culpabilidade do servidor público para fins de ajuizamento de ação de regresso quando há repercussão patrimonial para o erário, por maior razão deve-se examinar o dolo e a culpa quando em pauta a imposição de sanção disciplinar, ainda mais a pena capital de perda do cargo.

Destacou-se, igualmente, o art. 128, da Lei nº 8.112/90, que dispõe ser necessário, na aplicação das penalidades, considerar "a natureza e a gravidade da infração cometida, os danos que dela provierem para o serviço público, as circunstâncias atenuantes e os antecedentes funcionais."

Por outro lado, afastou-se a premissa de que em sede de mandado de segurança seria, *per se*, inviável examinar o mérito aduzido pelo impetrante, pois, desde que "haja prova pré-constituída, não cabe inadmitir o uso da garantia fundamental do writ".[177]

Dessa forma, percebe-se, claramente, que o STJ, no *mandamus* em estudo, muito embora tenha denegado a ordem, não o fez em razão de suposta discricionariedade administrativa ou mérito administrativo que restringiria o controle jurisdicional, pois a tese fixada reconheceu ser amplo esse controle sobre o ato disciplinar.

---

[176] *RDA*. Vol. III, n. III, Janeiro, 1946, p. 80.
[177] A propósito desse ponto: PEREIRA, Flávio Henrique Unes. O controle jurisdicional das sanções disciplinares no mandado de segurança. *Interesse Público – IP*, Belo Horizonte, ano 9, n. 45, set./out. 2007. Disponível em: http://bid.editoraforum.com.br/bid/PDI0006.aspx?pdiCntd=48460. Acesso em: 24 ago. 2014.

6.3 As decisões que retomaram a tese da limitação do controle jurisdicional sem qualquer discussão ou consideração sobre o MS nº 12.927/2007

Sem pretender esgotar a pesquisa de julgados após o MS nº 12.927, e não ignorando honrosas exceções, alguns precedentes revelam, com clareza, a mudança de tese jurídica sobre o alcance do controle jurisdicional do ato disciplinar.

Em 2011, a Terceira Seção do STJ, nos autos do MS nº 15064, *sem qualquer menção ao MS nº 12.927*, consagrou a tese de que "em relação ao controle jurisdicional do processo administrativo, a atuação do Poder Judiciário circunscreve-se ao campo da regularidade do procedimento, bem como à legalidade do ato demissionário, *sendo-lhe defesa qualquer incursão no mérito administrativo a fim de aferir o grau de conveniência e oportunidade*".[178]

Não foi diferente o posicionamento da Primeira Seção, que passou a julgar o tema em razão de alteração no regimento interno do STJ. Em interessante julgado,[179] o Tribunal chegou a consignar que não caberia avaliar lesão a direito em relação à sanção aplicada pelo administrador, porquanto a "desproporcionalidade da pena" seria "informada pelo princípio da legalidade estrita, não havendo margem para a dosimetria da sanção pelo administrador". Chama a atenção o fato de o Min. Napoleão Numes Maia, vencido no julgamento, ter destacado que esse entendimento esvaziaria por completo o disposto no art. 128, da Lei nº 8.112/90, que estabelece a necessidade de se considerar, na aplicação das penalidades, o prejuízo ao erário, os antecedentes funcionais, entre outros.

Esse mesmo julgado incorre no equívoco de confundir "discricionariedade administrativa", que pressupõe juízo de conveniência e oportunidade e exatamente por isso inexiste na atividade

---

[178] MS nº 15064/DF, Rel. Ministro GILSON DIPP, TERCEIRA SEÇÃO, julgado em 09.11.2011, DJe 17/11/2011.
[179] MS nº 15690/DF, Rel. Ministro BENEDITO GONÇALVES, PRIMEIRA SEÇÃO, julgado em 26/10/2011, DJe 06.12.2011.

administrativa sancionadora, com dosimetria ou individualização da sanção disciplinar. Segundo o relator, o "administrador não tem qualquer margem de discricionariedade na aplicação da pena, tratando-se de ato plenamente vinculado", a afastar a possibilidade de o Judiciário reconhecer nulidade na sanção.

Todavia, a ausência de discricionariedade administrativa não significa que o administrador decidirá pela sanção sem observância de parâmetros legais que informam a dosimetria da penalidade. De fato, como defendemos, não existe juízo de conveniência e oportunidade na competência disciplinar, ao passo que o dever de dosimetria sim, haja vista os princípios da culpabilidade e da individualização da pena, ambos de estatura constitucional, que foram densificados no mencionado art. 128, da Lei nº 8.112.[180]

Dessa forma, cabe ao Judiciário avaliar se a dosimetria da sanção respeitou ou não os referidos princípios, sem que isso represente incursão indevida sobre a função administrativa, tal como foi feito no julgamento do MS nº 13523 (Terceira Seção), de 13.05.2009, oportunidade em que o Min. Arnaldo Esteves Lima afirmou serem "ilegais os Pareceres GQ-177 e GQ-183, da Advocacia-Geral da União, segundo os quais, caracterizada uma das infrações disciplinares previstas no art. 132 da Lei 8.112/90, se torna compulsória a aplicação da pena de demissão, *porquanto contrariam o disposto no art. 128 da Lei 8.112/90, que reflete, no plano legal, os princípios da individualização da pena, da proporcionalidade e da razoabilidade*".

Ocorre que, em 2012, na toada do mencionado MS nº 15.064, de 2011, a Primeira Turma do STJ consignou que sobre "a razoabilidade e proporcionalidade da pena aplicada esta Corte vem se posicionando no sentido de que, no âmbito do controle jurisdicional do processo administrativo disciplinar, *é vedado ao Poder Judiciário adentrar no mérito do julgamento administrativo, cabendo-lhe, apenas, apreciar a regularidade do procedimento, à luz dos princípios do contraditório e da ampla defesa*. Precedentes: RMS 32.573/AM, Rel. Min. Teori Albino Zavascki, Primeira Turma, DJe 12/8/11;

---

[180] Merece registro a decisão do STJ, proferida nos autos do AgRg no MS nº 12.957, de 27.09.2007, da Rel. Min. NAPOLEÃO NUNES MAIA FILHO, na qual se reconheceu a aplicação do art. 128, da Lei nº 8.112, em relação a todas as sanções previstas no estatuto do servidor.

MS 15.175/DF, Rel. Min. Humberto Martins, Primeira Seção, DJe 16/9/10; RMS 20537/SP, Rel. Min. Arnaldo Esteves Lima, Quinta Turma, DJ de 23/4/07".[181]

A tese adentra o ano de 2014, conforme se vê no trecho da seguinte ementa: "Sobre o exame da *razoabilidade e da proporcionalidade* da pena aplicada em sede de processo administrativo disciplinar, este Superior Tribunal de Justiça, especialmente por sua Primeira Seção, possui o posicionamento de que a análise em concreto do malferimento desses princípios enseja *indevido controle judicial sobre o mérito administrativo*, eis que cabe ao Poder Judiciário apenas apreciar a regularidade do procedimento à luz dos princípios do contraditório e da ampla defesa. Precedentes."[182]

Nesses casos, repita-se, não houve qualquer referência ao julgamento do MS nº 12.927, de 2007. Por outro lado, ainda que se diga existir precedentes que reconhecem nulidade do ato disciplinar por violação ao princípio da razoabilidade ou proporcionalidade, trata-se de exceções, conforme constatado nas premissas teóricas acolhidas nos casos referidos acima.

Grave, ainda, o fato de que a tese da limitação ao controle jurisdicional do ato disciplinar tem efeito multiplicativo, uma vez que o Superior Tribunal de Justiça é referência para os demais órgãos da Justiça quanto à correta interpretação da lei infraconstitucional. E esse desdobramento alcança, exatamente, as instâncias que têm, por excelência, a competência para examinar as provas apresentadas pelas partes, mas que, diante do entendimento da limitação do controle jurisdicional, poderão restringir-se apenas a argumentos de ordem formal, ou seja, sobre "a regularidade do procedimento à luz dos princípios do contraditório e da ampla defesa", desprestigiando as alegações sobre a violação a proporcionalidade na dosimetria da pena, sobre a ausência de culpabilidade do agente, sobre a ausência de prova suficiente a demonstrar a materialidade ou autoria do ilícito, entre outros.

---

[181] RMS nº 33.281/PE, Rel. Ministro BENEDITO GONÇALVES, PRIMEIRA TURMA, julgado em 28/02/2012, *DJe* 02.03.2012.
[182] AgRg no RMS nº 42.555/MS, Rel. Ministro MAURO CAMPBELL MARQUES, SEGUNDA TURMA, julgado em 20/03/2014, *DJe* 26.03.2014.

6.4 Reflexão crítica a partir da teoria da "adequabilidade normativa"

Conforme revelou o MS nº 12.927, há vários fundamentos que revelam o retrocesso da atual jurisprudência, especialmente se considerarmos o regime jurídico disciplinar, contudo, e considerando que este capítulo não dispõe de espaço para abordar todos os ângulos que o tema suscita, optamos por uma análise pela lente da teoria da adequabilidade normativa, já indicada nesta obra no Capítulo 2.

Pretende-se, portanto, tecer algumas considerações sobre a atividade de aplicação do Direito ao caso concreto, seja pelo administrador, seja pelo magistrado, especialmente quando em pauta processos administrativos sancionadores.

Klaus Günter ensina que, a partir do paradigma procedimental do Direito, são delineados os contornos entre o momento de elaboração e de aplicação normativa, admitindo-se discricionariedade no primeiro e vinculação no segundo. O autor defende a tese de que o discurso de validade de uma norma não possui, *per se*, aplicabilidade em todos os casos.[183] Distingue, portanto, a fase de fundamentação ou validade da fase de aplicação das normas.

Para a fundamentação das normas, afirma Klaus Günter, importa se é do interesse de todos que cada um a observe, visto que uma norma representa o interesse comum e não depende de sua aplicação, mas sim dos motivos apresentados para que ela tenha de ser observada por todos como uma regra.[184]

A partir dessas lições, pode-se afirmar que, no juízo de validade, há espaço para a chamada discricionariedade **legislativa**, quando se tratar da produção de lei, ou discricionariedade regulatória, quando se tratar da edição de ato administrativo regulador. Em ambos, há espaço de avaliação subjetiva, ainda que pautados por comandos constitucionais e legais, dos quais emergirão regras de conduta.

---

[183] GUNTHER, Klaus. *Teoria da argumentação no direito e na moral*: justificação e aplicação. Tradução Cláudio Molz. São Paulo: Landy Editora. 2004.
[184] GUNTHER, Klaus. *Teoria da argumentação no direito e na moral*: justificação e aplicação. Tradução Cláudio Molz. São Paulo: Landy Editora. 2004, p. 70.

Ocorre que esse momento – de validação – por si só não resolve o problema da aplicação da norma, já que cada caso é capaz de surpreender o aplicador do Direito, dada a limitação do saber humano e a finitude de seu tempo.

Ao discorrer sobre a aplicação do Direito, está-se referindo ao senso de adequabilidade, que se dá por meio de um processo de concreção em que se revelam todas as características da situação, bem como se analisam as normas que possam ser aplicadas ao caso concreto. Não está em pauta a validade da norma, mas a sua adequação ou não às características de uma única situação.

Por conseguinte, quando se consideram todas as particularidades do caso concreto, tendo em vista as normas produzidas no juízo de validação, chega-se à decisão adequada para a espécie, o que não envolve algo irreal ou se confunde com o conceito metafísico de justiça, porquanto o procedimento instaurado para o deslinde do conflito fornecerá os indicativos concretos para o balizamento da decisão.[185]

Marcelo Andrade Cattoni de Oliveira reforça esse entendimento ao afirmar que a determinação da norma adequada depende do entrelaçamento de argumentos e de perspectivas de interpretação acerca do caso concreto. Para tanto, *resulta indispensável a consideração dos pontos de vista dos indivíduos diretamente implicados*. O que se coloca em questão, frisa o autor, é "[...] a própria garantia de integridade do Direito, a fim de se garantir tanto a coerência normativa da decisão ao sistema jurídico, quanto a sua *adequabilidade ao caso concreto*".[186]

Ocorre que *não* há como reconhecer certa *margem de liberdade* quando se impõe a adoção da decisão "perfeita e adequada às circunstâncias concretas".[187] A decisão perfeita, ou correta, ou única

---

[185] SOUZA CRUZ, Álvaro Ricardo de. *Jurisdição constitucional democrática*. Belo Horizonte: Del Rey, p. 236, 2004.
[186] CATTONI DE OLIVEIRA, Marcelo Andrade. Coesão interna entre estado de direito e democracia na teoria discursiva do direito de Jurgen Habermas. *In*: CATTONI DE OLIVEIRA, Marcelo Andrade. *Jurisdição e hermenêutica constitucional no Estado Democrático de Direito*. Belo Horizonte: Mandamentos, p. 221, 2004.
[187] Gerson dos Santos Sicca bem observa que "[...] embora a discricionariedade não se apresente como arbitrariedade, entendimento já sustentado de há muito pela doutrina e jurisprudência pátrias, a sua definição no sentido de um espaço aberto a valorações conferido ao administrador para tomar a melhor decisão no caso concreto acaba por ignorar os verdadeiros momentos de autonomia do agente público. Se o espaço lhe é conferido para tomar a decisão que melhor atenda à finalidade legal ou à melhor

não quer dizer outra coisa senão àquela que *se demonstrou adequada ao caso concreto*, a partir da descrição completa dos elementos fáticos relevantes. Não se trata de uma decisão que seria a expressão da verdade absoluta, *a priori* e *abstratamente* considerada. Não há, *per se*, a solução unívoca. Esta é construída no juízo de aplicação da norma e, dessa maneira, *a posteriori*, ou seja, quando, além das normas *prima facie* aplicáveis, tem-se a completa descrição da situação concreta.

Portanto, quando se afirma que a única solução justa é um artifício irreal, está-se levando em conta apenas o juízo de justificação das normas.[188] De fato, no plano de validade, não há como apontar a única decisão – verdade absoluta –, vez que é possível imaginar uma pluralidade de soluções, à medida que se imaginam hipóteses com peculiaridades diversas. Para cada uma, em tese, pode haver respostas diferentes, a partir dos elementos que tenham sido cogitados. Exatamente por isso, faz-se necessária a inauguração do discurso de aplicação, a partir da ocorrência do caso concreto – datado e contextualizado –, para que se construa a única decisão adequada.

Menelick de Carvalho Netto bem observa que a sensibilidade do operador do Direito para as especificidades do caso concreto é fundamental para que se possa encontrar a norma adequada a produzir justiça naquela situação específica. Segundo o autor, a

---

observância dos princípios informadores, não se está diante de uma verdadeira liberdade, e sim, de estrita vinculação, e o agente deve demonstrar, por meio da motivação do ato, o raciocínio jurídico que o levou a entender que a solução adotada é a melhor diante das circunstâncias. Por via de conseqüência, se o ato deve identificar a solução correta, sua revisão plena pelo Poder Judiciário deverá ser plenamente admitida, tendo em conta a legitimidade desse poder para a garantia dos Direito Fundamentais." (SICCA, Gerson dos Santos. *Discricionariedade Administrativa:* conceitos indeterminados e aplicação. Curitiba: Juruá, p.139/140, 2006)

[188] É o que ocorre na afirmação de Eros Roberto Grau: "A suposição da existência de apenas uma definição verdadeira – exata – é insatisfatória no âmbito do Direito. Não há, nele, uma definição exata de qualquer termo conceitual, mas sempre um elenco de significações, de cada termo, conversível em elenco de 'definições' corretas. Vimos já que, no Direito, para cada problema podem ser discernidas inúmeras soluções, nenhuma delas exata, porém todas corretas. O dinamismo e a complexidade da realidade social reclamam a disponibilidade de um arsenal de soluções corretas a serem adotadas pelo aplicador do Direito.
De outra parte, em razão das mesmas causas acima referidas – complexidade e dinamismo da realidade social – a prisão do aplicador do Direito a uma concepção ontológica unidimensional torna-se também insatisfatória" (GRAU, Eros Roberto. *Direito, Conceitos e Normas Jurídicas*. São Paulo: Revista dos Tribunais, p. 78, 1988). O autor, naturalmente, está examinando a questão no âmbito do discurso de validade ou justificação das normas, no qual, de fato, o enunciado legal pode indicar diversas soluções.

diferença entre o discurso de justificação – validade ou legislativo –, regido pela exigência de abstração, e os discursos de aplicação – judiciais ou executivos –, regidos pela exigência de respeito às especificidades e à concretude de cada caso, é que fornece o substrato que Klaus Günther denomina de *senso de adequabilidade*, que, no *Estado Democrático de Direito*, é de se exigir do concretizador do ordenamento ao tomar as decisões.[189]

A *motivação*[190] *da decisão* torna-se, nesse contexto, indispensável, já que somente a partir da exposição dos fundamentos de fato e de direito, entre os quais se impõe o exame dos elementos relevantes apresentados no procedimento administrativo, será possível avaliar se a adequabilidade normativa foi, de fato, manejada pelo operador do Direito.[191]

Caberá ao Judiciário, portanto, averiguar se a motivação do administrador, ou mesmo do magistrado (na hipótese de duplo grau de jurisdição), é válida, ou seja, se as premissas fáticas conduzem ao enquadramento jurídico correto, considerando as pretensões a direito aduzidas pelas partes interessadas.

Importante destacar que o STJ, em julgado de 2007, avançou no controle jurisdicional da motivação do ato administrativo. Trata-se do RMS nº 20.288, no qual se constatou como o procedimento, na perspectiva exclusivamente formal, precária de conteúdo e comunicação, revela a face autoritária da Administração, incompatível com o Estado Democrático de Direito. No voto do Min. Felix Fischer, ressaltou-se o descabimento de decisão do Órgão Especial do Conselho Superior do Ministério Público do Estado

---

[189] CARVALHO NETTO, Menelick de. Da responsabilidade da administração pela situação falimentar da empresa privada economicamente viável por inadimplência ou retardo indevido da satisfação de valores contratados como contraprestação por obras realizadas. *Revista da Ordem dos Advogados*. Brasília: OAB, ano XXVI, v. 63, p. 146, jul./dez. 1996.

[190] "A motivação ou fundamentação do ato administrativo é o seu discurso justificador, a explicitação das razões que levaram a Administração a praticá-lo" (ARAÚJO, Florivaldo Dutra de. *Discricionariedade e motivação do ato administrativo*. In: LIMA, Sérgio Mourão Corrêa (Coord.). *Temas de direito administrativo*: estudos em homenagem ao Professor Paulo Neves de Carvalho. Rio de Janeiro: Forense. p. 120, 2006.).

[191] A respeito do tema, há excelentes trabalhos doutrinários, os quais demonstram que tanto nos atos ditos vinculados como nos discricionários, a motivação é indispensável. No caso destes, deve-se demonstrar que o administrador ateve-se aos limites dispostos na norma, a qual lhe conferiu certa margem de liberdade, já que admitiu mais de uma opção diante de determinado caso concreto.

de São Paulo que, ao indeferir o vitaliciamento de membro do Ministério Público, limitou sua motivação em "fundadas dúvidas" que "beneficiariam a Administração Superior do Ministério Público",[192] *sem refutar qualquer dos argumentos apresentados pelo servidor e sem considerar os diversos fundamentos do voto proferido no âmbito administrativo por conselheiro que acabou vencido*. Segundo o magistrado, é indispensável a indicação de provas consistentes e a devida consideração dos argumentos aduzidos nos autos. E consignou: "De fato, o ato atacado neste *mandamus* viola o princípio da motivação dos atos administrativos, elementar em qualquer Estado que se intitule Democrático de Direito".

A decisão assume a noção do devido processo legal na perspectiva substancial, que impõe o dever de observância de esquemas procedimentais pelos agentes investidos no exercício de função administrativa, a exigir devida motivação. Desse modo, tanto o administrador quanto o magistrado devem, especialmente quando em pauta a incidência de sanção a qualquer pessoa, considerar todas as particularidades do caso de modo a proferir decisões devidamente motivadas, sob pena de invalidação pelo Pode Judiciário.

A *decisão terminativa da atividade sancionadora* deverá, por conseguinte, considerar todas as manifestações aduzidas ao longo do procedimento e apresentar motivação embasada em razões de fato e de direito. Conforme salienta Florivaldo Dutra de Araújo,

> De nada valeria a formal participação do acusado em todos os termos e atos do processo administrativo, se não lhe fosse também garantido que o administrador, ao julgar, levasse em conta efetivamente, de maneira objetiva e palpável, os argumentos e provas por aquele trazidos ao processo. Direito de ser ouvido é direito de ter suas alegações examinadas pelo órgão julgador. Daí a importância da noção tedesca do *rechtsfertigender Staat* ('Estado que se justifica'), segundo a qual toda intromissão na órbita particular deve ser justificada. E não basta que

---

[192] A manifestação da Administração Pública na espécie em apreço faz recordar outro caso, citado por Odilon da Costa Manso, em *1952*, ao se reportar ao precedente norte-americano *Rudolph VS New Orleans*: "Existe uma forte presunção, pela lei, de que o que foi feito sob sanção de um dever público, no cumprimento de funções públicas, de boa-fé, pelo bem público, e sem vantagem particular, foi legalmente executado. Tôda dúvida sôbre a necessidade ou a oportunidade do ato funcional, desde que seja da competência do funcionário, deve ser resolvida contra quem ataca o ato e em favor de aquêle que exerce a função" (MANSO, Odilon da Costa. *Prostituição e poder de polícia*. São Paulo: [s.n.], 1952. Folheto, p. 10).

essa justificação exista materialmente. Ela precisa ser formalmente demonstrada, exposta.[193]

Em 2006, o STJ, na perspectiva da devida motivação, anulou decisão administrativa, pois "não atende a exigência de devida motivação imposta aos atos administrativos a indicação de conceitos jurídicos indeterminados, em relação aos quais a Administração limitou-se a conceituar o desempenho de servidor em estágio probatório como bom, regular ou ruim, sem, todavia, apresentar os elementos que conduziram a esse conceito".[194] Não foi diferente no MS nº 12.429, vez que a "infração funcional consistente em recebimento de vantagem econômica indevida, e de resto todas as infrações que possam levar à penalidade de demissão, deve ser respaldada em prova convincente, sob pena de comprometimento da razoabilidade e proporcionalidade".[195]

De fato, não haveria sentido algum em se exigir o atendimento ao devido processo legal se a Administração ou o Judiciário pudesse ignorar os argumentos aduzidos pelas partes interessadas, razão pela qual a motivação deve apresentar o relato das ponderações de todos os envolvidos e a respectiva fundamentação técnica que refute ou acolha tais manifestações.

Tais noções são perfeitamente aplicáveis ao controle judicial do ato disciplinar, que não se limita a "apreciar a regularidade do procedimento à luz dos princípios do contraditório e da ampla defesa",[196] negligenciando-se sobre a verificação da razoabilidade ou individualização da sanção. Indispensável que o administrador demonstre, na motivação do ato que impõe a penalidade, o respeito a esses parâmetros, à luz das particularidades do caso concreto, sob pena de nulidade por violação ao princípio da motivação do ato administrativo que, se não bastasse fluir do princípio do devido

---

[193] ARAÚJO, Florivaldo Dutra de. *Motivação e controle do ato administrativo*. 2. ed. Belo Horizonte: Del Rey, 2005, p. 144).

[194] RMS nº 19210/RS, Rel. Ministro FELIX FISCHER, QUINTA TURMA, julgado em 14.03.2005, DJ 10/04/2006, p. 235.

[195] MS 12429/DF, Rel. Ministro FELIX FISCHER, TERCEIRA SEÇÃO, julgado em 23.05.2007, DJ 29.06.2007, p. 484.

[196] AgRg no RMS nº 42.555/MS, Rel. Ministro MAURO CAMPBELL MARQUES, SEGUNDA TURMA, julgado em 20.03.2014, *DJe* 26.03.2014.

processo, foi expressamente acolhido no art. 2º, parágrafo único, VII, da Lei nº 9.784, de 29.01.1999.

6.5 Considerações finais

Podemos constatar que o STJ, atualmente, e em completa desconsideração do entendimento acolhido no MS nº 12.927, reconhece a existência de discricionariedade administrativa ("mérito administrativo") no ato disciplinar, a limitar o respectivo controle jurisdicional.

Esse entendimento, além de violar diversos comandos legais e constitucionais, conforme exposto no precedente em destaque, desconhece que a aplicação de normas de direito disciplinar impõe a devida motivação por parte do administrador, sob pena de nulidade por parte do Judiciário.

A teoria da adequabilidade normativa corrobora essa conclusão, pois nos faz ver, especialmente quando em pauta processos sancionadores (não se trata de juízo de prognose[197]), que o aplicador da norma deve considerar todas as particularidades do caso concreto, especialmente as pretensões a direito aduzidas pelas partes, para que se possa alcançar a decisão adequada, não havendo espaço para juízo de conveniência ou oportunidade. Nesse ponto, mais uma vez, vimos que o dever de motivação é imposição tanto ao administrador público quanto ao próprio magistrado, no discurso de aplicação normativa.

Assim, percebemos a necessidade de o STJ revisitar a sua própria jurisprudência, de modo a consolidar, efetivamente, a razão de sua existência.

---

[197] Leitura obrigatória: SOUSA, António Francisco de. *Conceitos jurídicos indeterminados no direito administrativo*. Coimbra: Almedina, 1994, 268 p.

CAPÍTULO 7

CONCLUSÕES

Como visto, a literatura jurídica brasileira ainda prestigia, na relação entre o Estado e o servidor, concepções que ressaltam a unilateralidade no agir da Administração. A discricionariedade administrativa, por exemplo, é frequentemente admitida, razão pela qual decisões judiciais reportam-se ao juízo de conveniência e oportunidade que estaria presente no ato que impõe sanção a servidor público.

Tais concepções foram refutadas neste trabalho.

Primeiro, a partir da análise do paradigma do Estado Democrático de Direito, no qual se inserem a cidadania e o pluralismo (art. 3º, II e V, Constituição da República de 1988), que pressupõe a consideração dos diversos interesses presentes na sociedade e da efetiva participação dos cidadãos, destacando-se a importância da instauração de procedimentos por meio dos quais as decisões administrativas sejam adotadas. Não há espaço para teorias que comprometam essa diretriz constitucional sob o argumento, típico do Estado Social de Direito, de que caberia ao Estado, com exclusividade, definir o interesse público ou o que seja "bom" para todos.

Segundo, demonstrou-se que a Teoria da Adequabilidade Normativa revela a indispensável consideração das peculiaridades do caso concreto, em sintonia, portanto, com os comandos decorrentes do Estado Democrático de Direito.

A distinção do juízo de aplicação das normas do de justificação, como preconiza a Teoria da Adequabilidade Normativa, demonstra que o aplicador do Direito não pode pressupor que a norma jurídica, por si só, determine sua aplicação. O conhecimento dos participantes do discurso é limitado; e o tempo, finito. As circunstâncias fáticas, do mesmo modo, não são reveladas, pura e simplesmente, pela capacidade de intelecção do julgador. Por essas razões, faz-se necessária a dimensão de aplicação das normas por meio do devido processo legal.

Ao falar da aplicação de uma norma, está-se referindo, portanto, à adequabilidade que só acontece por meio de um processo em que se descobrem todas as características da situação, bem como se analisam todas as normas que eventualmente podem ser aplicadas ao caso concreto. Não está em pauta a validade da norma, mas a sua adequação às características de um dado caso.

Nos processos disciplinares, por possibilitarem a imposição de sanções aos servidores, exige-se especial atenção às orientações da Teoria da Adequabilidade Normativa. É o devido processo legal administrativo que, ao viabilizar o diálogo entre os envolvidos e proporcionar a exposição e análise das especificidades que cada caso apresenta, concretiza os comandos do Estado Democrático de Direito.

Por conseguinte, o administrador público, ao proferir julgamento em processo administrativo disciplinar, não deve se satisfazer apresentando ao servidor qualquer resposta dentro das possíveis leituras abarcadas na moldura legal. A Administração deve alcançar a única solução para o caso,[198] levando em consideração as peculiaridades apresentadas no decorrer do processo disciplinar, o que pressupõe a participação das partes envolvidas. Caso haja um descompasso entre as singularidades do caso e a decisão administrativa, cabe ao Judiciário (art. 5º, XXXV, Constituição da República de 1988) restabelecer a legalidade.

A noção paradigmática do Direito, à luz da Teoria da Adequabilidade Normativa apresentada no Capítulo 2, mostrou, assim, que a Administração Pública, no exercício da função sancionadora, não está amparada por um suposto juízo de conveniência e oportunidade que limitaria a revisão judicial de suas decisões.

---

[198] Recorde-se com Cruz (2004, p. 236) que, no Estado Democrático de Direito, a única decisão não é algo irreal ou se confunde com um conceito metafísico de justiça, já que o procedimentalismo fornece indicativos concretos para o balizamento da decisão.

Nos capítulos que se seguiram, a aplicação do marco teórico dirigiu-se mais especificadamente ao foco da pesquisa. Para tanto, fez-se necessário delinear os princípios fundamentais que compõem o regime jurídico disciplinar, revelando sua autonomia em face do regime jurídico penal, sem que fossem esquecidos os comandos constitucionais comuns a tais ramos do direito.

Preliminarmente, demonstrou-se que a relação de especial sujeição não compromete a condição do servidor público de sujeito de direito, apesar de se reconhecer que o vínculo apresenta particularidades se comparado à relação estabelecida entre o Estado e os cidadãos em geral.

Admite-se, por exemplo, que o regime jurídico disciplinar valha-se de conceitos jurídicos indeterminados ou cláusulas gerais, exatamente em razão de não ser possível o estabelecimento exaustivo e minucioso de todos os deveres e comportamentos do servidor público. Todavia, a lei formal deve conter as orientações básicas a respeito das responsabilidades e infrações funcionais, especificando as espécies de sanções, como, aliás, prevê a Lei nº 8.112/90. A contribuição regulamentar, outrossim, não significa, necessariamente, comprometimento da reserva legal e do princípio da tipicidade, desde que o núcleo da regulamentação esteja contido em lei. A propósito, o princípio da tipicidade é atendido a partir de uma análise conjunta dos atos normativos que dizem respeito às atribuições do servidor público.

O princípio da culpabilidade, por sua vez, não deve ser substituído pela ideia de mera voluntariedade, na qual não se exige a demonstração do dolo ou culpa do servidor público. A estatura constitucional daquele princípio, vislumbrada, entre outros, no princípio da individualização da sanção, impõe a sua observância no âmbito do processo administrativo disciplinar. Aliás, a Constituição exige a caracterização do dolo ou da culpa do agente público para fins de ajuizamento de ação de regresso (art. 37, §6º, Constituição da República de 1988), cuja finalidade é ressarcir os cofres públicos. Logo, por maior razão tais elementos subjetivos devem restar caracterizados para que uma sanção seja imposta ao cidadão, especialmente por se tratar de matéria diretamente relacionada à dignidade da pessoa humana. No mesmo sentido, só é possível satisfazer a finalidade preventiva da sanção disciplinar se for possível exigir do servidor público conduta distinta da que foi praticada, o que, por simples exigência de voluntariedade, é inviável.

Ainda relativamente à adequabilidade da sanção disciplinar, afastou-se a ideia de que existiria discricionariedade administrativa na "escolha" da sanção a ser imposta ao servidor público. Os princípios da individualização da pena, da culpabilidade, bem como o disposto no art. 128 da Lei nº 8.112/90 sustentaram tal conclusão, a par das análises feitas a respeito da Teoria da Adequabilidade Normativa aplicada à atividade sancionadora da Administração Pública. Mostrou-se, em seguida, que o art. 128 da Lei nº 8.112/90, como instrumento de efetivação da individualização da sanção, deve ser aplicado em relação a todas as espécies de penalidade e não apenas à hipótese de suspensão, sob pena de comprometimento dos diversos princípios constitucionais mencionados, os quais constituem direitos fundamentais do cidadão.

Observou-se, ademais, que a estabilidade do servidor público, esculpida pelo constituinte originário como meio de assegurar a independência funcional e, por conseguinte, garantir a prestação eficiente dos serviços públicos, reforça a rede de proteção expressa no regime jurídico disciplinar.

Já no Capítulo 4, foi possível demonstrar que a aplicação dos chamados conceitos jurídicos indeterminados, no que diz respeito à atividade sancionadora do Estado, não implica discricionariedade administrativa. O uso de tais conceitos na norma não coloca o servidor sob o juízo de conveniência e oportunidade do administrador público, tendo em vista se tratar de mera aplicação da norma, que considera o regime jurídico disciplinar. Como salientado, ou há boa-fé ou não há; ou o comportamento é desidioso ou não. Esses exemplos remetem à indispensável consideração das peculiaridades de cada caso como meio de constatar a ocorrência ou não de infração disciplinar.

O alcance do controle jurisdicional sobre a sanção disciplinar foi examinado, mais detidamente, no Capítulo 5. Primeiro, demonstrou-se que o princípio da unicidade de jurisdição impõe ampla revisão pelo Judiciário dos atos administrativos vinculados, como o ato disciplinar, sem que seja comprometida, portanto, a separação de poderes. Os requisitos da motivação dos atos administrativos foram ressaltados, vez que a impugnação judicial da sanção disciplinar pode direcionar-se à própria motivação do ato como também ao motivo. Imprescindível, assim, que haja tanto uma sintonia entre os fundamentos do ato sancionador e os elementos apurados no processo administrativo disciplinar quanto à efetiva demonstração de existência dos fatos apurados.

Em um segundo momento, constatou-se que a jurisprudência reconhece a existência de discricionariedade administrativa na atividade disciplinar, a par de ignorar, quase sempre, as circunstâncias fáticas dos casos concretos submetidos a seu exame, sob o argumento de que se estaria diante de juízo de conveniência e oportunidade reservado à Administração. Refutaram-se tais premissas a partir da análise de raras decisões que apontam para o sentido oposto ao preconizado no entendimento majoritário.

Demonstrou-se, também, que o dever de o Judiciário especificar a sanção adequada e determinar sua imposição decorre da inexistência de discricionariedade na função administrativa disciplinar. Porém, esse controle dependerá das peculiaridades de cada caso, da natureza do vício constatado e da prescrição da pretensão punitiva.

Exame comparativo do controle judicial das sanções disciplinares aplicadas no âmbito do Direito do Trabalho corroborou os resultados até então expostos. A legitimidade do controle judicial acerca da penalidade aplicada pelo empregador e da respectiva gradação do ato sancionador acentuou o cabimento e a extensão do exame jurisdicional das sanções disciplinares impostas ao servidor público. Tal constatação decorre da própria proteção constitucional, expressa tanto no regime jurídico disciplinar quanto na figura da estabilidade no serviço público.

Finalmente, foi criticada mais uma restrição ao alcance do controle jurisdicional da sanção disciplinar: trata-se de entendimento predominante nos Tribunais segundo o qual, em sede de mandado de segurança, seria inviável a reavaliação pelo Judiciário das provas contidas no processo administrativo disciplinar. Ocorre que tal reavaliação não constitui, por si só, obstáculo para a admissão da via do *mandamus*, desde que haja prova pré-constituída da ocorrência dos fatos alegados na impetração.

Ademais, o requisito do direito líquido e certo pode consistir, exatamente, no ilegal enquadramento jurídico realizado pela Administração à vista dos fatos. A possibilidade de revaloração pelo

Judiciário implica, consequentemente, análise dos documentos apresentados com a exordial do mandado de segurança, os quais compõem os autos do processo administrativo disciplinar.

Cabe, também, em sede mandamental, o exame de controvérsia fático-jurídica, "em que a dúvida recai sobre a consumação de determinado fato jurídico, cujos aspectos fáticos possam ser apurados mediante o exame de documentos" (JUSTEN FILHO, 2006, p. 772). Prestigia-se, dessa maneira, a interpretação ampliativa do manejo de uma garantia fundamental elencada no art. 5º, inciso LXIX, da Constituição de 1988, como, de resto, devem ser interpretados todos os incisos do dispositivo constitucional em tela.

Por fim, no Capítulo 7, demonstrou-se o retrocesso da jurisprudência do STJ, que, num primeiro momento, acolhendo o entendimento defendido nesta obra (MS nº 12.927), reconheceu inexistir discricionariedade administrativa, mas, especialmente, após alteração interna de competência de suas turmas julgadoras, passou a reiterar entendimento anterior diametralmente oposto sem, contudo, fazer qualquer alusão ao precedente MS nº 12.927/DF.

Por todo o exposto, conclui-se que o amplo controle jurisdicional das sanções disciplinares não só é possível, dada à inexistência de discricionariedade administrativa, como constitucionalmente imposto, em razão dos princípios do devido processo legal e da unicidade de jurisdição. Garante-se, enfim, a efetiva tutela jurisdicional de direitos constitucionais do servidor público e não o mero reconhecimento do processo administrativo disciplinar, cuja decisão final estaria imune ao reexame do órgão constitucional competente para afirmar, com definitividade, a violação ou não ao Direito. Resta, enfim, que o Tribunal da Cidadania possa revisitar o tema, considerando sua própria jurisprudência.

REFERÊNCIAS

ARAÚJO, Florivaldo Dutra de. Discricionariedade e motivação do ato administrativo. In: LIMA, Sérgio Mourão Corrêa (Coord.). *Temas de direito administrativo*: estudos em homenagem ao professor Paulo Neves de Carvalho. Rio de Janeiro: Forense, 2006. p. 99-125.

ARAÚJO, Florivaldo Dutra de. *Motivação e controle do ato administrativo*. 2. ed. Belo Horizonte: Del Rey, 2005. 206 p.

BACELLAR FILHO, Romeu Felipe. *Processo administrativo disciplinar*. 2. ed. São Paulo: Max Limonad, 2003. 405 p.

BACIGALUPO, Enrique. *Sanciones administrativas*: derecho español y comunitario. Madrid: Ed. Colex, 1991. 163 p.

BANDEIRA DE MELLO, Celso Antônio. *Curso de direito administrativo*. 20. ed. rev. atual. São Paulo: Malheiros, 2005. 1032 p.

BANDEIRA DE MELLO, Celso Antônio. *Discricionariedade e controle jurisdicional*. 2. ed. São Paulo: Malheiros, 2003. 110 p.

BANDEIRA DE MELLO, Oswaldo Aranha. *Princípios gerais de direito administrativo*. 3. ed. São Paulo: Malheiros, 2007. v. 1, 765 p.

BARBI, Celso Agrícola. *Do mandado de segurança*. 10. ed. rev. e atual. Rio de Janeiro: Forense, 2002. 302 p.

BATISTA, Nilo. *Introdução crítica ao direito penal brasileiro*. Rio de Janeiro: Revan,1990. 136 p.

BAUMAN, Zygmunt. *Modernidade líquida*. Rio de Janeiro: Jorge Zahar Ed., 2001. 258 p. Original em inglês.

BOSCHI, José Antonio Paganella. *Das penas e seus critérios de aplicação*. 3. ed. rev., atual. Porto Alegre: Livr. do Advogado, 2004. 440 p.

BRASIL. Constituição (1988) *Constituição da República Federativa do Brasil de 1988*. 05 de outubro de 1988. Brasília, 05 out. 1988. Disponível em: <http://www.planalto.gov.br/ccivil_03/Constituicao/Constituiçao.htm>. Acesso em: 21 abr. 2007.

BRASIL. Decreto-lei 2.848, de 07 de dezembro de 1940. Código Penal. *Diário Oficial*, 31 dez. 1940. Disponível em: <https://legislacao.planalto.gov.br/legislacao>. Acesso em: 21 abr. 2007.

BRASIL. Lei 8.112, de 11 de dezembro de 1990. Dispõe sobre Regime Jurídico dos Servidores Públicos Civis da União, das Autarquias e das Fundações Públicas Federais. *Diário Oficial*, 12 dez. 1990. Disponível em: <https://legislacao.planalto.gov.br/legislacao>. Acesso em: 21 abr. 2007.

BRASIL. Lei 9.784, de 29 de janeiro de 1999. Regula o Processo Administrativo no Âmbito da Administração Pública Federal. *Diário Oficial*, 01 fev. 1999. Disponível em: <https://legislacao.planalto.gov.br/legislacao>. Acesso em: 21 abr. 2007.

BRASIL. Superior Tribunal de Justiça. Portaria nº 359, de 17 de julho de 2006. *Boletim de Serviço [do] Superior Tribunal de Justiça*, 21 jul. 2006. Disponível em: <http://bdjur.stj.gov.br/dspace/handle/2011/2779>. Acesso em: 21 maio 2007.

BRASIL. Supremo Tribunal Federal. Apelação Cível nº 7307. Relator: Ministro José Linhares. Acórdão de 10 de jun. de 1942 apud LEAL, Vítor Nunes. O exame, pelo Judiciário, da "legalidade" dos atos administrativos. *Revista de Direito Administrativo*, v. 3, n. 3, jan. 1946.

BROSS, Siegfried. *O sistema do controle judicial da Administração Pública e a codificação da jurisdição administrativa*. Niterói, 22 ago. 2006. Disponível em: <http://aplicaext.cjf.gov.br/phpdoc/pages/sen/portaldaeducacao/textos_fotos/semi/Siegfried_Bross.doc?PHPSESSID=c3c547f6fdf95b1b39326895ba0524a1>. Acesso em: 16 out. 2006. Palestra.

BULLINGER, Martin. A discricionariedade da Administração Pública. *Revista de Ciência Política*, Rio de Janeiro, v. 30, n. 2, p. 3-23, abr./jun. 1987.

CAETANO, Marcello. *Manual de direito administrativo*. 9. ed. Coimbra: Almedina, 1983. v. 2, 1454 p.

CAMPOS, Francisco. *Direito administrativo*. Rio de Janeiro: Imprensa Nacional, 1943. 359 p.

CAMPOS, Tomás Cano. La analogía en el derecho administrativo sancionador. In: MOREIRA NETO, Diogo de Figueiredo (Coord.). *Uma avaliação das tendências contemporâneas do direito administrativo*: obra em homenagem a Eduardo García de Enterría. São Paulo: Renovar, 2003. p. 567-616.

CARNELUTTI, Francesco. *Como se faz um processo*. 2. ed. Campinas: Minelli, 2004. 127 p.

CARVALHO NETTO, Menelick de. A hermenêutica constitucional sob o paradigma do Estado Democrático de Direito. In: OLIVEIRA, Marcelo Andrade Cattoni de. *Jurisdição e hermenêutica constitucional no Estado Democrático de Direito*. Belo Horizonte: Mandamentos, 2004. p. 25-44.

CARVALHO NETTO, Menelick de. A interpretação das leis: um problema metajurídico ou uma questão essencial do Direito? De Hans Kelsen a Ronald Dworkin. *Cadernos da Escola do Legislativo*, Belo Horizonte, v. 3, n. 5, p.27-30, jan./jul. 1997.

CARVALHO NETTO, Menelick de. Prefácio. In. CATTONI, Marcelo. *Poder constituinte e patriotismo constitucional*. Belo Horizonte: Mandamentos, 2006. p. 23.

CARVALHO NETTO, Menelick de. Requisitos pragmáticos da interpretação jurídica sobre o paradigma do Estado Democrático de Direito. *Revista de Direito Comparado*, Belo Horizonte, v. 3, p. 473-486, 2000.

CARVALHO NETTO, Menelick de. Uma reflexão constitucional acerca dos direitos fundamentais do portador de sofrimento ou transtorno mental em conflito com a lei. *Veredas do Direito*, Belo Horizonte, v. 2, n. 4, p. 67-80, jul./dez. 2005.

CARVALHO, Cristiano. *Teoria do sistema jurídico*: direito, economia, tributação. São Paulo: Quartier Latin, 2005. 431 p.

CHAMON JUNIOR, Lúcio Antônio. Tertium non datur: pretensões de coercibilidade e validade em face de uma teoria da argumentação jurídica no marco de uma compreensão procedimental do Estado Democrático de Direito. In: OLIVEIRA, Marcelo Andrade Cattoni de. *Jurisdição e hermenêutica constitucional no Estado Democrático de Direito*. Belo Horizonte: Mandamentos, 2004. p. 79-120.

COELHO, Sacha Calmon Navarro. Direito penal tributário: infrações e sanções. *Revista de Direito Tributário*, São Paulo, n. 75, p. 111-116, 1997.

CORREIA, José Manuel Sérvulo. *Legalidade e autonomia contratual nos contratos administrativos*. Coimbra: Almedina, 1987. 822 p.

COSTA, José Armando da. Vícios e formas de saneamento do ato disciplinar. *Fórum Administrativo — Direito Público*, Belo Horizonte, v. 29, ano 3, n. 29, p 2496-2514, jul. 2003.

COSTA, José Rubens. *Infrações político-administrativas e impeachment*. Rio de Janeiro: Forense, 2000. 78 p.

COSTA, Regina Helena. Conceitos jurídicos indeterminados e discricionariedade administrativa. *Revista da Procuradoria Geral do Estado de São Paulo*, São Paulo, n. 29, p.79-108, jun. 1988.

CRETELLA JÚNIOR, José. *Prática do processo administrativo*. 5. ed., rev. atual. São Paulo: R. dos Tribunais, 2006. 240 p.

CRUZ, Álvaro Ricardo de Souza. *Jurisdição constitucional democrática*. Belo Horizonte: Del Rey, 2004, 475 p.

CRUZ, Álvaro Ricardo Souza de. *O direito à diferença*. 2. ed. Belo Horizonte: Del Rey, 2005.

DEL TESO, Ángeles de Palma. *El principio de culpabilidad en el derecho administrativo sancionador*. Madrid: Tecnos, 1996. 225 p.

DELGADO, Mauricio Godinho. *Curso de direito do trabalho*. São Paulo: LTr, 2002. 1448 p.

DI PIETRO, Maria Sylvia Zanella. *Direito administrativo*. 19. ed. São Paulo: Atlas, 2006. 823 p.

DI PIETRO, Maria Sylvia Zanella. *Discricionariedade administrativa na Constituição de 1988*. 2. ed. São Paulo: Atlas, 2001. 242 p.

DIÁRIO DA JUSTIÇA. Brasília: STF, n. 228, 09 out. 1945.

DIAS, Eduardo Rocha. *Sanções administrativas aplicáveis a licitantes e contratados*. São Paulo: Dialética, 1997. 126 p.

DWORKIN, Ronald. *O império do direito*. São Paulo: Martins Fontes, 2003. 513 p.

FAGUNDES, Miguel Seabra. Conceito de Mérito no Direito Administrativo. *Revista Forense*, Rio de Janeiro, v. 139, n. 49, p. 1-24, 1952.

FAGUNDES, Miguel Seabra. *O controle dos atos administrativos pelo Poder Judiciário*. 7. ed. Rio de Janeiro: Forense, 2005. 538 p.

FARIAS, Márcia Albuquerque Sampaio. *Sanções disciplinares aos servidores públicos: discricionariedade e controle judicial na aplicação*. Rio de Janeiro: Letra Legal, 2004. 170 p.

FERRAZ, Luciano. Due process of law e parecer prévio das cortes de contas. *Revista Diálogo Jurídico*, Salvador, CAJ – Centro de Atualização Jurídica, ano 1, n. 9, dez. 2001. Disponível em: <http://www.direitopublico.com.br>. Acesso em: 17 maio 2007.

FERRAZ, Sérgio. Extinção dos atos administrativos: algumas reflexões. *Revista de Direito Administrativo*, Rio de Janeiro, n. 231, p. 47-66, jan./mar. 2003.

FERRAZ, Sérgio. *Mandado de segurança*. São Paulo: Malheiros, 2006. 462 p.

FERREIRA, Daniel. *Sanções administrativas*. São Paulo: Malheiros. 2001. 207 p.

FIGUEIRAS JÚNIOR, Marcus Vinícius. *Conceitos jurídicos indeterminados e discricionariedade administrativa*. Rio de Janeiro: Lumen Juris, 2007. 211 p.

FIGUEIREDO, Lúcia Vale. *Curso de direito administrativo*. 7. ed., rev. atual. ampl. São Paulo: Malheiros, 2004. 687 p.

FREITAS, Juarez. *O controle dos atos administrativos e os princípios fundamentais*. 3. ed. rev., ampl. São Paulo: Malheiros, 2004. 367 p.

GALLEGO ANABITARTE, Alfredo. Las relaciones especiales de sujeción y el principio de la legalidad de la Administración: contribución a la teoría del Estado de derecho. *Revista de Administración Pública*, Madrid, v. 17, n. 34, p. 11-51, enero 1961.

GALUPPO, Marcelo Campos. Hermenêutica constitucional e pluralismo. In. SAMPAIO, José Adércio Leite; CRUZ, Álvaro Ricardo Sousa. (Coord.) *Hermenêutica e jurisdição constitucional*. Belo Horizonte: Del Rey, 2001. 326 p.

GALUPPO, Marcelo Gampos. *Igualdade e diferença*: Estado Democrático de Direito a partir do pensamento de Habermas. Belo Horizonte: Mandamentos, 2002. 144 p.

GARCÍA DE ENTERRÍA, Eduardo; FERNÁNDEZ, Tomás-Ramón. *Curso de direito administrativo*. São Paulo: R. dos Tribunais, 1990. 957 p.

GASPARINI, Diogenes. *Direito administrativo*. 10. ed. rev., atual. São Paulo: Saraiva, 2005. 950 p.

GOMES, Luiz Flávio. Princípio da legalidade penal e suas garantias mínimas da inconciliabilidade entre a garantia da 'lex populi' e as medidas provisórias. In: TEIXEIRA, Sálvio de Figueiredo (Coord.). *Estudos em homenagem ao ministro Adhemar Ferreira Maciel*. Rio de Janeiro: Saraiva, 2001. p. 497-522.

GRAU, Eros Roberto. *Direito, conceitos e normas jurídicas*. São Paulo: R. dos Tribunais, 1988. 204 p.

GÜNTHER, Klaus. *Teoria da argumentação no direito e na moral*: justificação e aplicação. São Paulo: Landy, 2004. 423 p. Original em alemão.

GÜNTHER, Klaus. Uma concepção normativa de coerência para uma teoria discursiva da argumentação. *Cadernos de Filosofia Alemã*, v. 6, p. 84-102, 2000.

HABERMAS, Jürgen. *Direito e democracia*: entre facticidade e validade. Rio de Janeiro: Tempo Brasileiro, 2003. v. 2, 352 p. Original em alemão.

HABERMAS, Jürgen. *Direito e democracia*: entre facticidade e validade. 2. ed. Rio de Janeiro: Tempo Brasileiro, 2003. v. 1, 354 p. Original em alemão.

HABERMAS, Jürgen. *Faktizität un Geltung, Beiträge zur Diskurstheorie des Rechts un des demokratischen Rechtsstaats*. 2. Aufl. Frankurt: Sunhrkamp, 1994. 704 p apud GALUPPO, Marcelo Gampos. *Igualdade e diferença*: Estado Democrático de Direito a partir do pensamento de Habermas. Belo Horizonte: Mandamentos, 2002. 144 p.

HESSE, Konrad. *Elementos de direito constitucional da República Federal da Alemanha*. Porto Alegre: Sério Antonio Fabris Ed., 1998. 576 p.

INFORMATIVO STF. Brasília, n. 449, 20-24 nov. 2006. Disponível em: <http://www.stf.gov.br/noticias/informativos/anteriores/info449.asp#transcricao1>. Acesso em: 02 maio 2007.

JUSTEN FILHO, Marçal. *Curso de direito administrativo*. 2. ed. São Paulo: Saraiva, 2006. 851 p.

JUSTEN FILHO, Marçal. *Curso de direito administrativo*. São Paulo: Saraiva, 2005. 863 p.

KELSEN, Hans. Sobre a teoria da interpretação. *Cadernos da Escola do Legislativo*, Belo Horizonte, p. 31-43, jan./jun. 1997.

KUHN, Thomas S. *A estrutura das revoluções científicas*. 8. ed. São Paulo: Perspectiva, 2003. 260 p.

LEAL, Vítor Nunes. O exame pelo judiciário da "legalidade" dos atos administrativos. *Revista de Direito Administrativo*, v. 3, n. 3, p.69-98, jan. 1946.

LEGISLAÇÃO administrativa. In: BRASIL; MEDAUAR, Odete (Org). *Constituição Federal, coletânea de legislação administrativa*. 7. ed. rev, ampl. e atual. São Paulo: R. dos Tribunais, 2007. p 209-1066.

LEITE, Luciano Ferreira. *Discricionariedade administrativa e controle judicial*. São Paulo: R. dos Tribunais, 1981. 77 p.

LEITE, Luciano Ferreira. *Interpretação e discricionariedade*. São Paulo: RCS, 2006. 171 p.

LIMA, Ruy Cirne. *Princípios de direito administrativo*. 7. ed. rev. São Paulo: Malheiros, 2007. 589 p.

MARQUES NETO, Floriano Azevedo. Processo disciplinar e sindicância. *Boletim de Direito Municipal*, São Paulo, v. 20, n. 11, p. 803-810, 2004.

MARTINS, Leonardo (Org.). *Cinqüenta anos de jurisprudência do Tribunal Constitucional Federal Alemão*. Tradução de Beatriz Hennig et al. Montevideo: Fundación Konrad-Adenauer, 2005. 993 p. Coletânea original: Jürden Schwabe.

MAYER, Otto apud GALLEGO ANABITARTE, Alfredo. Las relaciones especiales de sujeción y el principio de la legalidad de la Administración – contribución a la teoría del Estado de derecho. *Revista de Administración Pública*, Madrid, v. 12, n. 34, p. 11-51, jan. 1961.

MEDAUAR, Odete. *Direito administrativo moderno*. 8. ed. rev. atualizada. São Paulo: R. dos Tribunais, 2004. 512 p.

MEDAUAR, Odete. *Processualidade no direito administrativo*. São Paulo: R. dos Tribunais, 1993. 167 p.

MEIRELLES, Hely Lopes. *Direito administrativo brasileiro*. 23. ed. São Paulo: Malheiros, 1998. 701 p.

MEIRELLES. Hely Lopes. *Direito administrativo brasileiro*. 28. ed. São Paulo: Malheiros, 2003. 798 p.

MELLO, Rafael Munhoz de. Sanção administrativa e o princípio da culpabilidade. *Revista de Direito Administrativo e Constitucional*, Belo Horizonte, ano 5, n. 22, p. 25-57, out./dez. 2005.

MESQUITA, Luiz José de. *Direito disciplinar do trabalho*. 2. ed. São Paulo: LTR, 1991. 355 p.

MONCADA, Luís Cabral de. As relações especiais de poder no direito português. *Revista Jurídica da Universidade Moderna*, Porto, v. 1, n. 1, p. 181-210, 1998.

MORAES, Germana de Oliveira. *Controle jurisdicional da Administração Pública*. São Paulo: Dialética, 1999. 207 p.

MORESCO, Celso Luiz. Conceitos jurídicos indeterminados. *Revista Trimestral de Direito Público*, São Paulo, n. 14, p. 78-98, 1996.

NIETO, Alejandro. *Derecho administrativo sancionador*. 4. ed. Madrid: Tecnos, 2006. 591 p.

NOBRE JÚNIOR, Edilson Pereira. Sanções administrativas e princípios de direito penal. *Revista Trimestral de Jurisprudência dos Estados*, São Paulo, p. 53-77, v. 24, mar./abr. 2000.

OLIVEIRA, Marcelo Andrade Cattoni de. Coesão interna entre estado de direito e democracia na teoria discursiva do direito de Jürgen Habermas. In: OLIVEIRA, Marcelo Andrade Cattoni de. *Jurisdição e hermenêutica constitucional no Estado Democrático de Direito*. Belo Horizonte: Mandamentos, 2004. p. 171-188.

OLIVEIRA, Marcelo Andrade Cattoni de. *Direito constitucional*. Belo Horizonte: Mandamentos, 2002. 208 p.

OLIVEIRA, Marcelo Andrade Cattoni de. *Jurisdição e hermenêutica constitucional no Estado Democrático de Direito*. Belo Horizonte: Mandamentos, 2004. 584 p.

OLIVEIRA, Marcelo Andrade Cattoni de. Jurisdição e hermenêutica constitucional no Estado Democrático de Direito: um ensaio de teoria da interpretação enquanto teoria discursiva da argumentação jurídica de aplicação. In: OLIVEIRA, Marcelo Andrade Cattoni de. *Jurisdição e hermenêutica constitucional no Estado Democrático de Direito*. Belo Horizonte: Mandamentos, 2004. p. 54.

OLIVEIRA, Regis Fernandes de. *Infrações e sanções administrativas*. 2. ed. rev., atual., ampl. São Paulo: R. dos Tribunais, 2005. 143 p.

OMMATI, José Emílio Medauar. A teoria jurídica de Ronald Dworkin: o direito como integridade. In: OLIVEIRA, Marcelo Andrade Cattoni de. *Jurisdição e hermenêutica constitucional no Estado Democrático de Direito*. Belo Horizonte: Mandamentos, 2004. p. 151-168.

OSÓRIO, Fábio Medina. *Direito administrativo sancionador*. 2. ed., rev., atual. São Paulo: R. dos Tribunais, 2005. 560 p.

OSÓRIO, Fábio Medina. O conceito de sanção administrativa no direito brasileiro. In: MOREIRA NETO, Diogo de Figueiredo (Coord.). *Uma avaliação das tendências contemporâneas do direito administrativo*: obra em homenagem a Eduardo García de Enterría. São Paulo: Renovar, 2003. p. 315-359.

OSÓRIO, Fábio Medina. Observações a respeito do princípio constitucional da culpabilidade no direito administrativo sancionador. In: SARLET, Ingo Wolfgang (Coord.). *O direito público em tempos de crise*: estudos em homenagem a Ruy Ruben Ruschel. Porto Alegre: Livr. do Advogado, 1999. p. 69-97.

PEREIRA, Jane Reis Gonçalves. As restrições aos direitos fundamentais nas relações especiais de sujeição. In. SARMENTO, Daniel; GALDINO, Flávio (Coord.). *Direitos fundamentais*: estudos em homenagem ao professor Ricardo Lobo Torres. São Paulo: Renovar, 2006. p.603-657.

PINTO E NETTO, Luísa Cristina. *A contratualização da função pública*. Belo Horizonte: Del Rey, 2005. 324 p.

PIRES, Maria Coeli Simões. *Direito adquirido e ordem pública*: segurança jurídica e transformação democrática. Belo Horizonte: Del Rey, 2005. 990 p.

PRATES, Marcelo Madureira. *Sanção administrativa geral*: anatomia e autonomia. Coimbra: Almedina, 2005. 251 p.

REALE, Miguel. *Lições preliminares de direito*. 27. ed. São Paulo: Saraiva, 2004. 391 p.

ROCHA, Cármen Lúcia Antunes. *Princípios constitucionais da Administração Pública*. Belo Horizonte: Del Rey, 1994. 308 p.

ROCHA, Heloisa Nascimento. Elementos para uma compreensão constitucionalmente adequada dos direitos fundamentais. In: OLIVEIRA, Marcelo Andrade Cattoni de. *Jurisdição e hermenêutica constitucional no Estado Democrático de Direito*. Belo Horizonte: Mandamentos, 2004. p. 227-256.

ROMITA, Arion Sayão. *O poder disciplinar do empregador*. Rio de Janeiro: Freitas Bastos, 1983. 228 p.

SAINZ MORENO, Fernando. *Conceptos jurídicos, interpretación y discrecionalidad administrativa*. Madrid: Civitas, 1976. 364 p.

SICCA, Gerson dos Santos. *Discricionariedade administrativa*: conceitos indeterminados e aplicação. Curitiba: Juruá, 2006. 307 p.

SILVA, José Afonso da. *Curso de Direito Constitucional Positivo*. 27. ed., rev. atual. São Paulo: Malheiros, 2006. 924 p.

SOUSA, António Francisco de. *Conceitos indeterminados no direito administrativo*. Coimbra: Almedina, 1994. 268 p.

SPOSATO, Karyna Batista. Culpa e castigo: modernas teorias da culpabilidade e os limites ao poder de punir. *Revista Brasileira de Ciências Criminais*, São Paulo, n. 56, p. 33-59, set./out. 2005.

SUNDFELD, Carlos Ari. A defesa nas sanções administrativas. *Revista Forense*, Rio de Janeiro, v. 298, n. 83, p. 99-106, abr./jun. 1987.

TOURINHO, Rita. A discricionariedade administrativa perante os conceitos jurídicos indeterminados. *Revista de Direito Administrativo*, Rio de Janeiro, v. 237, p. 317-326, jul./set. 2004.

VIANA, Márcio Túlio. *Direito de resistência*. São Paulo: LTR, 1996. 456 p.

VILHENA, Paulo Emílio Ribeiro de. Suspensão disciplinar e graduação da pena pelo juiz. *Revista de legislação social, doutrina e jurisprudência*. v. 26, n. 293, p. 445-448, jan./fev. 1962.

VITTA, Heraldo Garcia. *A sanção no direito administrativo*. São Paulo: Malheiros, 2003. 175 p.

ZAFFARONI, Eugenio Raúl; PIERANGELI, José Henrique. *Manual de direito penal brasileiro*. 5. ed. São Paulo: R. dos Tribunais, 2004. 847 p.

ANEXO A - ARTIGOS DA LEI Nº 8.112/90 RELATIVOS AO REGIME JURÍDICO DISCIPLINAR[1]

Título IV
Do Regime Disciplinar

Capítulo I
Dos Deveres

Art.116. São deveres do servidor:
I - exercer com zelo e dedicação as atribuições do cargo;
II - ser leal às instituições a que servir;
III - observar as normas legais e regulamentares;
IV - cumprir as ordens superiores, exceto quando manifestamente ilegais;
V - atender com presteza:
a) ao público em geral, prestando as informações requeridas, ressalvadas as protegidas por sigilo;
b) à expedição de certidões requeridas para defesa de direito ou esclarecimento de situações de interesse pessoal;
c) às requisições para a defesa da Fazenda Pública.
VI - levar ao conhecimento da autoridade superior as irregularidades de que tiver ciência em razão do cargo;
VII - zelar pela economia do material e a conservação do patrimônio público;
VIII - guardar sigilo sobre assunto da repartição;
IX - manter conduta compatível com a moralidade administrativa;
X - ser assíduo e pontual ao serviço;

---

[1] BRASIL. Lei 8.112 de 11 de dezembro de 1990. Dispõe sobre Regime Jurídico dos Servidores Públicos Civis da União, das Autarquias e das Fundações Públicas Federais. *Base da Legislação Federal*. Disponível em: <https://legislacao.planalto.gov.br/legislacao>. Acesso em: 21 abr. 2007.

XI - tratar com urbanidade as pessoas;
XII - representar contra ilegalidade, omissão ou abuso de poder.

Parágrafo único. A representação de que trata o inciso XII será encaminhada pela via hierárquica e apreciada pela autoridade superior àquela contra a qual é formulada, assegurando-se ao representando ampla defesa.

CAPÍTULO II
DAS PROIBIÇÕES

Art. 117. Ao servidor é proibido: (Vide Medida Provisória nº 2.225-45, de 4.9.2001)

I - ausentar-se do serviço durante o expediente, sem prévia autorização do chefe imediato;

II - retirar, sem prévia anuência da autoridade competente, qualquer documento ou objeto da repartição;

III - recusar fé a documentos públicos;

IV - opor resistência injustificada ao andamento de documento e processo ou execução de serviço;

V - promover manifestação de apreço ou desapreço no recinto da repartição;

VI - cometer a pessoa estranha à repartição, fora dos casos previstos em lei, o desempenho de atribuição que seja de sua responsabilidade ou de seu subordinado;

VII - coagir ou aliciar subordinados no sentido de filiarem-se a associação profissional ou sindical, ou a partido político;

VIII - manter sob sua chefia imediata, em cargo ou função de confiança, cônjuge, companheiro ou parente até o segundo grau civil;

IX - valer-se do cargo para lograr proveito pessoal ou de outrem, em detrimento da dignidade da função pública;

X - participar de gerência ou administração de sociedade privada, personificada ou não personificada, salvo a participação nos conselhos de administração e fiscal de empresas ou entidades em que a União detenha, direta ou indiretamente, participação no capital social ou em sociedade cooperativa constituída para prestar serviços a seus membros, e exercer o comércio, exceto na qualidade de acionista, cotista ou comanditário; (Redação dada pela Lei nº 11.094, de 2005)

XI - atuar, como procurador ou intermediário, junto a repartições públicas, salvo quando se tratar de benefícios previdenciários ou assistenciais de parentes até o segundo grau, e de cônjuge ou companheiro;

XII - receber propina, comissão, presente ou vantagem de qualquer espécie, em razão de suas atribuições;

XIII - aceitar comissão, emprego ou pensão de estado estrangeiro;

XIV - praticar usura sob qualquer de suas formas;

XV - proceder de forma desidiosa;

XVI - utilizar pessoal ou recursos materiais da repartição em serviços ou atividades particulares;

XVII - cometer a outro servidor atribuições estranhas ao cargo que ocupa, exceto em situações de emergência e transitórias;

XVIII - exercer quaisquer atividades que sejam incompatíveis com o exercício do cargo ou função e com o horário de trabalho;

XIX - recusar-se a atualizar seus dados cadastrais quando solicitado. (Incluído pela Lei nº 9.527, de 10.12.97)

CAPÍTULO III
DA ACUMULAÇÃO

Art. 118. Ressalvados os casos previstos na Constituição, é vedada a acumulação remunerada de cargos públicos.

§1º A proibição de acumular estende-se a cargos, empregos e funções em autarquias, fundações públicas, empresas públicas, sociedades de economia mista da União, do Distrito Federal, dos Estados, dos Territórios e dos Municípios.

§2º A acumulação de cargos, ainda que lícita, fica condicionada à comprovação da compatibilidade de horários.

§3º Considera-se acumulação proibida a percepção de vencimento de cargo ou emprego público efetivo com proventos da inatividade, salvo quando os cargos de que decorram essas remunerações forem acumuláveis na atividade. (Incluído pela Lei nº 9.527, de 10.12.97)

Art. 119. O servidor não poderá exercer mais de um cargo em comissão, exceto no caso previsto no parágrafo único do art. 9º, nem ser remunerado pela participação em órgão de deliberação coletiva. (Redação dada pela Lei nº 9.527, de 10.12.97)

Parágrafo único. O disposto neste artigo não se aplica à remuneração devida pela participação em conselhos de administração e fiscal das empresas públicas e sociedades de economia mista, suas subsidiárias e controladas, bem como quaisquer entidades sob controle direto ou indireto da União, observado o que, a respeito, dispuser legislação específica. (Incluído pela Lei nº 9.292, de 12.7.1996) (Vide Medida Provisória nº 2.225-45, de 4.9.2001)

Art. 120. O servidor vinculado ao regime desta Lei, que acumular licitamente dois cargos efetivos, quando investido em cargo de provimento em comissão, ficará afastado de ambos os cargos efetivos, salvo na hipótese em que houver compatibilidade de horário e local com o exercício de um deles, declarada pelas autoridades máximas dos órgãos ou entidades envolvidos.(Redação dada pela Lei nº 9.527, de 10.12.97)

CAPÍTULO IV
DAS RESPONSABILIDADES

Art. 121. O servidor responde civil, penal e administrativamente pelo exercício irregular de suas atribuições.

Art. 122. A responsabilidade civil decorre de ato omissivo ou comissivo, doloso ou culposo, que resulte em prejuízo ao erário ou a terceiros.

§1º A indenização de prejuízo dolosamente causado ao erário somente será liquidada na forma prevista no art. 46, na falta de outros bens que assegurem a execução do débito pela via judicial.

§2º Tratando-se de dano causado a terceiros, responderá o servidor perante a Fazenda Pública, em ação regressiva.

§3º A obrigação de reparar o dano estende-se aos sucessores e contra eles será executada, até o limite do valor da herança recebida.

Art. 123. A responsabilidade penal abrange os crimes e contravenções imputadas ao servidor, nessa qualidade.

Art. 124. A responsabilidade civil-administrativa resulta de ato omissivo ou comissivo praticado no desempenho do cargo ou função.

Art. 125. As sanções civis, penais e administrativas poderão cumular-se, sendo independentes entre si.

Art. 126. A responsabilidade administrativa do servidor será afastada no caso de absolvição criminal que negue a existência do fato ou sua autoria.

CAPÍTULO V
DAS PENALIDADES

Art. 127. São penalidades disciplinares:
I - advertência;
II - suspensão;
III - demissão;
IV - cassação de aposentadoria ou disponibilidade;
V - destituição de cargo em comissão;
VI - destituição de função comissionada.

Art. 128. Na aplicação das penalidades serão consideradas a natureza e a gravidade da infração cometida, os danos que dela provierem para o serviço público, as circunstâncias agravantes ou atenuantes e os antecedentes funcionais.

Parágrafo único. O ato de imposição da penalidade mencionará sempre o fundamento legal e a causa da sanção disciplinar. (Incluído pela Lei nº 9.527, de 10.12.97)

Art. 129. A advertência será aplicada por escrito, nos casos de violação de proibição constante do art. 117, incisos I a VIII e XIX, e de inobservância de dever funcional previsto em lei, regulamentação ou norma interna, que não justifique imposição de penalidade mais grave. (Redação dada pela Lei nº 9.527, de 10.12.97)

Art. 130. A suspensão será aplicada em caso de reincidência das faltas punidas com advertência e de violação das demais proibições que não tipifiquem infração sujeita a penalidade de demissão, não podendo exceder de 90 (noventa) dias.

§1º Será punido com suspensão de até 15 (quinze) dias o servidor que, injustificadamente, recusar-se a ser submetido a inspeção médica determinada pela autoridade competente, cessando os efeitos da penalidade uma vez cumprida a determinação.

§2º Quando houver conveniência para o serviço, a penalidade de suspensão poderá ser convertida em multa, na base de 50% (cinqüenta por cento) por dia de vencimento ou remuneração, ficando o servidor obrigado a permanecer em serviço.

Art. 131. As penalidades de advertência e de suspensão terão seus registros cancelados, após o decurso de 3 (três) e 5 (cinco) anos de efetivo exercício, respectivamente, se o servidor não houver, nesse período, praticado nova infração disciplinar.

Parágrafo único. O cancelamento da penalidade não surtirá efeitos retroativos.

Art. 132. A demissão será aplicada nos seguintes casos:
I - crime contra a administração pública;
II - abandono de cargo;
III - inassiduidade habitual;
IV - improbidade administrativa;
V - incontinência pública e conduta escandalosa, na repartição;
VI - insubordinação grave em serviço;
VII - ofensa física, em serviço, a servidor ou a particular, salvo em legítima defesa própria ou de outrem;
VIII - aplicação irregular de dinheiros públicos;
IX - revelação de segredo do qual se apropriou em razão do cargo;
X - lesão aos cofres públicos e dilapidação do patrimônio nacional;
XI - corrupção;
XII - acumulação ilegal de cargos, empregos ou funções públicas;
XIII - transgressão dos incisos IX a XVI do art. 117.

Art. 133. Detectada a qualquer tempo a acumulação ilegal de cargos, empregos ou funções públicas, a autoridade a que se refere o art. 143 notificará o servidor, por intermédio de sua chefia imediata, para apresentar opção no prazo improrrogável de dez dias, contados da data da ciência e, na hipótese de omissão, adotará procedimento sumário para a sua apuração e regularização imediata, cujo processo administrativo disciplinar se desenvolverá nas seguintes fases:(Redação dada pela Lei nº 9.527, de 10.12.97)

I - instauração, com a publicação do ato que constituir a comissão, a ser composta por dois servidores estáveis, e simultaneamente indicar a autoria e a materialidade da transgressão objeto da apuração; (Incluído pela Lei nº 9.527, de 10.12.97)

II - instrução sumária, que compreende indiciação, defesa e relatório; (Incluído pela Lei nº 9.527, de 10.12.97)

III - julgamento. (Incluído pela Lei nº 9.527, de 10.12.97)

§1º A indicação da autoria de que trata o inciso I dar-se-á pelo nome e matrícula do servidor, e a materialidade pela descrição dos cargos, empregos ou funções públicas em situação de acumulação ilegal, dos órgãos ou entidades de vinculação, das datas de ingresso, do horário de trabalho e do correspondente regime jurídico. (Redação dada pela Lei nº 9.527, de 10.12.97)

§2º A comissão lavrará, até três dias após a publicação do ato que a constituiu, termo de indiciação em que serão transcritas as informações de que trata o parágrafo anterior, bem como promoverá a citação pessoal do servidor indiciado, ou por intermédio de sua chefia imediata, para, no prazo de cinco dias, apresentar defesa escrita, assegurando-se-lhe vista do processo na repartição, observado o disposto nos arts. 163 e 164. (Redação dada pela Lei nº 9.527, de 10.12.97)

§3º Apresentada a defesa, a comissão elaborará relatório conclusivo quanto à inocência ou à responsabilidade do servidor, em que resumirá as peças principais dos autos, opinará sobre a licitude da acumulação em exame, indicará o respectivo dispositivo legal e remeterá o processo à autoridade instauradora, para julgamento. (Incluído pela Lei nº 9.527, de 10.12.97)

§4º No prazo de cinco dias, contados do recebimento do processo, a autoridade julgadora proferirá a sua decisão, aplicando-se, quando for o caso, o disposto no §3º do art. 167. (Incluído pela Lei nº 9.527, de 10.12.97)

§5º A opção pelo servidor até o último dia de prazo para defesa configurará sua boa-fé, hipótese em que se converterá automaticamente em pedido de exoneração do outro cargo. (Incluído pela Lei nº 9.527, de 10.12.97)

§6º Caracterizada a acumulação ilegal e provada a má-fé, aplicar-se-á a pena de demissão, destituição ou cassação de aposentadoria ou disponibilidade em relação aos cargos, empregos ou funções públicas em regime de acumulação ilegal, hipótese em que os órgãos ou entidades de vinculação serão comunicados. (Incluído pela Lei nº 9.527, de 10.12.97)

§7º O prazo para a conclusão do processo administrativo disciplinar submetido ao rito sumário não excederá trinta dias, contados da data de publicação do ato que constituir a comissão, admitida a sua prorrogação por até quinze dias, quando as circunstâncias o exigirem. (Incluído pela Lei nº 9.527, de 10.12.97)

§8º O procedimento sumário rege-se pelas disposições deste artigo, observando-se, no que lhe for aplicável, subsidiariamente, as disposições dos Títulos IV e V desta Lei. (Incluído pela Lei nº 9.527, de 10.12.97)

Art. 134. Será cassada a aposentadoria ou a disponibilidade do inativo que houver praticado, na atividade, falta punível com a demissão.

Art. 135. A destituição de cargo em comissão exercido por não ocupante de cargo efetivo será aplicada nos casos de infração sujeita às penalidades de suspensão e de demissão.

Parágrafo único. Constatada a hipótese de que trata este artigo, a exoneração efetuada nos termos do art. 35 será convertida em destituição de cargo em comissão.

Art. 136. A demissão ou a destituição de cargo em comissão, nos casos dos incisos IV, VIII, X e XI do art. 132, implica a indisponibilidade dos bens e o ressarcimento ao erário, sem prejuízo da ação penal cabível.

Art. 137. A demissão ou a destituição de cargo em comissão, por infringência do art. 117, incisos IX e XI, incompatibiliza o ex-servidor para nova investidura em cargo público federal, pelo prazo de 5 (cinco) anos.

Parágrafo único. Não poderá retornar ao serviço público federal o servidor que for demitido ou destituído do cargo em comissão por infringência do art. 132, incisos I, IV, VIII, X e XI.

Art. 138. Configura abandono de cargo a ausência intencional do servidor ao serviço por mais de trinta dias consecutivos.

Art. 139. Entende-se por inassiduidade habitual a falta ao serviço, sem causa justificada, por sessenta dias, interpoladamente, durante o período de doze meses.

Art. 140. Na apuração de abandono de cargo ou inassiduidade habitual, também será adotado o procedimento sumário a que se refere o art. 133, observando-se especialmente que: (Redação dada pela Lei nº 9.527, de 10.12.97)

I - a indicação da materialidade dar-se-á: (Incluído pela Lei nº 9.527, de 10.12.97)

a) na hipótese de abandono de cargo, pela indicação precisa do período de ausência intencional do servidor ao serviço superior a trinta dias; (Incluído pela Lei nº 9.527, de 10.12.97)

b) no caso de inassiduidade habitual, pela indicação dos dias de falta ao serviço sem causa justificada, por período igual ou superior a sessenta dias interpoladamente, durante o período de doze meses; (Incluído pela Lei nº 9.527, de 10.12.97)

II - após a apresentação da defesa a comissão elaborará relatório conclusivo quanto à inocência ou à responsabilidade do servidor, em que resumirá as peças principais dos autos, indicará o respectivo dispositivo legal, opinará, na hipótese de abandono de cargo, sobre a intencionalidade da ausência ao serviço superior a trinta dias e remeterá o processo à autoridade instauradora para julgamento. (Incluído pela Lei nº 9.527, de 10.12.97)

Art. 141. As penalidades disciplinares serão aplicadas:

I - pelo Presidente da República, pelos Presidentes das Casas do Poder Legislativo e dos Tribunais Federais e pelo Procurador-Geral da República, quando se tratar de demissão e cassação de aposentadoria ou disponibilidade de servidor vinculado ao respectivo Poder, órgão, ou entidade;

II - pelas autoridades administrativas de hierarquia imediatamente inferior àquelas mencionadas no inciso anterior quando se tratar de suspensão superior a 30 (trinta) dias;

III - pelo chefe da repartição e outras autoridades na forma dos respectivos regimentos ou regulamentos, nos casos de advertência ou de suspensão de até 30 (trinta) dias;

IV - pela autoridade que houver feito a nomeação, quando se tratar de destituição de cargo em comissão.

Art. 142. A ação disciplinar prescreverá:

I - em 5 (cinco) anos, quanto às infrações puníveis com demissão, cassação de aposentadoria ou disponibilidade e destituição de cargo em comissão;

II - em 2 (dois) anos, quanto à suspensão;

III - em 180 (cento e oitenta) dias, quanto á advertência.

§1º O prazo de prescrição começa a correr da data em que o fato se tornou conhecido.

§2º Os prazos de prescrição previstos na lei penal aplicam-se às infrações disciplinares capituladas também como crime.

§3º A abertura de sindicância ou a instauração de processo disciplinar interrompe a prescrição, até a decisão final proferida por autoridade competente.

§4º Interrompido o curso da prescrição, o prazo começará a correr a partir do dia em que cessar a interrupção.

TÍTULO V
DO PROCESSO ADMINISTRATIVO DISCIPLINAR

CAPÍTULO I
DISPOSIÇÕES GERAIS

Art. 143. A autoridade que tiver ciência de irregularidade no serviço público é obrigada a promover a sua apuração imediata, mediante sindicância ou processo administrativo disciplinar, assegurada ao acusado ampla defesa.

§3º apuração de que trata o **caput**, por solicitação da autoridade a que se refere, poderá ser promovida por autoridade de órgão ou entidade diverso daquele em que tenha ocorrido a irregularidade, mediante competência específica para tal finalidade, delegada em caráter permanente ou temporário pelo Presidente da República, pelos presidentes das Casas do Poder Legislativo e dos Tribunais Federais e pelo Procurador-Geral da República, no âmbito do respectivo Poder, órgão ou entidade, preservadas as competências para o julgamento que se seguir à apuração. (Incluído pela Lei nº 9.527, de 10.12.97)

Art. 44. As denúncias sobre irregularidades serão objeto de apuração, desde que contenham a identificação e o endereço do denunciante e sejam formuladas por escrito, confirmada a autenticidade.

Parágrafo único. Quando o fato narrado não configurar evidente infração disciplinar ou ilícito penal, a denúncia será arquivada, por falta de objeto.

Art. 145. Da sindicância poderá resultar:

I - arquivamento do processo;

II - aplicação de penalidade de advertência ou suspensão de até 30 (trinta) dias;

III - instauração de processo disciplinar.

Parágrafo único. O prazo para conclusão da sindicância não excederá 30 (trinta) dias, podendo ser prorrogado por igual período, a critério da autoridade superior.

Art. 146. Sempre que o ilícito praticado pelo servidor ensejar a imposição de penalidade de suspensão por mais de 30 (trinta) dias, de demissão, cassação de aposentadoria ou disponibilidade, ou destituição de cargo em comissão, será obrigatória a instauração de processo disciplinar.

CAPÍTULO II
DO AFASTAMENTO PREVENTIVO

Art. 147. Como medida cautelar e a fim de que o servidor não venha a influir na apuração da irregularidade, a autoridade instauradora do processo disciplinar poderá determinar o seu afastamento do exercício do cargo, pelo prazo de até 60 (sessenta) dias, sem prejuízo da remuneração.

Parágrafo único. O afastamento poderá ser prorrogado por igual prazo, findo o qual cessarão os seus efeitos, ainda que não concluído o processo.

CAPÍTULO III
DO PROCESSO DISCIPLINAR

Art. 148. O processo disciplinar é o instrumento destinado a apurar responsabilidade de servidor por infração praticada no exercício de suas atribuições, ou que tenha relação com as atribuições do cargo em que se encontre investido.

Art. 149. O processo disciplinar será conduzido por comissão composta de três servidores estáveis designados pela autoridade competente, observado o disposto no §3º do art. 143, que indicará, dentre eles, o seu presidente, que deverá ser ocupante de cargo efetivo superior ou de mesmo nível, ou ter nível de escolaridade igual ou superior ao do indiciado. (Redação dada pela Lei nº 9.527, de 10.12.97)

§1º A Comissão terá como secretário servidor designado pelo seu presidente, podendo a indicação recair em um de seus membros.

§2º Não poderá participar de comissão de sindicância ou de inquérito, cônjuge, companheiro ou parente do acusado, consangüíneo ou afim, em linha reta ou colateral, até o terceiro grau.

Art. 150. A Comissão exercerá suas atividades com independência e imparcialidade, assegurado o sigilo necessário à elucidação do fato ou exigido pelo interesse da administração.

Parágrafo único. As reuniões e as audiências das comissões terão caráter reservado.

Art. 151. O processo disciplinar se desenvolve nas seguintes fases:

I - instauração, com a publicação do ato que constituir a comissão;

II - inquérito administrativo, que compreende instrução, defesa e relatório;

III - julgamento.

Art. 152. O prazo para a conclusão do processo disciplinar não excederá 60 (sessenta) dias, contados da data de publicação do ato que constituir a comissão, admitida a sua prorrogação por igual prazo, quando as circunstâncias o exigirem.

§1º Sempre que necessário, a comissão dedicará tempo integral aos seus trabalhos, ficando seus membros dispensados do ponto, até a entrega do relatório final.

§2º As reuniões da comissão serão registradas em atas que deverão detalhar as deliberações adotadas.

SEÇÃO I
DO INQUÉRITO

Art.153. O inquérito administrativo obedecerá ao princípio do contraditório, assegurada ao acusado ampla defesa, com a utilização dos meios e recursos admitidos em direito.

Art. 154. Os autos da sindicância integrarão o processo disciplinar, como peça informativa da instrução.

Parágrafo único. Na hipótese de o relatório da sindicância concluir que a infração está capitulada como ilícito penal, a autoridade competente encaminhará cópia dos autos ao Ministério Público, independentemente da imediata instauração do processo disciplinar.

Art. 155. Na fase do inquérito, a comissão promoverá a tomada de depoimentos, acareações, investigações e diligências cabíveis, objetivando a coleta de prova, recorrendo, quando necessário, a técnicos e peritos, de modo a permitir a completa elucidação dos fatos.

Art. 156. É assegurado ao servidor o direito de acompanhar o processo pessoalmente ou por intermédio de procurador, arrolar e reinquirir testemunhas, produzir provas e contraprovas e formular quesitos, quando se tratar de prova pericial.

§1º O presidente da comissão poderá denegar pedidos considerados impertinentes, meramente protelatórios, ou de nenhum interesse para o esclarecimento dos fatos.

§2º Será indeferido o pedido de prova pericial, quando a comprovação do fato independer de conhecimento especial de perito.

Art. 157. As testemunhas serão intimadas a depor mediante mandado expedido pelo presidente da comissão, devendo a segunda via, com o ciente do interessado, ser anexado aos autos.

Parágrafo único. Se a testemunha for servidor público, a expedição do mandado será imediatamente comunicada ao chefe da repartição onde serve, com a indicação do dia e hora marcados para inquirição.

Art. 158. O depoimento será prestado oralmente e reduzido a termo, não sendo lícito à testemunha trazê-lo por escrito.

§1º As testemunhas serão inquiridas separadamente.

§2º Na hipótese de depoimentos contraditórios ou que se infirmem, proceder-se-á à acareação entre os depoentes.

Art. 159. Concluída a inquirição das testemunhas, a comissão promoverá o interrogatório do acusado, observados os procedimentos previstos nos arts. 157 e 158.

§1º No caso de mais de um acusado, cada um deles será ouvido separadamente, e sempre que divergirem em suas declarações sobre fatos ou circunstâncias, será promovida a acareação entre eles.

§2º O procurador do acusado poderá assistir ao interrogatório, bem como à inquirição das testemunhas, sendo-lhe vedado interferir nas perguntas e respostas, facultando-se-lhe, porém, reinquiri-las, por intermédio do presidente da comissão.

Art. 160. Quando houver dúvida sobre a sanidade mental do acusado, a comissão proporá à autoridade competente que ele seja submetido a exame por junta médica oficial, da qual participe pelo menos um médico psiquiatra.

Parágrafo único. O incidente de sanidade mental será processado em auto apartado e apenso ao processo principal, após a expedição do laudo pericial.

Art. 161. Tipificada a infração disciplinar, será formulada a indiciação do servidor, com a especificação dos fatos a ele imputados e das respectivas provas.

§1º O indiciado será citado por mandado expedido pelo presidente da comissão para apresentar defesa escrita, no prazo de 10 (dez) dias, assegurando-se-lhe vista do processo na repartição.

§2º Havendo dois ou mais indiciados, o prazo será comum e de 20 (vinte) dias.

§3º O prazo de defesa poderá ser prorrogado pelo dobro, para diligências reputadas indispensáveis.

§4º No caso de recusa do indiciado em apor o ciente na cópia da citação, o prazo para defesa contar-se-á da data declarada, em termo próprio, pelo membro da comissão que fez a citação, com a assinatura de (2) duas testemunhas.

Art. 162. O indiciado que mudar de residência fica obrigado a comunicar à comissão o lugar onde poderá ser encontrado.

Art. 163. Achando-se o indiciado em lugar incerto e não sabido, será citado por edital, publicado no Diário Oficial da União e em jornal de grande circulação na localidade do último domicílio conhecido, para apresentar defesa.

Parágrafo único. Na hipótese deste artigo, o prazo para defesa será de 15 (quinze) dias a partir da última publicação do edital.

Art. 164. Considerar-se-á revel o indiciado que, regularmente citado, não apresentar defesa no prazo legal.

§1º A revelia será declarada, por termo, nos autos do processo e devolverá o prazo para a defesa.

§2º Para defender o indiciado revel, a autoridade instauradora do processo designará um servidor como defensor dativo, que deverá ser ocupante de cargo efetivo superior ou de mesmo nível, ou ter nível de escolaridade igual ou superior ao do indiciado. (Redação dada pela Lei nº 9.527, de 10.12.97)

Art. 165. Apreciada a defesa, a comissão elaborará relatório minucioso, onde resumirá as peças principais dos autos e mencionará as provas em que se baseou para formar a sua convicção.

§1º O relatório será sempre conclusivo quanto à inocência ou à responsabilidade do servidor.

§2º Reconhecida a responsabilidade do servidor, a comissão indicará o dispositivo legal ou regulamentar transgredido, bem como as circunstâncias agravantes ou atenuantes.

Art. 166. O processo disciplinar, com o relatório da comissão, será remetido à autoridade que determinou a sua instauração, para julgamento.

SEÇÃO II
DO JULGAMENTO

Art. 167. No prazo de 20 (vinte) dias, contados do recebimento do processo, a autoridade julgadora proferirá a sua decisão.

§1º Se a penalidade a ser aplicada exceder a alçada da autoridade instauradora do processo, este será encaminhado à autoridade competente, que decidirá em igual prazo.

§2º Havendo mais de um indiciado e diversidade de sanções, o julgamento caberá à autoridade competente para a imposição da pena mais grave.

§3º Se a penalidade prevista for a demissão ou cassação de aposentadoria ou disponibilidade, o julgamento caberá às autoridades de que trata o inciso I do art. 141.

§4º Reconhecida pela comissão a inocência do servidor, a autoridade instauradora do processo determinará o seu arquivamento, salvo se flagrantemente contrária à prova dos autos. (Incluído pela Lei nº 9.527, de 10.12.97)

Art. 168. O julgamento acatará o relatório da comissão, salvo quando contrário às provas dos autos.

Parágrafo único. Quando o relatório da comissão contrariar as provas dos autos, a autoridade julgadora poderá, motivadamente, agravar a penalidade proposta, abrandá-la ou isentar o servidor de responsabilidade.

Art. 169. Verificada a ocorrência de vício insanável, a autoridade que determinou a instauração do processo ou outra de hierarquia superior declarará a sua nulidade, total ou parcial, e ordenará, no mesmo ato, a constituição de outra comissão para instauração de novo processo.(Redação dada pela Lei nº 9.527, de 10.12.97)

§1º O julgamento fora do prazo legal não implica nulidade do processo.

§2º A autoridade julgadora que der causa à prescrição de que trata o art. 142, §2º, será responsabilizada na forma do Capítulo IV do Título IV.

Art. 170. Extinta a punibilidade pela prescrição, a autoridade julgadora determinará o registro do fato nos assentamentos individuais do servidor.

Art. 171. Quando a infração estiver capitulada como crime, o processo disciplinar será remetido ao Ministério Público para instauração da ação penal, ficando trasladado na repartição.

Art. 172. O servidor que responder a processo disciplinar só poderá ser exonerado a pedido, ou aposentado voluntariamente, após a conclusão do processo e o cumprimento da penalidade, acaso aplicada.

Parágrafo único. Ocorrida a exoneração de que trata o parágrafo único, inciso I do art. 34, o ato será convertido em demissão, se for o caso.

Art. 173. Serão assegurados transporte e diárias:

I - ao servidor convocado para prestar depoimento fora da sede de sua repartição, na condição de testemunha, denunciado ou indiciado;

II - aos membros da comissão e ao secretário, quando obrigados a se deslocarem da sede dos trabalhos para a realização de missão essencial ao esclarecimento dos fatos.

SEÇÃO III
DA REVISÃO DO PROCESSO

Art. 174. O processo disciplinar poderá ser revisto, a qualquer tempo, a pedido ou de ofício, quando se aduzirem fatos novos ou circunstâncias suscetíveis de justificar a inocência do punido ou a inadequação da penalidade aplicada.

§1º Em caso de falecimento, ausência ou desaparecimento do servidor, qualquer pessoa da família poderá requerer a revisão do processo.

§2º No caso de incapacidade mental do servidor, a revisão será requerida pelo respectivo curador.

Art. 175. No processo revisional, o ônus da prova cabe ao requerente.

Art. 176. A simples alegação de injustiça da penalidade não constitui fundamento para a revisão, que requer elementos novos, ainda não apreciados no processo originário.

Art. 177. O requerimento de revisão do processo será dirigido ao Ministro de Estado ou autoridade equivalente, que, se autorizar a revisão, encaminhará o pedido ao dirigente do órgão ou entidade onde se originou o processo disciplinar.

Parágrafo único. Deferida a petição, a autoridade competente providenciará a constituição de comissão, na forma do art. 149.

Art. 178. A revisão correrá em apenso ao processo originário.

Parágrafo único. Na petição inicial, o requerente pedirá dia e hora para a produção de provas e inquirição das testemunhas que arrolar.

Art. 179. A comissão revisora terá 60 (sessenta) dias para a conclusão dos trabalhos.

Art. 180. Aplicam-se aos trabalhos da comissão revisora, no que couber, as normas e procedimentos próprios da comissão do processo disciplinar.

Art. 181. O julgamento caberá à autoridade que aplicou a penalidade, nos termos do art. 141.

Parágrafo único. O prazo para julgamento será de 20 (vinte) dias, contados do recebimento do processo, no curso do qual a autoridade julgadora poderá determinar diligências.

Art. 182. Julgada procedente a revisão, será declarada sem efeito a penalidade aplicada, restabelecendo-se todos os direitos do servidor, exceto em relação à destituição do cargo em comissão, que será convertida em exoneração.

Parágrafo único. Da revisão do processo não poderá resultar agravamento de penalidade.

ANEXO B - ÍNTEGRA DO ACÓRDÃO RELATIVO AOS EMBARGOS À APELAÇÃO Nº 7.307

RELATÓRIO

O Sr. Ministro Castro Nunes – O autor, ora embargante, era telegrafista da Estrada de Ferro Oeste de Minas, contando mais de 15 anos de serviço, e exercia interinamente as funções de agente de uma estação quando agrediu ao encarregado do serviço telegráfico pelo fato de ter êste levado da Estrada uma falta anterior dêle, agressor.

Propôs ação para anular o ato demissório procurando no curso da ação dar uma versão diferente do fato, isto é que agredido fôra êle encarregado do serviço, telegráfico, limitando-se a revidar a essa agressão e, ainda, que o fato não se passara, ao contrário do apurado no inquérito administrativo, dentro da estação, mas fora desta.

Deu-lhe ganho a causa o Juiz dos Feitos, considerando prevalente a versão apurada judicialmente e, embora reconhecendo a falta, não na reputou, todavia, tão grave que pudesse autorizar a demissão, pelo que julgou procedente a ação com a reintegração pedida.

Houve apelação da Fazenda e, dela conhecendo, a Segunda Turma deu-lhe provimento de acôrdo com a conclusão do voto relator, ministro José Linhares, assim fundamentado (fls. 114): (lê).

Divergiu o revisor, ministro Orosimbo Nonato, com o seguinte voto (lê).

Ao voto do revisor aderiu o ministro Goulart de Oliveira (lê).

O Ministro Valdemar Falcão acompanhou na conclusão o voto do relator, mas divergiu na fundamentação, como se vê do seu voto, que é o seguinte (lê).

---

[2] DIÁRIO DA JUSTIÇA. Brasília: STF, n. 228, p. 3424-3427, 09 out. 1945.

Com o relator votou o Ministro Bento de Faria. Deu-se provimento, contra os votos dos Ministros Orozimbo Nonato e Goulart de Oliveira.

A êsse Ac. opõe o autor os embargos seguintes (lê).

Impugnou-se a União, sustentando que ao Poder Judiciário não compete entrar na apreciação do mérito das provas, senão sòmente dos aspectos do ato administrativo. Eis o parecer do Sr. Dr. Procurador Geral:

'Na época em que o embargante foi exonerado, 27 de agôsto de 1925 – há quase vinte anos! – assegurava a estabilidade dos funcionários federais o art. 121 da lei nº 2.924, de 5-1-1915:

'funcionário ou empregado público federal, salvo os funcionários em comissão, que contar dez ou mais anos de serviço público federal sem ter sofrido penas no cumprimento do seus deveres, só pode ser destituído do mesmo cargo em virtude de sentença judicial, ou mediante processo administrativo'.

A constituição atual estipula as mesmas duas modalidades de exoneração do serviço público para o funcionário, que nele contar mais de dez anos de exercício: exoneração *por sentença judicial* e exoneração *mediante processo administrativo.*

A autonomia, a diferença dos dois processos, que o venerando acórdão implicitamente reconhece, têm a sua fonte na lei e na Constituição.

Não é só mediante sentença judicial que se verifica a demissão; também o processo administrativo pode levar à mesma conseqüência.

Admitir-se, pois, que o Judiciário *reveja* o processo administrativo, e não apenas apure a sua legalidade é, ao cabo, reduzir tôda e qualquer exoneração mediante *sentença judicial,* isto é, o funcionário exonerado após processo administrativo regular só se considera exonerado após a *sentença* judicial, que reveja as provas e os elementos de convicção constantes do mesmo processo administrativo.

Muitas têm sido as tentativas para que se consinta nessa – *data venia,* - absorção de atribuições; que redunda em invadir o Judiciário a competência do Executivo, na área de prerrogativa que a Constituição lhe deu, ao fixar os limites das suas respectivas atribuições.

Tôdas as tentativas, porém, vêm sendo repelidas pelo próprio Judiciário, máxime pela suprema instância, que é êste Egrégio Supremo Tribunal Federal.

Efetivamente, a jurisprudência desta colenda Côrte tem ensinado reiteradamente que o Judiciário ao apreciar a exoneração do funcionário, se limita a verificar se foram observadas as exigências legais, sobretudo no que concerne à defesa do funcionário, não lhe sendo dado apreciar as provas existentes no processo administrativo, a conveniência ou incoveniência da exoneração, mas apenas a sua legalizada, a saber, se o funcionário contava dez anos administrativos no qual haja sido ouvido ou convidado a defender-se.

A apreciação da substância do processo é matéria que a lei e a Constituição afetam ao Executivo, reservando ao Judiciário, ao demais, a faculdade de decretar exoneração, por sentença judicial.

Vejam-se, entre outros, os votos magistrais de Costa Manso e Carvalho Mourão, respectivamente, nas apelações 6.385 e 4.454.

'Na apreciação dos atos do Poder Executivo, deve o juiz limitar-se a verificar a sua legalidade, não entrando no mérito da decisão impugnada judicialmente'.

E Carvalho Mourão acentua que o Judiciário se deve limitar a considerar os atos administrativos 'sob o estrito ponto de vista de sua legalidade, não de seu mérito intrínseco ou seja de sua justiça ou injustiça'.

Não há, assim, *data venia*, limitação descabida na função do Judiciário, pois que se lhe reconhece a prerrogativa de examinar a legalidade da exoneração, e, ao demais, a limitação feita em nome do direito não é descabida.

Ninguém tem por descabida a limitação, que o próprio egrégio Supremo Tribunal Federal se estipula, de forma multitudinária, ao não examinar provas nos recursos extraordinários, limitando-se a verificar se houve ou não infração à lei federal, no caso de recurso extraordinário.

O reconhecimento dos próprios limites legais ou constitucionais é a maior e a mais bela manifestação de fôrça do Judiciário.

Os embargos, ao demais, ficam na tese geral do respeitável voto vencido, sem se abalançar a demonstrar a injustiça da demissão.

Não merecem, pois, ser tidos por procedentes, mantendo-se o venerando acórdão, que – é sábio e justo'.
Distrito Federal, 24 de julho de 1944. – Gabriel de Rezende Passos, Procurador Geral da República.
É o relatório a ser presente ao Exmo. Sr. Ministro Revisor.

VOTO

O Sr. Ministro Castro Nunes (Relator) – A questão, como se vê dos votos manifestados perante a Turma, envolve um aspecto doutrinário relevante, qual o de saber em que limites se deverá mover o Judiciário no julgamento das demissões dos funcionários ou, de um modo mais geral, na apreciação dos atos administrativos quando argüidos de ilegais.

Estará adstrito sòmente aos aspectos formais do ato e da competência da autoridade? Ou a sua ação restauradora poderá ir além, alcançando a imputação na sua existência mesma, na sua prova, no seu relêvo, de modo a lhe permitir, tais sejam os característicos da espécie, a aplicação da penalidade administrativa correspondente aos fatos apurados?

O caso dêstes autos obriga a êste exame, não pode ser resolvido sem medir prèviamente as possibilidades do alcance do Judiciário. E vê-se mesmo dos votos proferidos que a decisão se operou nesse campo, entendendo o relator, ministro José Linhares, apoiado pelo ministro Bento de Faria, que o exame da legalidade se circunscreve aos aspectos formais do ato, e em contrário os ministros Orozimbo Nonato e Goulart de Oliveira – para os quais se não confina em limites tão estreitos a ação reparadora dos tribunais, colocando-se desse mesmo ponto de vista o ministro Valdemar Falcão, ainda que acompanhando na conclusão o voto do relator, dadas as peculiaridades do caso concreto que lhe pareceram suficientes para a demissão que se pretende anular.

Tenho opinião conhecida, no sentido de que, posta a questão em Juízo, a ilegalidade do ato administrativo pode não ser aparente ou formal, mas decorrer da aplicação errônea ou viciosa da lei.

No julgamento dos embargos opostos ao acórdão no Rec. Ext. número 5.944, divergi do relator, ministro Filadelfo Azevedo, no voto oral que então proferi.

Mais recentemente, em julgamento perante a Turma na Apelação número 9.311, reafirmei o mesmo modo de ver no meu voto de relator, assim fundamentado nessa parte:

'Eu admito, e ainda recentemente assim votei em certo julgamento perante o Tribunal Pleno, que o Judiciário possa rever o ato administrativo no seu conteúdo, no seu merecimento, contanto que o não faça por apreciação da méra conveniência ou oportunidade da medida. É a nossa regra legal, ainda vigente no tocante ao contencioso da legalidade dos atos administrativos.

E assim entendo porque a nossa Lei nº 221, de 1894, adiantada para a sua época, sufragou a melhor doutrina, já então esboçada e mais tarde desenvolvida pelo Conselho de Estado, em França, no sentido de que, em se não tratando de ato discricionário da administração, o exame da medida pode descer aos fatos, reexaminá-los, e quando excluídos ou restituídos à sua exata apresentação, autorizar a anulação do ato por *ausência da sua base legal* ou *causa jurídica inexistente*.

Ora, a lei nº 221 conferiu ao Judiciário poderes muito amplos na apreciação dos atos administrativos quando dispõe: 'Consideram-se ilegais os atos ou decisões administrativas em razão da não aplicação ou indevida aplicação do direito vigente', acrescentando – 'A autoridade judiciária fundar-se-á em razões jurídicas, abstendo-se de apreciar o merecimento dos atos administrativos sob o ponto de vista de sua conveniência ou oportunidade'.

Daí resulta que a apreciação de mérito interdita ao Judiciário é a que se relacione com a *conveniência* ou *oportunidade* da medida, não o merecimento por outros aspectos que possam configurar uma aplicação falsa, viciosa ou errônea da Lei ou regulamento, hipóteses que se enquadram, de um modo geral, na *ilegalidade* por ' indevida aplicação do direito vigente'.

Não são, portanto, sòmente os aspectos formais do ato que autorizam o exame judicial. Essa limitação só existe em se tratando de ato descricionário, que não poderá ser o de punição disciplinar do funcionário ou a sua destituição nos casos em que esta só se autoriza mediante inquérito administrativo.

Ainda aqui, *legem habemus*. É outro preceito da mesma lei: 'A medida administrativa tomada em virtude de uma faculdade ou poder discricionário sòmente será havida por ilegal em razão da incompetência da autoridade respectiva ou de excesso de poder' (Lei nº 221, art. 13, §9º, a e b).

De modo que o conteúdo ou merecimento do ato só escapa ao exame do Judiciário em se tratando de medidas de caráter discricionário, que só poderão ser anuladas se incompetente for a autoridade ou preterida houver sido alguma formalidade prescrita na lei, limites não discricionários, no dizer de Freund, do exercício dos poderes discricionários' (Diário da Justiça de 29 de agosto de 1944).

Aliás, acrescenta agora, essas possibilidades encontram assento na própria Constituição, pelo menos nos casos de demissão e outras penas disciplinares, porque, declarando interdita a apreciação judicial da punição disciplinar por via de *habeas corpus*, deixa entrever que só por êsse meio estará vedado o reexame pelo Judiciário, admitido implicitamente que o faça quando provocado por outros meios.

A questão não é nova neste Tribunal.

No julgamento da apelação cível nº 5.535, acórdão de 15 de junho de 1929, prevaleceu o entendimento restrito; mas com vários votos vencidos, que foram os de Rodrigo Otávio, Soriano de Sousa e Muniz Barreto.

Dizia aquêle: 'Não basta para a exoneração que se instaure tal processo (o administrativo); é essencial que nêle se apurem faltas que justifiquem o ato', acrescentando: 'A abolição do Contencioso Administrativo outorgou ao Judiciário plena competência nesse terreno'.

Mais explícito ainda o voto do ministro Muniz Barreto:

'Da só circunstância de ter precedido processo administrativo à exoneração do autor, não é de concluir pela intangibilidade do ato demissório. O legislador quer que haja fundamento para a dispensa do funcionário, devendo assentar em provas convincentes o fato produtor da rescisão do contrato especial contraído entre o Estado e o seu servidor. A muito pouco ficaria circunscrita a ação corretiva e reparadora da Justiça, em semelhante assunto, se contra a certeza apurada judicialmente, devesse prevalecer um ato administrativo violador de direito individual e contraditório dessa certeza, só porque se observou em sua parte formal, o meio sem o qual à autoridade pública é vedado retirar do êmprego o funcionário. Declarações falhas de testemunhas, exames negativos e outros elementos análogos a êstes, ùnicamente porque se incorporaram a um processo administrativo, dando-lhe corpo, não bastam para, numa democracia, legitimar a exoneração de um servidor não demissível *ad nutum*. O Judiciário, a quem compete, na frase da lei, processar e julgar 'as causas que se fundarem na lesão de direitos individuais, por atos ou decisão das autoridades administrativas da União' (Lei nº 221, de 1894, art. 13), deve afirmar a existência da lesão sempre que a prova perante êle produzida fôr tal, que invalide a apresentada perante aquelas autoridades. A lei não quer que prevaleça o arbítrio, mas a justiça'.

Mas a função do Judiciário no terreno dos fatos deve ser comedida e discreta. Deve inclinar-se antes a placitar a medida disciplinar do que a revogá-la, quando encontre razoáveis fundamentos no ato da administração.

Assim é que, segundo Appleton – *'Lê Conseil D'Etat admet-il aujour d'hui l'erreur de fait, dans certaisscas, comme moyen d'annulation; mais il ne fait qu'avec circunspection, en veillant a cc que ce contrôle ne nuise pás à d'independance de l'Administration active'*, acrescentando: *'Pour remplir son oewvre, lê controle, exerce par elle, (jurisdiction) sur l'Administration doit être moderé, discret et limité; in faut que la jurisdiction se pose moins en enemie de l' Administration active qu'en allié, qui lui signale amicalement sés erreurs, l'aide a corriger sés imperfections...'* (Appleton, Contentieux Administrative página 618).

Posta a questão nêstes termos, vejamos o caso concreto: O A. era um funcionário de péssimos precedentes. O procurador regional da República, nas suas Razões de fls. Alinhou, com base nas peças do inquérito administrativo, trazidas para os autos, nada menos de 16 punições anteriores por fatos de serviço, tendo sido suspenso, repreendido e multado reiteradas vêzes por desídio, indisciplina, viciamento de telegrama e abuso do telégrafo da Estrada para insultar um colega.

O incidente ocorrido na estação, ainda que atenuada a sua gravidade na versão judicial, encontrou, portanto, um funcionário já comprometido, por seus antecedentes de indisciplina e insubordinação, aos olhos da administração que, como observa a Procuradoria regional, terá levado em conta êsses antecedentes para a aplicação da penalidade máxima.

Aliás a garantia da estabilidade dos funcionários federais ao tempo da demissão de que se trata, pressupunha o empregado limpo de faltas na sua vida funcional, na ausência de penalidades. A demissão do A. ora embargante se deu em 27 de agôsto de 1925, na vigência, portanto, da Lei número 2.924, de 5 de janeiro de 1915, que assim dispunha no art. 125: 'O funcionário ou empregado público federal... que contar dez ou mais anos de serviço público... *sem ter sofrido penas no cumprimento dos seus deveres*, só poderá ser destituído em virtude de sentença judicial ou mediante processo administrativo'.

É possível que, na prática, o preceito legal pudesse comportar razoável temperamento que lhe abrandasse o rigor excessivo quando tomado à letra, de modo a não prestigiar o possível expediente de aplicar ao funcionário exato no cumprimento dos seus deveres uma penalidade qualquer, a de advertência, por exemplo, para o só efeito de legalizar a demissão já deliberada, sem imputação de outra falta e dispensada a apuração administrativa.

Não é êsse, porém, o caso dos autos.

Não se trata de uma punição isolada, mas de 16 punições disciplinares, aplicadas a partir de 1912 e suseqüentemente até às vésperas da demissão, desautorizado qualquer eiva de perseguição, antes documentando da parte dos seus superiores uma larga tolerância.

À vista do exposto estôu de acordo com ministro Valdemar Falcão nos têrmos em que põe a questão perante a Turma.

Rejeito os embargos.

VOTO

O Sr. Ministro Orozimbo Nonato – Sr. Presidente, o caso dos autos rendeu ensejo a brilhante sustentação doutrinária não só por parte do Doutor Procurador geral da República, como, agora, com o voto luminoso do Sr. Ministro castro Nunes, e com a argumentação do douto advogado dos embargantes.

A hipótese, no caso, torna-se ínfima em face da magnitude da tese. O que reclama pronunciamento não é problema despiciendo. Trata-se de saber se o inquérito, posto formalizado, na esfera administrativa, se a questão da justiça da pretensão da parte ou se pode ela, vencida naquela esfera, voltar-se ainda para o poder judiciário e demonstrar frutuosamente que a formalização do ato não se encontra ao mesmo nível de sua justiça intrínseca.

Disse muito bem o eminente Doutor Procurador Geral da República que a presunção é em favor da isenção das autoridades administrativas e da justiça de seu ato. Concordo inteiramente.

Mas essa presunção é vencível, à *legis tantum*. Caberá à parte demonstrar que, na espécie ela cede aprova contrária. Enfim, o que se discute é se o poder judiciário pode conhecer do ato administrativo de demissão do funcionário, apesar de coberto pelo inquérito administrativo, ou se, contrário, lhe é vedado fazê-lo.

O Dr. Procurador Geral da República juntou à sua autoridade a de Carvalho Mourão e Costa Manso, mestres respeitáveis e juristas de muita lição. Não me convenço, porém, de que na apreciação do ato administrativo, deva o juiz limitar-se a verificar a formalização, não entrando no mérito da decisão impugnada. Não entendo que deva o Poder Judiciário limitar-se a apreciar o ato administrativo do ângulo visual de legalidade extrínseca e não de seu mérito intrínseco, ou seja, de sua justiça ou injustiça.

A essa tese jamais darei meu invalioso apoio. Entendo, ao revés, que ao Poder Judiciário é que compete, principalmente, decidir o direito que a parte oponha à administração, baseada em lei do país.

Quem dirá se o ato foi justo ou injusto: a própria administração, acobertada por um inquérito formalmente perfeito, ou, ao cabo de contas, o poder judiciário?

A minha resposta é que cabe ao Poder Judiciário, porque a êste compete, especificamente, resolver as pendências, as controvérsias que se ferem entre cidadãos ou entre o cidadão e o Estado.

A êsse argumento, opõe S. Ex. o Dr. Procurador Geral da República que, neste caso, ficaria reduzido a um sôpro de voz o texto da Constituição que, reproduzindo direito antigo, admite a demissão quer por sentença, quer como resultado de inquérito administrativo. E que outro raciocínio levaria, ao cabo de contas, a se deferir ao Poder Judiciário todas as demissões, pois só a sentença final diria se o ato era justo ou injusto.

O argumento é especioso. Têm aparência de procedente, mas aparência pura e não realidade; porque o argumento contrário é que se poderia retorcer contra S. Ex.. Se, afinal, o inquérito administrativo é inexaminável no Judiciário, neste caso, teríamos dificuldade flagrante de trazer o caso ao Poder judiciário, entendendo-se o direito já declarado administrativamente. O Poder do Juiz apenas se limitaria a homologar a decisão administrativa, pelas formalidades extrínsecas de um ato emanado de outro Poder.

Isto é que importaria mutilação do Poder Judiciário; isto é que não tem assento em lei e em doutrina. E o eminente constitucionalista, Ministro Castro Nunes acaba de demonstrar que a tese verdadeira é a que nós propugnamos; o que ao Judiciário é defeso é decidir da oportunidade do ato administrativo, de sua conveniência. Não pode o Juiz determinar que tal funcionário preste êste ou aquêle serviço, mas pode e deve corrigir excessos, injustiças porventura perpetradas por essa administração contra o direito do funcionário.

Diz bem S. Ex. o Sr. Dr. Procurador que há restrições; mas são episódicas e é o que acontece com o artigo 18 das D. T. da

Constituição de 1934; outras vêzes ocorrem restrições mais ou menos permanentes, nos governos discricionários, mas se trata de anomalia. Eu me rejubilo por ver que o eminente Sr. Ministro Castro Nunes, cujos largos créditos de constitucionalista são de todos reverenciados, trouxe a controvérsia elemento precioso de solução adequada e cabal.

O Poder administrativo não exerce função judicante, e não pode, pois, ainda que baseado em provas formalmente perfeitas, decretar, em última análise, em *ultima ratio*, que teve razão o Estado ou o funcionário. Essa competência será atribuída ao Judiciário.

Uma vez que pode o funcionário, demitido por inquérito administrativo, trazer o caso ao Poder Judiciário – êste ponto é pacífico e tranqüilo, não oferece qualquer contestação – e se o Poder Judiciário pode e deve, para julgar pesar as provas, rastreá-las e sopesá-las, terá que verificar se a motivação do ato administrativo é justa ou injusta.

A tese é muito mais importante do que a hipótese dos autos; o embargante não é um môdelo de funcionário; a sua fôlha de serviços não é limpa de faltas, como disse o Ministro Castro Nunes; teve 16 punições anteriores. Mas, apesar disso, apesar de não ter passado irreprochável, parece que a razão está com êle. As provas do inquérito administrativo são contrárias ao embargante, mas uma vez que não há prova alguma que não possa ser contrastada por outras provas – é princípio comezinho de direito – procurou êle oferecer como contraprova outra produzida em Juízo. E o confronto dessas provas fêz pender a solução em favor do funcionário público. O fato de ter incorrido em punições anteriores, não o torna perpetuamente culpado. O cotejo das duas provas, a meu ver, no mínimo, estabelece dúvida no ânimo do Juiz. Como garantia das partes, entendo que deve ter prevalência a prova produzida perante o Judiciário. Mas, ainda que se estabeleça essa dúvida no ânimo do Juiz, tratando-se de pena capital, pena última – a da exclusão do quadro dos funcionários públicos, a decisão devia ser favorável ao funcionário. Entendo ser de eqüidade no caso, não se dar ao funcionário inteiramente razão – tanto que, a meu ver, poderá considerar-se suspenso pelo tempo que a lei permitir, sem vencimentos. Mas acho que não se justifica a pena capital, porque tem o funcionário em seu prol prova produzida em Juízo, capaz de neutralizar a prova administrativa.

Em resumo: o funcionário público foi demitido, em face de provas administrativas; e depois oferece contra a prova desse inquérito administrativo, uma prova judiciária. Eu pendo para a prova judiciária, máxime em se tratando de sentença que levaria à perda de todos os direitos do funcionário.

Data vênia, mantenho meu voto e recebo os embargos.

VOTO

O Sr. Ministro Filadelfo Azevedo: - Sr. Presidente, tenho opinião conhecida no assunto, partindo do princípio da separação de ação administrativa e da judiciária e recordando-me de que êste Supremo Tribunal dezenas de vêzes já afirmou até que a irresponsabilidade criminal não influi sôbre a responsabilidade administrativa anteriormente apurada em inquérito. Funcionário assim processado administrativamente e punido que, depois, submetido à ação penal, logra absolvição, nem por isso se demonstra que a apreciação dos fatos, menos rigorosa para aplicação de pena meramente disciplinar justifique sua readmissão.

Evidentemente, não posso cobrir todos os abusos da Administração; ao contrário, admite a prevalência do inquérito administrativo, sob a ressalva de prova do abuso ou desvio do poder, ou de que decorreu de uma vingança, de providência indiretamente dirigida para prejudicar o funcionário; fora daí, *data vênia*, não posso transformar a ação judicial em reprodução do inquérito administrativo para reexame do mérito.

Não se pode presumir que a Administração tenha má vontade para com os funcionários, chegue ao propósito de despejá-los de seus cargos sem motivo ao contrário, dada a tolerância de nossos costumes, o sentimentalismo em regra de nossas autoridades, pode se presumir que o funcionário se é processado e punido quando, realmente, o merece. Minha, embora curta, experiência de Administração como subordinado e chefe, basta para demonstrar como são prejudiciais ao serviço público os servidores que, repetidamente, infringem disposições regulamentares, que, todos os dias, estão a exigir da direção da Administração, uma punição, ainda de ordem disciplinar.

Admito, pois, a ação judicial somente em casos excepcionais, excluído, portanto, o campo de conveniência e de oportunidade na aplicação de penas; *data venia*, não posso sobrepor meu critério por ventura mais benigno, para considerar, por exemplo, que o funcionário A ou B mereceu, em vez de certa punição, uma outra, eis que também poderia encontrar colegas que fôssem mais rigorosos e que entendessem de maneira oposta.

Nem aceitaria, também, a tese da infalibilidade dos juízes, que homens podem também errar, como os administradores e os êrros judiciários foram proclamados em todos os tempos e, até para repará-los, temos nós, a revisão criminal e conseqüente indenização pelo Estado.

A meu ver, impõe-se tôda cautela, no exame dêsses processos, para se apurar se, de fato, há motivos ou presunções que levam a acreditar na existência de perseguições, desvios, ou abusos de poder, pois somente nessas hipóteses não cometeríamos usurpação de atribuições proferindo decisões de caráter disciplinar em face de prova.

Não concorreria, *data vênia*, com o meu voto, para fazer voltar, assim, ao serviço público, funcionário em condições como as que denunciam os presentes autos cheio de faltas em sua fé de ofício, tanto mais quanto se trata de administração ferroviária, que sofre responsabilidade civil, por atos de seus prepostos. Ela não deveria, evidentemente, conservar em seu seio prepostos em tais condições, o que agravaria sua responsabilidade, por culpa *in eligendo*, que os juízes não deixaram de proclamar.

Por conseguinte, e não sendo ilegal a medida, o que nem sequer se alega, *data vênia*, voto de acôrdo com a conclusão do eminente Sr. Ministro Relator, rejeitando os embargos.

VOTO

O Sr. Ministro *Goulart de Oliveira*: Sr. Presidente, ingressando neste Tribunal, tive oportunidades, que me foram possibilitadas, de fazer exame das teses que aqui apareceram e, entre elas, o da que está em debate, no momento, e cuja importância foi ressaltada, sobremaneira, pelos votos proferidos, ainda agora, pelos eminentes Srs. Ministros Relator e Orozimbo Nonato.

Em relação a esta esse, manifestei-me já, por várias vêzes, no mesmo sentido por que o fêz o eminente Senhor Ministro Orozimbo Nonato, dando sempre os motivos pelos quais chegava a essa conclusão e, ainda agora, no julgamento dêste caso, na Segunda Turma, acompanhei o voto de S. Ex., no mesmo sentido e com os mesmos fundamentos.

Na hipótese dos autos, os fatos atribuídos ao funcionário não determinariam, nem pela própria lei, a sua exclusão. Punições talvez devessem ser autorizadas mas, de qualquer modo, não era caso de demissão.

Não sou daqueles que estarrecem diante da costumada justiça, da bondade dos dirigentes administrativos. É natural que a regra geral seja no sentido de ser limitada a prática de injustiças contra os funcionários. Mas temos tido, aqui, em todos os tempos, a prova de que essa não é assim regra tão geral. Temos corrigido inúmeras vêzes atos de excesso de poder, de excesso de rigor, em relação a funcionários. Inúmeras vêzes temos assim decidido, com palpável manifestação, nos processos administrativos, de clamorosas injustiças, até em casos de que fui relator.

Não há necessidade de refrisar êsses pontos, uma vez que a memória dos eminentes colegas está perfeitamente avivada, pelo julgamento de hoje, com os fundamentos tão superiormente manifestados pela Turma. Nem preciso repetir as razões por que mantenho o meu voto, rigorosamente as mesmas que expus na Turma, no sentido das que acaba de sustentar o eminente colega Sr. Ministro Orozimbo Nonato, a quem, ainda agora, acompanho.

VOTO

O *Sr. Ministro Valdemar Falcão* – Sr. Presidente, ao ser julgado na Turma êste processo, manifestei-me no sentido de que não era intangível o inquérito administrativo instaurado contra funcionário público, e que as provas poderiam e deveriam se analisadas pelo Poder Judiciário, para que pudesse êste verificar se era justa ou injusta a demissão do funcionário. Procurei, porém, acentuar que o exame deveria se feito com cautela, até porque, como o inquérito administrativo fôra feito logo após a prática do ato incriminado ao funcionário, não poderia ser facilmente destruído o que dêle se apurara, mercê de provas colhidas muito tempo depois, em instância diferente, quando a memória dos fatos já se diluíra, já se apagara, já se desfigurava. Foi dentro dessa ordem de idéias que divergi da conclusão do Sr. Ministro Orozimbo Nonato, embora nas premissas estivesse de acôrdo com S. Excia. Já agora, não tenho senão que explicar, ainda uma vez, as razões porque propendi para êsse pronunciamento, dado que, na espécie, o exame do inquérito administrativo não conduzia, absolutamente, à proclamação da injustiça da demissão, mercê da análise, do cotejo, entre as duas provas: a que se produzira na instância administrativa com ampla defesa do funcionário acusado, com as garantias legais que lhe asseguram os regulamentos e a que se concretizara mais tarde, na esfera judiciária. Não se poderia, no caso vertente, chegar senão, *data vênia* do Sr. Ministro Orozimbo Nonato, à conclusão de que fora legal e justa a demissão.

O Sr. Ministro Castro Nunes, ainda agora, nas brilhantes considerações em que fundou o seu voto, assinalou muito bem que, nesse cotejo, nesse exame, que não pode deixar de ser permitido e autorizado ao Poder Judiciário, há de se pender sempre para a prova colhida no inquérito administrativo, tôda vez que a prova judicial não for de todo concludente, inequívoca, flagrante, no sentido da precariedade das provas colhidas no sobredito inquérito administrativo.

Ora, no caso vertente, ficou provado, nesse inquérito que o funcionário embargante se insurgira contra um superior hierárquico, por motivo de serviço, o qual êste dado parte de certa irregularidade da responsabilidade do acusado, consistente em não estarem funcionando devidamente os sinais da estação a cargo do embargante. Êste, revoltando-se contra o fato, teria provocado de tal modo o funcionário, que dera parte da irregularidade, que a provocação chegou às vias de fato, agredindo-o fisicamente, pela forma que ficou provada da maioria dos depoimentos prestados no inquérito administrativo. Diante de fatos dessa ordem, a administração pública havia que se impressionar, necessariamente, com a gravidade da irregularidade praticada. Já tinha êsse funcionário sido passível de outras penas anteriores e o fato que teria motivado a parte julgada ofensiva pelo funcionário se ligava a irregularidades no serviço da estação a cargo dêsse funcionário, a qual era de grande importância para a normalidade do serviço da estrada de ferro. Certamente, diante disso, a administração pública julgou haver falta grave, suficientemente provada, para justificar a demissão. Contra essa prova alegou-se que teria sido provado, posteriormente, que não era de tal porte a falta praticada pelo funcionário embargante, que não teria sido tão negro o quadro que se desenhava, no momento, com o pugilato entre os dois funcionários; mas essa outra prova, que se contrapõe à do processo administrativo, foi colhida na esfera judiciária, doze anos depois. O fato se passara em 1925, o inquérito administrativo se instaurou e concluiu em 1925, e só em 1937 foram depor em juízo as testemunhas, cujos depoimentos, em sua maioria, foram tomados, por precatória, nesses depoimentos, é que as afirmações das testemunhas teriam vindo golpear as assertivas mais cabais daqueles que depuseram no referido inquérito administrativo.

Diante disso, em face dêste cotejo, diante da situação que o Sr. Ministro relator esboçou, tenho de propender para a prova do inquérito administrativo, desde que a razão bastante para não se admitir como inequívoca a prova produzida na esfera judiciária. Assim, não tenho senão que concluir pela procedência jurídica da demissão. É com esse fundamento que rejeito os embargos.

VOTO

O Sr. Ministro José Linhares – Sr. Presidente, rejeito os embargos, pela conclusão do Sr. Ministro Relator. Fui voto vencedor na Turma, pela legalidade da demissão. Acho que o inquérito administrativo está fora de qualquer exame, desde que esteja formalizado; desde que se cumpram as determinações legais sôbre o processo administrativo, não deve o Judiciário indagar da justiça ou injustiça da decisão.

VOTO

O Sr. Ministro Laudo de Camargo – Recebo os embargos.

DECISÃO

Como consta da ata, a decisão foi a seguinte: Rejeitaram os embargos contra os votos dos Srs. Ministros Orozimbo Nonato, Goulart de Oliveira e Laudo de Camargo.

Esta obra foi composta em fonte Palatino Linotype, corpo 10,5
e impressa em papel Pólen Bold 70g (miolo) e Supremo 250g (capa)
pela Gráfica Star7.